"十三五"全国高等院校民航服务专业规划教材

客舱安全管理与应急处置

主　编◎陈　卓　兰　琳
副主编◎罗娅晴　王　帅　郭雅萌
编　委◎苏雅靓　高　青　张程垚　张　晓　朱茫茫

Cabin Safety Management
and Emergency Disposition

清华大学出版社
北京

内 容 简 介

本教材内容充分体现空中乘务专业人才培养目标,结合中国民用航空局制定的相关规则和行业标准,对客舱安全规则、乘客管理、应急设备、应急处置、机上烟雾/火灾处置、释压处置、爆炸物处置、野外生存八大内容进行详细系统的介绍,使用大量案例和实图辅助学习;本教材提供与航空公司客舱乘务员初始培训相配套的项目训练任务单,供学习者技能训练和考核使用,有很强的实用性和针对性。本教材引入客舱乘务员自我安全管理和安全特情处置,在学习基本技能的基础上提升职业素养,使学习者对飞行安全管理有更深层次的思考和理解,本教材同样适用本科层次的学习者。

本书封面贴有清华大学出版社防伪标签,无标签者不得销售。
版权所有,侵权必究。举报:010-62782989,beiqinquan@tup.tsinghua.edu.cn。

图书在版编目(CIP)数据

客舱安全管理与应急处置/陈卓,兰琳主编.—北京:清华大学出版社,2017(2023.7重印)
("十三五"全国高等院校民航服务专业规划教材)
ISBN 978-7-302-47900-0

Ⅰ.①客… Ⅱ.①陈… ②兰… Ⅲ.①民用航空－旅客运输－客舱－安全管理－高等学校－教材 ②民用航空－旅客运输－客舱－突发事件－处理－高等学校－教材 Ⅳ.①F560.6

中国版本图书馆 CIP 数据核字(2017)第 193492 号

责任编辑:杜春杰
封面设计:刘　超
版式设计:楠竹文化
责任校对:何士如
责任印制:丛怀宇

出版发行:清华大学出版社
　　　　　网　　址:http://www.tup.com.cn, http://www.wqbook.com
　　　　　地　　址:北京清华大学学研大厦 A 座　邮　　编:100084
　　　　　社 总 机:010-83470000　　　　　　　　邮　　购:010-62786544
　　　　　投稿与读者服务:010-62776969, c-service@tup.tsinghua.edu.cn
　　　　　质量反馈:010-62772015, zhiliang@tup.tsinghua.edu.cn
　　　　　课件下载:http://www.tup.com.cn, 010-62788951-223
印 装 者:小森印刷霸州有限公司
经　　销:全国新华书店
开　　本:185mm×260mm　　印　张:15.75　　字　数:364 千字
版　　次:2017 年 11 月第 1 版　　　　　　　　印　次:2023 年 7 月第 19 次印刷
定　　价:46.80 元

产品编号:073877-02

"十三五"全国高等院校民航服务专业规划教材丛书主编及专家指导委员会

丛 书 总 主 编　　刘　永（北京中航未来科技集团有限公司董事长兼总裁）

丛 书 副 总 主 编　　马晓伟（北京中航未来科技集团有限公司常务副总裁）

丛 书 副 总 主 编　　郑大地（北京中航未来科技集团有限公司教学副总裁）

丛 书 总 主 审　　朱益民（原海南航空公司总裁、原中国货运航空公司总裁、原上海航空公司总裁）

丛 书 英 语 总 主 审　　王　朔（美国雪城大学、纽约市立大学巴鲁克学院双硕士）

丛 书 总 顾 问　　沈泽江（原中国民用航空华东管理局局长）

丛 书 总 执 行 主 编　　王益友［江苏民航职业技术学院（筹）院长、教授］

丛 书 艺 术 总 顾 问　　万峻池（美术评论家、著名美术品收藏家）

丛书总航空法律顾问　　程　颖（荷兰莱顿大学国际法研究生、全国高职高专"十二五"规划教材《航空法规》主审、中国东方航空股份有限公司法律顾问）

丛书专家指导委员会主任

　　　　　关云飞（长沙航空职业技术学院教授）

　　　　　张树生（国务院津贴获得者，山东交通学院教授）

　　　　　刘岩松（沈阳航空航天大学教授）

　　　　　宋兆宽（河北传媒学院教授）

　　　　　姚　宝（上海外国语大学教授）

　　　　　李剑峰（山东大学教授）

　　　　　孙福万（国家开放大学教授）

　　　　　张　威（沈阳师范大学教授）

　　　　　成积春（曲阜师范大学教授）

"十三五"全国高等院校民航服务专业规划教材编委会

主　任　高　宏（沈阳航空航天大学教授）　　杨　静（中原工学院教授）
　　　　　李　勤（南昌航空大学教授）　　　　李广春（郑州航空工业管理学院教授）
　　　　　安　萍（沈阳师范大学）　　　　　　彭圣文（长沙航空职业技术学院）

副主任　陈文华（上海民航职业技术学院）　　郑　越（长沙航空职业技术学院）
　　　　　郑大莉（中原工学院信息商务学院）　徐爱梅（山东大学）
　　　　　黄　敏（南昌航空大学）　　　　　　兰　琳（长沙航空职业技术学院）
　　　　　韩　黎［江苏民航职业技术学院（筹）］曹娅丽（南京旅游职业学院）
　　　　　胡明良（江南影视艺术职业学院）　　李楠楠（江南影视艺术职业学院）
　　　　　王昌沛（曲阜师范大学）　　　　　　何蔓莉（湖南艺术职业学院）
　　　　　孙东海（江苏新东方艺先锋传媒学校）戴春华（原同济大学）
　　　　　施　进（盐城航空服务职业学校）

委　员（排名不分先后）
　　　　　于海亮（沈阳师范大学）　　　　　　于晓凤（山东大学）
　　　　　王丽蓉（南昌航空大学）　　　　　　王玉娟（南昌航空大学）
　　　　　王　莹（沈阳师范大学）　　　　　　王建惠（陕西职业技术学院）
　　　　　王　姝（北京外航服务公司）　　　　王　晶（沈阳航空航天大学）
　　　　　邓丽君（西安航空职业技术学院）　　车树国（沈阳师范大学）
　　　　　龙美华（岳阳市湘北女子职业学校）　石　慧（南昌航空大学）
　　　　　付砚然（湖北襄阳汽车职业技术学院，原海南航空公司乘务员）
　　　　　朱茫茫（潍坊职业学院）　　　　　　田　宇（沈阳航空航天大学）
　　　　　刘　洋（濮阳工学院）　　　　　　　刘　超（华侨大学）
　　　　　许　赟（南京旅游职业学院）　　　　刘　舒（江西青年职业学院）
　　　　　杨志慧（长沙航空职业技术学院）　　吴立杰（沈阳航空航天大学）
　　　　　李长亮（张家界航空工业职业技术学院）杨　莲（马鞍山职业技术学院）
　　　　　李雯艳（沈阳师范大学）　　　　　　李芙蓉（长沙航空职业技术学院）
　　　　　李　仟（天津中德应用技术大学，原中国南方航空公司乘务员）
　　　　　李霏雨（原中国国际航空公司乘务员）李　姝（沈阳师范大学）
　　　　　邹　昊（南昌航空大学）　　　　　　狄　娟（上海民航职业技术学院）
　　　　　宋晓宇（湖南艺术职业学院）　　　　邹　莎（湖南信息学院）
　　　　　张　进（三峡旅游职业技术学院）　　张　驰（沈阳航空航天大学）
　　　　　张　琳（北京中航未来科技集团有限公司）张　利（北京中航未来科技集团有限公司）
　　　　　张媛媛（山东信息职业学院）　　　　张程垚（湖南民族职业学院）
　　　　　陈烜华（上海民航职业技术学院）　　陈　卓（长沙航空职业技术学院）
　　　　　周佳楠（上海应用技术大学）　　　　金　恒（西安航空职业技术学院）
　　　　　郑菲菲（南京旅游职业学院）　　　　周茗慧（山东外事翻译职业学院）
　　　　　胥佳明（大连海事大学）　　　　　　赵红倩（上饶职业技术学院）
　　　　　柳　武（湖南流通创软科技有限公司）胡　妮（南昌航空大学）
　　　　　柴　郁（江西航空职业技术学院）　　钟　科（长沙航空职业技术学院）
　　　　　唐　珉（桂林航天工业学院）　　　　倪欣雨（斯里兰卡航空公司空中翻译，原印度尼西亚鹰航乘务员）
　　　　　高　青（山西旅游职业学院）　　　　高　熔（原沈阳航空航天大学继续教育学院）
　　　　　郭雅萌（江西青年职业学院）　　　　高　琳（济宁职业技术学院）
　　　　　黄　晨（天津交通职业学院）　　　　黄春新（沈阳航空航天大学）
　　　　　黄紫葳（抚州职业技术学院）　　　　黄婵芸（原中国东方航空公司乘务员）
　　　　　崔祥建（沈阳航空航天大学）　　　　曹璐璐（中原工学院）
　　　　　梁向兵（上海民航职业技术学院）　　崔　媛（张家界航空工业职业技术学院）
　　　　　彭志雄（湖南艺术职业学院）　　　　梁　燕（郴州技师学院）
　　　　　操小霞（重庆财经职业学院）　　　　蒋焕新（长沙航空职业技术学院）

出版说明

随着经济的稳步发展,我国已经进入经济新常态的阶段,特别是十九大指出:中国社会主要矛盾已经转化为人民日益增长的美好生活需要和不平衡不充分的发展之间的矛盾,这客观上要求社会服务系统要完善升级。作为公共交通运输的主要组成部分,民航运输在满足人们对美好生活的追求和促进国民经济发展中扮演着重要的角色,具有广阔的发展空间。特别是"十三五"期间,国家高度重视民航业的发展,将民航业作为推动我国经济社会发展的重要战略产业,预示着我国民航业将会有更好、更快的发展。从国产化飞机C919的试飞,到宽体飞机规划的出台,以及民航发展战略的实施,标志着我国民航业已经步入崭新的发展阶段,这一阶段的特点是以人才为核心,而这一发展模式必将进一步对民航人才质量提出更高的要求。面对民航业发展对人才培养提出的挑战,培养服务于民航业发展的高质量人才,不仅需要转变人才培养观念,创新教育模式,更需要加强人才培养过程中基本环节的建设,而教材建设就是其首要的任务。

我国民航服务专业的学历教育,经过18年的探索与发展,其办学水平、办学结构、办学规模、办学条件和师资队伍等方面都发生了巨大的变化,专业建设水平稳步提高,适应民航发展的人才培养体系初步形成。但我们应该清醒地看到,目前我国民航服务类专业的人才培养仍存在着诸多问题,特别是专业人才培养质量仍不能适应民航发展对人才的需求,人才培养的规模与高质量人才短缺的矛盾仍很突出。而目前相关专业教材的开发还处于探索阶段,缺乏系统性与规范性。已出版的民航服务类专业教材,在吸收民航服务类专业研究成果方面做出了有益的尝试,涌现出不同层次的系列教材,推动了民航服务的专业建设与人才培养,但从总体来看,民航服务类教材的建设仍落后于民航业对专业人才培养的实践要求,教材建设已成为相关人才培养的瓶颈。这就需要以引领和服务专业发展为宗旨,系统总结民航服务实践经验与教学研究成果,开发全面反映民航服务职业特点、符合人才培养规律和满足教学需要的系统性专业教材,以积极、有效地推进民航服务专业人才的培养工作。

基于上述思考,编委会经过两年多的实际调研与反复论证,在广泛征询民航业内专家的意见与建议,总结我国民航服务类专业教育的研究成果后,结合我国民航服务业的发展趋势,致力于编写出一套系统的、具有一定权威性和实用性的民航服务类系列教材,为推进我国民航服务人才的培养尽微薄之力。

本系列教材由沈阳航空航天大学、南昌航空大学、郑州航空工业管理学院、上海民航职业技术学院、长沙航空职业技术学院、西安航空职业技术学院、中原工学院、上海外国语大学、山东大学、大连外国语大学、沈阳师范大学、曲阜师范大学、湖南艺术职业学院、陕西师范大学、兰州大学、云南大学、四川大学、湖南民族职业学院、江西青年职业学院、天津交通职业学院、潍坊职业学院、南京旅游职业学院等多所高校的众多资深专家和学者共同打造,还邀请了多名原中国东方航空公司、原中国南方航空公司、原中国国际航空公司和原海南航空公司中从事多年乘务工作的乘务长和乘务员参与教材的编写。

目前,我国民航服务类的专业教育呈现着多元化、多层次的办学格局,各类学校的办学模式也呈现出个性化的特点,在人才培养体系、课程设置以及课程内容等方面,各学校之间存在着一定的差异,对教材也有不同的需求。为了能够更好地满足不同办学层次、教学模式对教材的需求,本套教材主要突出以下特点。

第一,兼顾本、专科不同培养层次的教学需要。鉴于近些年我国本科层次民航服务专业办学规模的不断扩大,在教材需求方面显得十分迫切,同时,专科层面的办学已经到了规模化的阶段,完善与更新教材体系和内容迫在眉睫,本套教材充分考虑了各类办学层次的需要,本着"求同存异、个性单列、内容升级"的原则,通过教材体系的科学架构和教材内容的层次化,以达到兼顾民航服务类本、专科不同层次教学之需要。

第二,将最新实践经验和专业研究成果融入教材。服务类人才培养是系统性问题,具有很强的内在规定性,民航服务的实践经验和专业建设成果是教材的基础,本套教材以丰富理论、培养技能为主,力求夯实服务基础、培养服务职业素质,将实践层面行之有效的经验与民航服务类人才培养规律的研究成果有效融合,以提高教材对人才培养的有效性。

第三,落实素质教育理念,注重服务人才培养。习近平总书记在党的十九大报告中强调,"要全面贯彻党的教育方针,落实立德树人根本任务,发展素质教育,推进教育公平,培养德智体美全面发展的社会主义建设者和接班人",人才以德为先,以社会主义价值观铸就人的灵魂,才能使人才担当重任,也是高校人才培养的基本任务。教育实践表明,素质是人才培养的基础,也是人才职业发展的基石,人才的能力与技能以精神与灵魂为附着,但在传统的民航服务教材体系中,包含素质教育板块的教材较为少见。根据党的教育方针,本套教材的编写考虑到素质教育与专业能力培养的关系,以及素质对职业生涯的潜在影响,首次在我国民航服务专业教学中提出专业教育与人文素质并重、素质决定能力的培养理念,以独特的视野,精心打造素质教育教材板块,使教材体系更加系统,强化了教材特色。

第四,必要的服务理论与专业能力培养并重。调研分析表明,忽视服务理论与人文素质所培养出的人才很难有宽阔的职业胸怀与职业精神,其未来的职业生涯发展就会乏力。因此,教材不应仅是对单纯技能的阐述与训练指导,更应该是不淡化专业能力培养的同时,强化行业知识、职业情怀、服务机理、职业道德等关系到职业发展潜力的要素的培养,以期培养出高层次和高质量的民航服务人才。

第五,架构适合未来发展需要的课程体系与内容。民航服务具有很强的国际化特点,而我国民航服务的思想、模式与方法也正处于不断创新的阶段,紧紧把握未来民航服务的发展趋势,提出面向未来的解决问题的方案,是本套教材的基本出发点和应该承担的责任。我们力图将未来民航服务的发展趋势、服务思想、服务模式创新、服务理论体系以及服务管理等内容进行重新架构,以期能对我国民航服务人才培养,乃至整个民航服务业的发展起到引领作用。

第六,扩大教材的种类,使教材的选择更加宽泛。鉴于我国目前尚缺乏民航服务专业更高层次办学模式的规范,各学校的人才培养方案各具特点,差异明显,为了使教材更适合于办学的需要，本套教材打破了传统教材的格局，通过课程分割、内容优化和课外外延化等方式，增加了教材体系的课程覆盖面，使不同办学层次、关联专业，可以通过教材合理组合获得完整的专业教材选择机会。

本套教材规划出版品种大约为四十种，分为：① 人文素养类教材，包括《大学语文》《应用文写作》《艺术素养》《跨文化沟通》《民航职业修养》《中国传统文化》等。② 语言类教材，包括《民航客舱服务英语教程》《民航客舱实用英语口语教程》《民航实用英语听力教程》《民航播音训练》《机上广播英语》《民航服务沟通技巧》等。③ 专业类教材，包括《民航概论》《民航服务概论》《中国民航常飞客源国概况》《民航危险品运输》《客舱安全管理与应急处置》《民航安全检查技术》《民航服务心理学》《航空运输地理》《民航服务法律实务与案例教程》等。④ 职业形象类教材，包括《空乘人员形体与仪态》《空乘人员职业形象设计与化妆》《民航体能训练》等。⑤ 专业特色类教材，包括《民航服务手语训练》《空乘服务专业导论》《空乘人员求职应聘面试指南》《民航面试英语教程》等。

为了开发职业能力，编者联合有关 VR 开发公司开发了一些与教材配套的手机移动端 VR 互动资源，学生可以利用这些资源体验真实场景。

本套教材是迄今为止民航服务类专业较为完整的教材系列之一，希望能借此为我国民航服务人才的培养，乃至我国民航服务水平的提高贡献力量。民航发展方兴未艾，民航教育任重道远，为民航服务事业发展培养高质量的人才是各类人才培养部门的共同责任，相信集民航教育的业内学者、专家之共同智慧，凝聚有识之士心血的这套教材的出版，对加速我国民航服务专业建设、完善人才培养模式、优化课程体系、丰富教学内容，以及加强师资队伍建设能起到一定的推动作用。在教材使用的过程中，我们真诚地希望听到业内专家、学者批评的声音，收到广大师生的反馈意见，以利于进一步提高教材的水平。

客服信箱：thjdservice@126.com。

丛 书 序

《礼记·学记》曰:"古之王者,建国君民,教学为先。"教育是兴国安邦之本,决定着人类的今天,也决定着人类的未来,企业发展也大同小异,重视人才是企业的成功之道,别无二选。航空经济是现代经济发展的新趋势,是当今世界经济发展的新引擎,民航是经济全球化的主流形态和主导模式,是区域经济发展和产业升级的驱动力。作为发展中的中国民航业,有巨大的发展潜力,其民航发展战略的实施必将成为我国未来经济发展的增长点。

"十三五"期间正值实现我国民航强国战略构想的关键时期,"一带一路"倡议方兴未艾,"空中丝路"越来越宽阔。面对高速发展的民航运输,需要推动持续的创新与变革;同时,基于民航运输的安全性和规范性的特点,其对人才有着近乎苛刻的要求,只有人才培养先行,夯实人才基础,才能抓住国家战略转型与产业升级的巨大机遇,实现民航运输发展的战略目标。经历多年民航服务人才发展的积累,我国建立了较为完善的民航服务人才培养体系,培养了大量服务民航发展的各类人才,保证了我国民航运输业的高速持续发展。与此同时,我国民航人才培养正面临新的挑战,既要通过教育创新,提升人才品质,又需要在人才培养过程中精细化,把人才培养目标落实到人才培养的过程中,而教材作为专业人才培养的基础,需要先行,从而发挥引领作用。教材建设发挥的作用并不局限于专业教育本身,其对行业发展的引领,专业人才的培养方向,人才素质、知识、能力结构的塑造以及职业发展潜力的培养具有不可替代的作用。

我国民航运输发展的实践表明,人才培养决定着民航发展的水平,而民航人才的培养需要社会各方面的共同努力。我们惊喜地看到,清华大学出版社秉承"自强不息,厚德载物"的人文精神,发挥强势的品牌优势,投身到民航服务专业系列教材的开发行列,改变了民航服务教材研发的格局,体现了其对社会责任的担当。

本套教材体系组织严谨,精心策划,高屋建瓴,深入浅出,具有突出的特色。第一,从民航服务人才培养的全局出发,关注了民航服务产业的未来发展趋势,架构了以培养目标为导向的教材体系与内容结构,比较全面地反映了服务人才培养趋势,具有良好的统领性;第二,很好地回归了教材的本质——适用性,体现在每本教材均有独特的视角和编写立意,既有高度的提升、理论的升华,也注重教育要素在课程体系中的细化,具有较强的可用性;第三,引入了职业素质教育的理念,补齐了服务人才素质教育缺少教材的短板,可谓是对传统服务人才培养理念的一次冲击;第四,教材编写人员参与面非常广泛。这反映出本套教材充分体现了当今民航服务专业教育的教学成果和编写者的思考,形成了相互交流的良性机制,势必对全国民航服务类专业的发展起到推动作用。

教材建设是专业人才培养的基础,与其服务的行业的发展交互作用,共同实现人才培养——社会检验的良性循环是助推民航服务人才的动力。希望这套教材能够在民航服务类专业人才培养的实践中,发挥更广泛的积极作用。相信通过不断总结与完善,这套教材一定会成为具有自身特色的、适应我国民航业发展要求的,以及深受读者喜欢的规范教材。

此为序。

原海南航空公司总裁、原中国货运航空公司总裁、原上海航空公司总裁

朱益民

2017年9月

前　言

　　客舱安全管理是客舱管理的重要领域。客舱安全管理范围广泛，包括客舱服务过程的安全性，还包括客舱本身的安全环境，主要是指客舱资源管理。许多客舱乘务人员在长期飞行工作中积累了丰富的经验，体现在对各项安全程序、规章制度的理解和贯彻执行。以往的大量事故带给我们的血的教训是：在航班安全生产管理中，人为因素往往是决定性的因素。如何将人的安全管理引入安全生产管理，用企业文化来激发人的智慧，充分发挥全体机上人员，包括机组人员、乘务组人员和全体乘客的主观能动性和传授丰富的经验，不断巩固客舱安全的基础性建设，尽量降低由于事故造成的安全成本，是值得我们探讨的。

　　认为飞行安全只是飞行人员责任的看法既是片面的，也是极其危险的。越来越多的数据表明，多起事故的发生与客舱的服务与管理有密切关系，因此一旦客舱安全失去保障，也势必危及飞行安全。也就是说，没有客舱安全就没有飞行安全。客舱安全管理涉及方方面面，大到空防安全、紧急撤离、应对火灾、爆炸品处置，小到座位调整、行李安放、安抚乘客、消除隐患等。在安全事故发生初期，乘务员应通过及时反应、准确判断和有效的处置避免事故升级，减少事故造成的损失。

　　本书依据《中华人民共和国民航法》和《大型飞机公共航空运输承运人运行合格审定规则》(CCAR-141-R4)以及国际民用航空公约和国际航协的要求，结合国内外航空公司在客舱安全管理方面的通行做法，较为系统地介绍了安全习惯养成、客舱安全管理规则、乘客管理相关规定、应急设备的使用、应急撤离、客舱释压、烟雾/火灾、爆炸物等紧急情况的处置程序和野外生存技巧。机上急救内容可见本丛书系列其他教材，本书不再重复。

　　为方便广大师生在实际情景演习中使用，本书选编了大量案例，编写组总结多年的飞行经验归纳出客舱安全管理特情，提供典型情境任务训练任务单，供模拟操作和考核使用。编写组与湖南流通创软科技有限公司联合开发了与本书配套的移动端VR全景视频，读者使用手机等移动设备登录"智学VR"App，扫描书中带有 标识的图片，即可使用VR/AR设备身临其境地观看视频，学习相关操作程序。

　　编写组成员都具有一线客舱管理经验和多年教学经验。长沙航空职业技术学院陈卓是湖南省高职空乘专业技能题库开发专家，具有国际航协空乘教员资质，长沙航空职业技术学院兰琳是湖南省空中乘务专业资源库开发专家，两位主编主要负责本书内容结构、编写原则的制定和全书统稿，参与本书编写工作的有长沙航空职业技术学院罗娅晴、北京华航航空服务有限公司中国航空运输协会王帅、江西青年职业学院郭雅萌、长沙航空职业技术学院苏雅靓、湖南民族职业学院张程垚、西安航空职业技术学院张晓、潍坊职业学院朱茫茫、山西旅游职业学院高青。全国高等院校民航专业应用型人才培养规划教材编写委员会及专家指导委员会主任王益友教授、深圳航空公司客舱部资深乘务专家卢净石为本书审稿。编写分工如下：兰琳负责编写第一章，陈卓、王帅负责编写第二章、第十章，郭雅萌负责编写第三章，罗娅晴负责编写第四章，陈卓负责编写第五章，陈卓、高青负责编写第六章，张程垚负责编写第七章，朱茫茫负责编写第八章，张晓负责编写第九章，苏雅靓负责编写第十一章，陈卓负责整理附录。

本书付梓之际，在此特别感谢王益友教授给予我们大量有前瞻性、针对性的意见和建议。同时也感谢长沙航空职业技术学院孟冉、王公佐、朱家佐、钟瑶、庞坤等同学参与了VR视频拍摄，湖南民族职业学院刘达、方雨、刘欣然等同学参与了资料收集工作。

由于教材编写时间紧，疏漏和不足之处在所难免，谨恳请各位专家、各院校教师和读者不吝赐教，我们将及时修正，不断完善。

《客舱安全管理与应急处置》编写组

二〇一七年四月

ND
CONTENTS 目录

第一章　安全习惯养成 1

第一节　客舱安全职责 3
　一、主任乘务长/乘务长职责 3
　二、区域乘务长职责 3
　三、客舱乘务员职责 3
　四、兼职消防员职责 4
　五、客舱乘务带飞教员职责 4
　六、客舱乘务检查员职责 4
　七、机上指挥权的交替 4

第二节　乘务员自我安全管理 5
　一、航前酒精自测 5
　二、空勤人员飞行纪律监督制度 6
　三、乘务员各阶段的注意事项 7
　四、个人护理 9

第三节　客舱设备安全操作 9
　一、抬放行李物品及饮料格子 9
　二、打开及关闭行李架 11
　三、打开储物格 12
　四、使用热水器 13
　五、使用烧水杯 13
　六、使用烤箱 14
　七、餐车摆放、进出、移动及推拉 16
　八、冷冻食品的处理 19

第四节　客舱安全质量控制 19
　一、对行李和舱门的监控到位 19
　二、紧急出口座位介绍全面及时 19
　三、安全广播和录像清晰,安全演示动作规范 20
　四、安全检查严格、仔细 20
　五、起飞前对客舱动态的关注要仔细 21

六、飞行中安全提示应及时 …………………………………… 21
七、飞行中驾驶舱门监控到位 ………………………………… 21
八、热饮、热食提示及发放规范 ……………………………… 22
九、着落前安全检查应全面、仔细 …………………………… 22
十、滑行时安全提示到位 ……………………………………… 23
十一、对乘客不安全行为处置快速、有效 …………………… 23
十二、飞行各阶段安全意识 …………………………………… 23
十三、舱门关闭操作规范 ……………………………………… 23
十四、开舱门操作标准 ………………………………………… 23
十五、可预知颠簸应处置及时、措施得当 …………………… 23
十六、中度及严重突发性颠簸应反应迅速、措施得当 ……… 24
十七、颠簸过后,飞机恢复平稳后应采取措施 ……………… 24
十八、飞行中协助空警并监控警具 …………………………… 24
十九、航食车对接准确 ………………………………………… 24

第二章 客舱安全规则 …………………………………………… 27

第一节 预先准备阶段 ………………………………………… 28
一、预先准备阶段 ……………………………………………… 28
二、主任乘务长/乘务长的职责 ……………………………… 29
三、预先准备内容 ……………………………………………… 29

第二节 直接准备阶段 ………………………………………… 30
一、机上设备检查 ……………………………………………… 30
二、飞行前清舱检查 …………………………………………… 31

第三节 飞行实施阶段 ………………………………………… 32
一、乘客行李及物品的管理 …………………………………… 32
二、机上设备的使用管理 ……………………………………… 35
三、飞行过程中的安全管理 …………………………………… 37

第四节 飞行结束后 …………………………………………… 42
一、应急医疗事件报告 ………………………………………… 42
二、机上紧急事件报告 ………………………………………… 42

第三章 乘客管理 ………………………………………………… 45

第一节 非法干扰行为 ………………………………………… 47
一、非法干扰行为和扰乱行为 ………………………………… 47
二、反劫/炸机 ………………………………………………… 48

第二节　特殊/限制性乘客 ····· 50
一、特殊/限制性乘客 ····· 50
二、偷渡者 ····· 56
三、遣返乘客 ····· 56
四、犯罪嫌疑人 ····· 57

第三节　其他特殊情况 ····· 57
一、拒绝运输 ····· 57
二、无签证过境 ····· 58
三、醉酒 ····· 59
四、机上动物运输 ····· 60
五、要求冷藏药品 ····· 60
六、更换座位 ····· 60
七、警卫人员携带枪支 ····· 61

第四章　应急设备 ····· 63

第一节　常规应急设备 ····· 64
一、应急出口 ····· 64
二、应急照明 ····· 69
三、安全带 ····· 70
四、防护式呼吸装置 PBE ····· 71
五、麦克风 ····· 75
六、安全演示用具包 ····· 75

第二节　撤离设备 ····· 75
一、飞机滑梯、救生船 ····· 75
二、救生衣 ····· 81
三、应急发射机 ····· 83

第三节　灭火设备 ····· 88
一、手提式海伦灭火瓶 ····· 88
二、水灭火瓶 ····· 89
三、16 磅海伦灭火瓶 ····· 91
四、卫生间灭火系统 ····· 92

第四节　氧气设备 ····· 93
一、氧气面罩 ····· 93
二、手提式氧气瓶 ····· 96

第五节　其他设备 ····· 97
一、急救箱 ····· 97
二、应急医疗箱 ····· 99

三、卫生防疫包 ··· 101

第五章　应急处置 ··· 105

第一节　应急处置基本原则和基本知识 ······················ 107
一、应急处置的基本原则 ·· 107
二、应急处置的基本知识 ·· 109

第二节　应急撤离程序 ··· 118
一、有准备的应急撤离 ··· 118
二、有限时间准备的应急撤离 ··· 122
三、无准备的应急撤离 ··· 122

第三节　应急广播和指挥口令 ·· 123
一、应急广播 ··· 123
二、指挥口令 ··· 126

第六章　机上烟雾/火灾处置 ·· 129

第一节　烟雾/火灾基本知识 ·· 130
一、机上烟雾/火灾的危害 ··· 130
二、烟雾/火灾的种类 ··· 132

第二节　机上烟雾/火灾处置 ·· 133
一、灭烟/灭火程序 ··· 133
二、对乘客的保护 ··· 134
三、灭烟/灭火要点 ··· 135
四、典型烟雾/火灾处置 ··· 136

第七章　释压处置 ··· 145

第一节　释压的类型 ·· 147
一、释压的类型 ··· 147
二、释压如何影响人体 ··· 147

第二节　释压处置 ·· 149
一、驾驶舱机组人员对释压做出的直接处置 ····················· 149
二、客舱乘务员对释压做出的直接处置 ····························· 150
三、客舱释压处置的原则 ··· 152

第八章 爆炸物处置 ... 155

第一节 机上爆炸物处置程序 ... 156
    一、爆炸物 ... 156
    二、飞机上爆炸物可疑装置处置程序 ... 158
    三、飞机在地面发现或被警告有爆炸物 ... 160
    四、在登机前声称截机、有爆炸物 ... 161
    五、在客舱内声称劫机或有爆炸物 ... 161
    六、处理爆炸装置的应急措施 ... 162

第二节 爆炸物清舱检查 ... 163
    一、清舱分类 ... 163
    二、清舱分工 ... 164
    三、客舱清舱 ... 164
    四、货舱清舱 ... 165
    五、爆炸物清舱检查区域 ... 165

第九章 野外生存 ... 169

第一节 陆地求生 ... 170
    一、撤离后的组织 ... 170
    二、建立避难所 ... 171
    三、信号与联络 ... 171
    四、饮水 ... 172
    五、食品 ... 173
    六、野外取火 ... 174
    七、陆地生存要点 ... 175

第二节 水上求生 ... 175
    一、海上生存特点 ... 176
    二、水中保暖 ... 176
    三、饮水 ... 176
    四、食品 ... 177
    五、发现陆地 ... 177

第三节 其他环境求生 ... 178
    一、森林求生 ... 178
    二、极地/冬季求生 ... 179
    三、沙漠求生 ... 179

第十章 安全特情处置 ………………………………………………… 181

第一节 防意外伤害 ………………………………………………… 183
一、颠簸 …………………………………………………………… 183
二、烫伤 …………………………………………………………… 186
三、夹伤 …………………………………………………………… 188
四、机上常见乘客原因造成其他乘客受伤或损失的情况 ……… 188

第二节 防不安全行为 ……………………………………………… 189
一、飞行关键阶段乘客需要服务或进行不安全行为 …………… 189
二、紧急出口座位资格确认 ……………………………………… 190
三、安全检查 ……………………………………………………… 191
四、电子设备使用 ………………………………………………… 192
五、机上吸烟(使用电子香烟、质疑机上有烟灰缸) …………… 192
六、无病乘客要求吸氧 …………………………………………… 193
七、乘客之间发生争执 …………………………………………… 193

第三节 防飞行突发事件 …………………………………………… 193
一、冲击驾驶舱情况处置、询问机长姓名、进驾驶舱参观等 … 193
二、丢失物品或机上盗窃 ………………………………………… 194
三、乘客短时间内发生呼吸停止、脉搏消失及意识丧失(CPR心肺复苏) …… 196

第十一章 客舱安全应急训练项目任务单 ……………………… 201

Ⅰ 航前检查 ………………………………………………………… 202
Ⅱ 驾驶舱失能 ……………………………………………………… 203
Ⅲ 爆炸物处置 ……………………………………………………… 205
Ⅳ 卫生防疫包处置 ………………………………………………… 207
Ⅴ 释压处置 ………………………………………………………… 207
Ⅵ 突发性颠簸 ……………………………………………………… 208
Ⅶ 有准备应急撤离 ………………………………………………… 209
Ⅷ 无准备应急撤离 ………………………………………………… 212
Ⅸ 烤箱冒烟/失火处置 …………………………………………… 213

附录1 B737-800陆地/水上应急撤离区域划分及乘务员职责 …… 214
附录2 B737-800应急撤离检查单 ………………………………… 218
附录3 应急相关广播词 …………………………………………… 219
附录4 "智学VR"全景视频观看指南 …………………………… 225
参考文献 …………………………………………………………… 229

第一章

安全习惯养成

学习目标

- 了解客舱乘务员的安全职责,提高安全意识;
- 学习自我安全管理,养成良好的安全习惯;
- 提高安全敏感度,注意服务过程中的关键点和细节,防范设备操作安全事故和受伤、受损事件,加强质量监控,消除飞行安全隐患。

思想决定行为,行为决定习惯,习惯决定性格,性格决定命运。

——培根

习惯是有意识的选择,如果我们能将好的思维方式、好的行为、好的工作方式变成习惯,那我们就会很轻松地获得成功与快乐的人生。

 导引案例

1956年4月,中缅航线开通。在运营1年多后,1957年8月28日,时任民航局局长邝任农同志向时任国务院第六办公室主任的王首道同志呈送了中缅通航一周年的总结报告,并请转呈周恩来总理。9月7日,王首道同志将民航局的报告并附上亲笔说明呈报总理。10月5日,周恩来总理对总结报告做出了"保证安全第一,改善服务工作,争取飞行正常"(如图1-1所示)的重要批示。

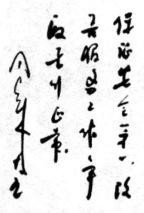

图1-1 周总理批示

民航安全工作涉及人、飞机、环境等多种要素,是一个关联度非常强的复杂系统。飞机在天上飞,对安全极端灵敏,发生问题可供处理的时间、空间非常有限,必须"保证"把安全放在第一位。民航服务是随主客观情况变化而变化的动态发展过程,服务标准要不断提高,服务工作要不断"改善"。民航运输最重要的价值在于高速性,正点起飞、准点到达是普遍的要求,但保证运输时效涉及面很广,有些因素如气候变化等不以人的意志为转移,要尽可能"争取"飞行正常。这三句话,从此成为我国民航行业基础工作的指导方针。

(资料来源:中国民用航空局网站)

客舱乘务员是保障飞行运行安全的人员之一,其主要职责是保证客舱安全。客舱乘务员是受过专业训练、能够在危急时刻协助乘客逃生的专业随机人员。涉及客舱安全的因素很多,有来自飞机和设备的,有来自乘客的,有来自机组的,还有来自乘务员自身的。作为一名合格的乘务员,应杜绝一切不良习惯,增强自身的安全意识。在飞行中乘务员应保持一定的安全敏感度,通过正确处置和协同合作来保证飞行安全。

第一节 客舱安全职责

一、主任乘务长/乘务长职责

1. 维护公司利益,在机长的领导下,有权处理机上服务及客舱安全方面的各种事宜。
2. 在执行航班任务过程中,认真执行《民用航空法》和公司手册中的有关规定,全程监控服务工作和客舱安全,确保国家财产和乘客的安全。
3. 在每次航班飞行的始终,隶属机长领导。协助机长保证乘客、客舱、货物在正常和紧急情况下的安全管理与应急处置。
4. 飞行中遇有紧急情况及时报告机长,在机长的指示下,指挥客舱乘务员充分利用机上应急设备沉着、冷静地进行处理,尽最大努力保证乘客安全。紧急情况下,负责广播。
5. 主任乘务长/乘务长就客舱乘务组的监督、客舱管理和客舱安全以及服务质量向机长报告。
6. 在客舱中发生与安全有关的事件后,填写《公司机上紧急事件报告单》,并向所在单位报告。

二、区域乘务长职责

1. 在主任乘务长的领导下开展工作,协助主任乘务长处理客舱服务及与客舱安全的有关事宜。
2. 在服务工作中除承担本区域所规定的工作职责外,还应对所管辖区域的服务工作及客舱安全进行全面管理。
3. 遇有紧急情况及时报告主任乘务长、机长,在机长/主任乘务长的指挥下,沉着、冷静尽最大努力保证乘客安全。
4. 检查落实本区域紧急设备处于待用状态。
5. 区域乘务长就客舱乘务组的监督、客舱管理和客舱安全及服务质量向主任乘务长报告。

三、客舱乘务员职责

1. 按照分工负责本区域的服务工作和客舱安全工作,严格执行各项安全规章。

2. 遇有紧急情况及时报告机长、乘务长；检查落实本区域紧急设备处于待用状态。

3. 按照规定操作管理服务设备和应急设备。

4. 客舱乘务员应对机上乘客的安全、健康和舒适负责。

四、兼职消防员职责

1. 除执行本区域乘务工作职责外，还要在机长、主任乘务长的领导下担负消防工作，及时消除火情隐患。

2. 熟悉机内货舱灭火设备、内话系统、应急设备的位置及操作方法，负责管理机内货舱门的钥匙。

3. 起飞前，检查机内货舱的应急设备及行李，如不符合要求，应立即报告机长并及时纠正。

4. 飞行中，至少每30分钟对机内货舱区域的应急设备和安全情况进行检查。长航线兼职消防员轮休时，由该区域的值班乘务员承担此项职责。

5. 发现烟或火后，要立即按灭火程序实施灭火，并报告机长、主任乘务长/乘务长。

6. 如果火已经扑灭，客舱或机内货舱有烟，应在机长、主任乘务长/乘务长的指挥下进行排烟。

五、客舱乘务带飞教员职责

客舱乘务带飞教员在执行带飞任务时，除履行本区域的工作职责外，还要对学员的违章操作负责。

六、客舱乘务检查员职责

1. 客舱乘务检查员负责对客舱乘务员的资格进行审定。

2. 客舱乘务检查员应依据《客舱乘务员手册》，对客舱乘务组的客舱安全管理进行持续监督检查。

3. 在工作中有权制止违章行为，且有责任提出处理意见。

七、机上指挥权的交替

1. 机组成员的姓名和他们在飞行中所担当的职位，按签发飞行任务书的排序，机长栏内第一位的是该次航班的机长，需三名（含三名）以上驾驶员的飞行组，机长后面一位的为第二机长或副驾驶。

2. 在飞行期间，机长对飞行的运行拥有完全的控制权和管理权，这种权利没有限制。当机长由于生病、生理需求或其他原因丧失管理和指挥能力时，接替指挥、管理权的次序是第二机长/副驾驶→飞行机械员→飞行通信员→主任乘务长/乘务长→区域乘务长→乘务员,按飞行任务书上的次序排列。

第二节 乘务员自我安全管理

一、航前酒精自测

所有空勤人员必须严格遵守局方规定,不得在执勤前8小时内饮酒。禁止食用含酒精制品,切忌执勤时仍处于酒精作用状态。

(一)酒精自测的目的

主动申报:鼓励乘务员在酒测前主动向航医申报饮酒情况或可能误食了含有酒精成分食品的情况,乘务员将在航医安排下接受酒测,对于酒测前主动申报的乘务员,其检测结果进行减免。

(二)酒精自测的要求

空勤人员执勤期以手册规定的签到时间为起始时间计算。另要求乘务员在签到前,至少提前5分钟进行酒精自测。自测完之后再进行签到和正式酒测。

(三)酒精自测的流程

酒精自测→签到和酒测→航前准备会→航前协同。

(四)酒测异常的处理方法

在食用含酒精的食物或药品后,酒测就会显示异常,一旦发生此类情况,乘务员需立即通报乘务值班员,由值班员通报值班航医,航医会监控当事人进行复检,在酒测仪器前的摄像头会有当事人酒测时的记录和照片,复检后航医会将汇报具体情况备案和上报。如并未饮酒在酒测时发生异常,可使用清水漱口,待5～10分钟后口腔酒精挥发后,酒测会恢复正常。

【链接】易产生酒测异常的食品及物品

在航前1小时内应避免食用以下食品或其他可能产生酒测异常的食品:
1. 食物类:豆腐乳、醉海鲜(蟹、螺、虾)、啤酒鸭、酒酿圆子、糟鸡(肉、鱼)、蛋黄派、妙芙欧式蛋糕、豆馅面包(馒头)、提拉米苏、酒心巧克力等。
2. 中国菜的烹饪习惯在很多菜的烹调过程中要加料酒,加得多的话也可能被测出"饮酒"。
3. 饮料类:红牛、娃哈哈格瓦斯饮料、康师傅陈皮酸梅、果啤(配料里有啤酒花)。

4. 水果类：榴梿、含糖量高的水果（苹果、香蕉、梨、金橘、橙子、荔枝、葡萄、甘蔗等），如果在相对密闭缺氧的环境下，也会产生酒精。

5. 药品类：藿香正气水、正骨水、十滴水、消咳喘、糖浆等口服液；寄生追风液、十全大补酒、舒筋活络酒、胡蜂酒、国公酒、风湿跌打酒、三两半药酒等酒剂；云香祛风止痛酊、姜酊、颠茄酊、远志酊等酊剂（不包括外用的酊剂、搽剂、喷雾）、注射液（如氢化可的松注射液、尼莫地平注射液、血栓通注射液、尼麦角林注射液、多西他赛等）。

6. 含酒精成分的口腔清新剂、复方氯己定含漱液（漱口水）。

二、空勤人员飞行纪律监督制度

（一）监督人

全体乘务员。

（二）被监督人

飞行员、空中保卫人员、乘务员之间需要互相监督，如有违纪情况按照公司规定处罚。

（三）监督范围

飞行员、空中保卫人员、乘务员是否按照要求坚守岗位、履行职责。

（四）空勤人员违反工作纪律的情况

1. 飞行员在飞行时间内违反下列驾驶舱规定：
（1）允许不符合局方及公司手册规定的其他人员进入驾驶舱；
（2）除生理需求外，因个人原因违规离开驾驶舱；
（3）在飞行关键阶段违规出驾驶舱；
（4）打开舱门前未按规定以预先明确的沟通方式进行确认，或未等空中保卫人员到达监控位置出入驾驶舱。

2. 飞行员在平飞阶段擅自离开工作岗位或者在工作岗位不履行工作职责（如非轮休阶段睡觉、聊天、用餐等）。

3. 飞行员在飞行时间内，使用个人用途的电子设备。

4. 空中保卫人员在执勤时，有睡觉、使用电子设备、不按时巡舱等违反《航空安全员工作手册》规定的行为；或因个人原因未到指定位置对驾驶舱进行保护和监控。

5. 乘务员打开舱门前，未按规定用餐车阻挡乘客通往驾驶舱的通道，或未安排一名客舱机组成员（安全员优先）监护。

6. 乘务员在执行飞行任务前8小时内从事娱乐、游戏、聚会等影响正常休息的活动，或者以严重疲劳状态上岗工作。

7. 乘务员在执行任务前 8 小时内或执行任务期间饮用或使用酒精类饮料、毒品、麻醉药物或其他有损工作能力的药物,或者以严重疲劳状态上岗工作,或执行任务期间酒精检测浓度超标(注:酒精浓度限制标准为其呼出气体中酒精浓度达到或者超过 0.04 克/210 升)。

三、乘务员各阶段的注意事项

(一) 地面阶段

1. 航前准备

(1) 航前要确保充足的睡眠休息;
(2) 保持适当的体育锻炼,提高飞行的耐受性;
(3) 保持心情舒畅;
(4) 养成良好的卫生习惯,勤换衣服和被褥;
(5) 合理饮食是各种热能和营养的基础,要平衡各种营养,避免营养过剩或缺乏;
(6) 禁止空腹飞行,在高空缺氧的环境下,要注意防止饮食性胀气,减少不易消化及含纤维素高或容易胀气食物的摄入;
(7) 适当控制体重,保持良好身材,确保制服合身,制服太紧或太短都可能导致无法采用正确的姿势;
(8) 派驻交流或国际驻外航班时要注意温度的变化,要带合适的衣服;
(9) 驻外时行李不宜过重,便于提拿和存放;
(10) 在执行任务前 8 小时内或执行任务期间不饮用或使用酒精类饮料、毒品、麻醉药物或其他有损工作能力的药物。

2. 登机

(1) 上下廊桥,客梯车和机组车,要格外谨慎,尤其是冰雪天气和光线较暗的环境下,迈步距离和高度要根据实际情况调整;
(2) 上下扶梯和阶梯时一定要手扶扶手保持稳定;
(3) 客舱中行走要注意地面的障碍物(如吸尘器电线);
(4) 行李过重时,要寻求同事的帮助。

3. 地面准备工作

(1) 地面准备阶段,要留意机上人员的整个活动(如航食装机员、机务员、清洁人员等),留出供安全走动的通道;
(2) 未经允许客舱乘务员不能进入高架航食车,如果缺少配备物品由航机员补充;
(3) 发现客舱故障要尽快通报维修,说明客舱故障状况和影响,如果没有现场的机务人员则报告乘务长。

(二) 滑行和起飞

(1) 飞机平飞但安全灯还未熄灭,由乘务长评估组员开展服务工作是否安全;

（2）当飞机起飞爬升或接近降落时，改正有些乘务员不系安全带的不良习惯，以避免在此类超重的环境下会对乘务员的腰、颈椎造成一定程度的压迫。

（三）飞行中

1. 客舱走动

（1）工作区域要有充足的照明，确保安全的进行各项工作，较黑暗的门区可以开启工作照明灯；

（2）当从亮处环境移动至暗处环境（如从厨房到较暗的客舱）或反之时，应稍微让眼睛适应调整；

（3）上下任何楼梯时都应手扶扶手，机组休息区楼梯上下时要面向楼梯；

（4）当心突出金属，例如，卫生间门上的烟灰缸应始终保持关闭状态；

（5）确保乘务员座椅安全带和肩带正确地折叠入座椅中，椅子内不要夹带任何物品（如托盘或水瓶）；

（6）在客舱走动或履行工作职责时不要着急，集中精力，了解客舱环境；

（7）客舱内一定不能乱跑；

（8）穿越隔帘的区域时一定要谨慎慢行（如厨房、客舱之间），要当心隔帘另一侧的人员或物体；

（9）在进行下一项工作之前要始终围绕并完成现有的工作任务（如在拿取其他物品前关闭储物柜门）。

2. 整理内务

（1）在拿取所需物品后，及时关闭所有柜门（如餐车、储物柜等）；

（2）厨房台面要及时清理（尤其是油渍），在没有乘务员的情况下，尽量不要摆放物品；

（3）茶杯和玻璃杯要及时放进车内，不要将还有饮品的茶杯和玻璃杯遗留在厨房台面上；

（4）时刻保持厨房、客舱和洗手间的工作台面清洁；

（5）保持客舱通道，厨房和卫生间地板的清洁和干燥，避免杂物绊脚的危险；

（6）处理碎玻璃/瓷器必须有防护措施，戴上手套（棉织和塑料），用小毛巾清理破碎的玻璃，在碎玻璃入垃圾桶前用报纸包裹好，避免对清洁人员造成伤害。

3. 防止绊倒或滑到

（1）随时擦净泼洒在客舱、厨房和过道地板上的液体，尤其是油渍；

（2）在过道行走时要注意脚下。有可能被乘客伸出的腿或露出座椅外的安全带绊倒，尤其当客舱昏暗时要格外小心；

（3）看到地板上的塑料袋或垃圾时要随时拾起，切忌视而不见地走过。

4. 防止割伤或剐蹭

（1）注意客舱内突出金属（如洗手间门上的烟灰缸）的刮伤，应随时保持关闭状态；

(2) 有破碎的玻璃,处理前用厚报纸包裹碎片,提醒机组其他人员小心玻璃;
(3) 确保乘客及乘务员座位的安全带收好,避免剐蹭伤人;
(4) 乘务员座椅就座时要小心,确保坐下时坐垫放下。

5. 良好习惯

(1) 保持对客舱及厨房环境的自觉警觉意识,并主动管理;
(2) 团队成员之间养成良好的沟通意识;
(3) 让乘客,尤其是儿童,在任何时候都远离厨房区域;
(4) 一旦发生烫伤或出现其他伤口,应及时处理避免感染。

(四)下降前准备

(1) 厨房和客舱尽可能早地在下降广播前就做好准备,移除客舱地板上的绊脚隐患;
(2) 储存和锁闭所有储物柜和服务车;
(3) 谨防在下降时飞机突然晃动;
(4) 折叠乘务员座椅时注意弹簧,确保在坐下前椅垫放下。

(五)落地后

滑行期间,乘务员要留在座位上保持安全带和肩带扣好,直到飞机停稳和安全带灯关闭,除非执行紧急安全职责。

四、个人护理

为了自身健康,客舱乘务员应该:
(1) 喝大量的水,在整个飞行过程中保持充足的水分;
(2) 定期做运动;
(3) (航前、飞行中、航后)尽可能的进行非负重运动;
(4) 执行洲际航线的乘务员应注意,食物应为高碳水化合物,低脂肪、适量蛋白质和丰富的维生素,食物必须容易消化,并及时补充水分;
(5) 清洁洗手间和地面卫生时要戴手套,养成勤洗手的好习惯。

第三节 客舱设备安全操作

一、抬放行李物品及饮料格子

(一)抬放行李要始终采用正确用力技巧

1. 注意查看锋利的边缘,湿滑点和手柄的位置;

2. 确定搬运路线上没有障碍物,并且放置点牢固安全;

3. 将物体尽可能靠近身体;稳固的抓住物体,向前方看;保持手腕抓住物体的中间位置,缓缓移动,防范移动线路上的障碍物。

(二)抬放物体

1. 从地板上抬起

(1)两脚一前一后,前脚靠近要搬运的物体;屈膝并保持后背挺直,在整个搬运过程中不要弓腰;抓住物体起身双膝挺直,如果在抬起过程中转换方向,要靠脚步的移动,不要扭动身体;

(2)抬高物品时的起平点为身体下巴的高度,双脚前后站立身体靠近承载物;紧抓住承载物上的把手,另一只手较有力的托住承载物的底部,抬起承载物更多的是依靠强壮的腿部肌肉,为了避免弓背,身体重心转移至后脚或者向后退步;移动身体时前倾,将承载物稳定的平行入位。

2. 合作提升动作

(1)充分了解所要搬运的物体(如重量、接触点和形状),提前达成共识;

(2)搬运前提前协商好物体搬运放置的地点,如何移动及移动方向;

(3)保持协调一致,提醒自己的同事,两人要步调一致保持物体稳定的移动,一种方式是发口令"1、2、3、起",最后"起"时开始同时启动,提醒对方不能松手直到将物体安全放置到指定位置(如图1-2所示)。

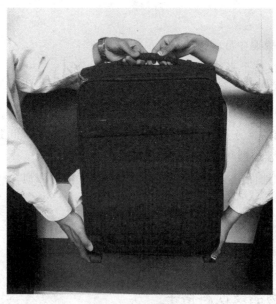

图1-2 抬放物品

3. 放落动作

身体下降过程中也采用类似提升方法,在物体所放置的位置评估各项条件;保持脊背状态,在双臂托住物体前,头向前并收紧下颚;当物体位置下沉时要紧紧抓住,屈膝同时身体跟着下沉;物体被放置低位后,身体的后背要始终保持挺直,靠双腿直立起身。

(三)抬放饮料格子

1. 将饮料格从储物格中取出,轻轻地抬起储物格不要动作过快,以免伤及腰部;
2. 如果饮料格子摆放在地上,在抬起饮料格子时先蹲下,再用腿部和手臂的力量将饮料格子抬起,不可以直腿弯腰去抬饮料格子(如图1-3所示);
3. 抬至餐车上并调整所放位置使其正确。

图1-3 抬放饮料格

二、打开及关闭行李架

(一)打开行李架

1. 面向行李架并且尽可能的靠近;
2. 双脚前后站立;
3. 收下巴抬双臂(如图1-4所示)。

● 普通飞机:一只手开行李架锁,另一只手扶住盖板边缘;慢慢地直至完全打开,松开前确保没有物体掉落。

● 天空内饰:一只手打开行李架锁,另一只手放在行李舱边缘附近作为辅助支撑;打开行李箱后双手支撑箱体,慢慢地完全放下;双手离开盖板前确保没有物体掉落。

注意事项:打开行李架时,当心坐在下方的乘客,慢慢开启行李架盖板注意有无物品坠落。

图1-4 打开行李架

（二）关闭行李架

1. 面向行李架并且尽可能靠近站立,如果需要可站进乘客座椅区域内;
2. 双脚前后站立;
3. 收下颚,抬双手扶住盖板边缘。

- 普通飞机:双手等距放在盖板两侧,确保手腕不要弯曲过度,如果感觉不适可调整。
- 站立的位置:双臂向下合盖板,当心手指被盖板压住,移开双手前确定盖板完全锁闭。
- 天空内饰:双手掌心向上放置在打开的盖板曲面盖锁两侧;伸直双肘向上推关闭盖板,如果需要可踮起脚尖,松开双手前确保听到或感觉到盖锁已牢固关闭(如图1-5所示)。

图1-5 关闭行李架

三、打开储物格

（一）储物格分类

1. 固定式储物格;
2. 可移动式储物格。

（二）正确使用储物格的方法

1. 储物柜要注意限重提示,切勿超载;
2. 储物柜内物品要存放稳妥,较重的物品放置在底部,避免打开后掉落;
3. 储物柜的门使用后要立即锁闭并扣好,避免人离开柜门后柜门在开启状态,尤其是柜子下面有人的情况下;
4. 拉出储物柜时要托住柜子和抽屉底部,防止跌落;
5. 拿取较重的储物柜时,一定要寻求同事的帮忙,过高的储物柜,可利用厨房支架,但要拉住扶手以确保安全。

四、使用热水器

(一) 使用方法

先打开水龙头放水至水流顺畅(如无水流出需检查水表和水关闭阀)。一打开通电开关(打开热水器电源开关,当 READY 灯亮起后即可使用,此时热水器内的水温可达到 85℃),这样做,是因为水流正常后,导水管不会受通电加热的影响而导致管内空气膨胀发生喷气烫伤。

(二) 打开热水器时的注意事项

1. 确认热水器内水箱已满;
2. 确认厨房电源已接通,开启热水器的开关进行加热,如顺序颠倒,易导致热水器内部电流保护跳开,这时热水器则不能正常工作,热水器面板上的电源指示灯将全部熄灭;
3. 当热水器上的 NO WATER 指示灯亮起时,需立即关闭电源,否则将造成空烧,存在失火隐患,待水流均匀持续流出后方可开启电源;
4. 如果热水器位置较高,接热水时必须要抬高水壶水杯紧挨水龙头,防止溅洒(如图 1-6 所示)。

五、使用烧水杯

(一) 烧水杯的使用方法

1. 打开烧水杯的计时开关,旁边有显示灯亮;
2. 一般情况下 5~10 分钟即可烧开,如果没有烧开,可继续打开计时器;
3. 如果水烧开了计时没有结束,可关闭计时器再拔下烧水杯(如图 1-6 所示)。

(二) 注意事项

1. 在地面检查时需倒入三分之一的水后再打开电源开关,绝对不能空杯测试;
2. 当心热蒸汽,不要将手放置在烧水杯口上部;
3. 必须确认电源关闭才能拿出烧水杯,拿取时要小心;
4. 移开档杆(钢丝锁)后再从插座上取下烧水杯;烧水杯内的水不要过满,避免水烧开后溢出,造成插座污染损坏或者拿取时烫伤;
5. 确保烧水杯插上后扣好安全支架;
6. 使用烧水杯时要密切关注,绝不能对烧水杯失控,避免因过度沸腾或烧干引起电路短路;
7. 不要在烧水杯底部垫衬,导致吸附液体,从而引发触电危险。

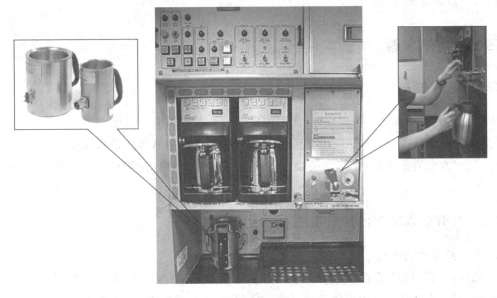

图 1-6 使用热水器和烧水杯

六、使用烤箱

（一）烤箱检查

1. 上机后查看 CLB，如有烤箱故障，不可使用故障中的烤箱；在使用曾经有过故障的烤箱时，一定要加大监督力度；

2. 乘务员需查看烤箱架子与箅子，如有变形或装载不符的情况，需拍照反馈给客舱供应管理中心相关保障室；若箅子未按标准装载，厨房乘务员应要求航食人员按照标准重新装载，如无航食人员在场，厨房乘务员应将箅子及餐食调整至标准装载位置后再烤餐；

3. 各厨房乘务员应检查烤箱内是否有污渍，如发现问题，应及时联系清洁队人员进行清洁。将烤箱内部及烤箱门周边及加热条上的油渍清理干净后，再装餐食；若烤箱内已放满餐食，应将烤箱内目测到的油渍如烤箱门周边、餐食箅子上及餐食相互挤压出的油渍等清理干净后，再烤餐；

4. 在航食摆餐时，如有餐食相互挤压出油脂或箅子摆放不合理情况时，乘务员应及时予以纠正；

5. 如发现烤箱的后壁板处有污渍要及时填写 CLB 反馈；如发现未配备烤架及箅子时应及时报告乘务长，由乘务长通知所属基地客舱生产保障席及时配备并在"乘务日志"中反馈。

（二）烤箱操作

1. 未放单飞的乘务员不能单独操作烤箱烤餐，但发生烤箱失火时所有乘务员都有责任

第一时间按照机上烤箱失火时的处置程序进行处置;

2. 乘务员上机后检查烤箱是否清洁,烤餐前确认烤箱内的物品必须是可以用来加热的;为了防止起火,在加热前必须确认烤箱内无任何纸片、纸制品、服务用具以及干冰,不允许用餐巾布包着加热头等舱毛巾和头等舱餐具;

3. 不能将没有扣盖的热食放进烤炉,仅放可以加热的食物器皿,如热瓷器、锡箔纸、面包袋、铝箔盒等;不能在烤炉中加热牛奶等液体,除非有器皿包装,如粥或调味汁等;

4. 烤箱不可空烤或错烤,烤箱内无餐食最多空烤3分钟,以保证餐食口感;

5. 通常情况将加热温度设定在 MID 档(中温),且不可用高于各类餐食烘烤的标准进行烤餐。由于季节及地域变化,当标准烤餐温度无法加热餐食,应在标准温度烤完餐检查餐食的温度后,再按照实际情况加温烤餐;

6. 乘务员无论是在客舱服务还是在厨房,都要关注正在工作中的烤箱以防出现任何异常;

7. 飞机起飞、下降及过站加油期间不得使用烤箱;

8. 飞机落地前,乘务组需提前清理烤箱中剩余的餐食,避免剩余餐食汤汁落地时流出积成油污;

9. 过站期间,厨房乘务员应去除架子和箅子,由清洁人员(或厨房乘务员)对烤箱内部,尤其是加热条部位再次清理后再装新的餐食,避免油汁堆积、产生起火隐患。

(三)打开和关闭蒸汽烤箱

1. 为防止烫伤,从烤炉里拿取热食、箅子或加热后的物品时一定要使用手套;

2. 打开烤箱门前要确认电源在关闭状态,所有的人都处在安全区域;

3. 加热结束后不能立刻打开烤箱门;

4. 转动开关从"锁"到"安全"位,让内部的蒸汽释放5秒,退后防止蒸汽灼伤,同时防止餐食滑落;

5. 蒸汽被释放后,带好棉织手套,转动开关至"开"位,将烤箱开启一条小缝,确保烤箱内的物品或烤炉箅子不会掉出;

6. 如果烤炉箅子卡阻,移出上面的箅子,然后分别取出热食,避免强行拉拽。在取出热食后烤炉箅子必须立即放回烤炉内。

7. 将餐食按照种类摆放在大托盘上,再将托盘放置到餐车内以便发放。

(四)烤箱加热面包

1. 加热面包前要确认装面包的塑料袋是否可以加热,如不能加热应把面包拿出放在烤炉篦子上进行加热;

2. 处理烤箱里的加热面包袋时,小心热蒸汽;

3. 打开加热后的热面包袋时,不要用尖锐物品刺破袋子,应先开小口释放热气;

4. 面包烘烤方法:有蒸汽模式的烤箱,先湿烤5分钟,再干烤3分钟。

七、餐车摆放、进出、移动及推拉

（一）打开餐车门时的注意事项

1. 将锁扣挂钩抬至开位；
2. 拉开餐车门的把手；
3. 当餐车内放有餐食时，需用一只手进行保护，防止餐食滑落，造成不必要的损失；
4. 不要用脚踢关车门，始终要轻轻地关闭车门，并当心手指被车门挤伤；如果车门不能锁闭，及时检查突出物体或阻碍物。

（二）从餐车位中拉出餐车

1. 面向服务车，双脚前后站立，屈膝后背挺直，退步后蹬；双手抓住服务车把手和车门用手将车轻拉出车位，踩刹车固定（如图1-7所示）；
2. 餐车在服务间内必须处于横向位置；
3. 如果餐车被卡在车位，可寻求其他组员帮助；如果还是无法挪动，避免强拉，踩上刹车固定。将故障记录在《客舱记录本》并将损坏的餐车做好标记，后续航班不能继续使用。

图1-7　拉出餐车及固定

（三）存入餐车位

1. 保持后背挺直，稍微屈膝；
2. 餐车归位时将固定锁扣横向放置，轻缓的将餐车推至餐车位并将固定锁扣纵向扣好（如图1-8所示），并轻踩刹车；
3. 小心手和手指被手柄和厨房台面下之间的缝隙挤伤。

图 1-8　餐车固定

（四）转动餐车

1. 保持背部挺直；
2. 移动餐车时使用腿部肌肉，身体重心随之变换；
3. 在移动或转动沉重餐车时，一定要其他组员帮忙；

（五）从车中取物品

1. 保持背部挺直；
2. 屈膝身体下蹲而不是弯腰拿取物品（如图 1-9 所示）；
3. 从餐食车拿取物品时要稳步抽出；
4. 站起身时依靠腿部肌肉；
5. 从蹲姿站起时还要注意周围环境和其他障碍物。

图 1-9　从餐车中取物品

（六）餐车顶部摆放指南

1. 餐车上的饮料一定要用饮料架摆放，茶壶、咖啡壶放在最易拿取的地方，把手向外盖紧壶盖，并确保摆放稳妥（如图1-10所示）；
2. 如果需要在车内携带备份饮料，要摆放稳妥。如果有条件最好使用饮料架盛装；
3. 餐车顶部传递热饮或水壶时要小心，热饮不要倒得过满，避免泼洒，如有可能要使用小托盘。

图1-10　餐车饮料摆放

（七）推拉餐车时关注周围乘客的情况

1. 推车乘务员需要双手紧握餐车扶手，身体稍前倾，推餐车时注意面带微笑并语言提示临靠过道的乘客；
2. 拉餐车的乘务员需双手拉车，适当的提醒乘客小心；
3. 当两名乘务员一起推一部餐车，需要步调一致（如图1-11所示）。如果有一个人需要离开，要通报给对方乘务员知晓并确认刹车踩好，如对方正在下蹲拿取餐车底部的物品时更要留意；

图1-11　合作推拉餐车（移动端VR全景视频）

4. 客舱内推拉餐车要缓慢,要留意过道中的障碍(如毛毯、座位下面的包带等);
5. 餐车不移动时始终要踩住刹车,不能让餐车在无人看管的情况下留在客舱。

八、冷冻食品的处理

处理干冰时必须戴上防护棉织手套(塑胶手套不具阻隔效果),切勿直接用手接触干冰或入口(如果肌肤长时间直接触碰干冰,就可能会造成细胞冷冻和类似轻微或极度严重的烫伤);如果没有棉织手套,可用报纸或者毛巾包裹后再进行处理;干冰只能放在餐车上部的抽屉内,如存放在饮料架内要存放在餐车上部才能起到餐食保鲜的作用,切记不能直接放在餐食或者水果上;可用毛巾擦去冰激凌等冷冻食品外部的干冰,擦拭时要戴上防护手套。

第四节　客舱安全质量控制

根据《ICAO SMS》对安全的定义,安全是一种状态,即通过持续的危险识别和风险管理,将人员伤害或财产损失的风险降至并保持在可接受的水平或降到最低。

乘务员从地面准备到上机服务,到降落后,包括经停过站期间,都要对乘客的生命财产安全负责,随时关注可预见风险,有提前防范意识。从以下十九个方面进行安全质量监控,可以及时消除隐患。

一、对行李和舱门的监控到位

1. 截查超规行李,并及时通过地面人员处理;
2. 对于满载行李的行李架,乘务员须检查好行李的摆放情况,确认所有行李按照规定放置后再将行李架关好并锁定;
3. 对于未载满行李的行李架,乘务员引导乘客合理摆放行李,及时对行李架进行整理;
4. 携带拐杖登机的乘客,乘务员须暂时替其保管拐杖至前舱衣帽间或距离乘客有一定距离的封闭空间内,在落地后再予以归还;
5. 对于散放在行李架上的空水杯、衣物等小件物品和敞口的行李袋,须及时提醒乘客整理和固定,防止开启行李架时掉落砸伤乘客;
6. 飞行全程,如需开启行李架,应缓慢将行李架盖板开启小部分,确认行李架内无易滑落的物品后再打开;
7. 迎客阶段,每个舱门区域及紧急出口处均须有人监控。

二、紧急出口座位介绍全面及时

1. 迎客期间,第一时间向就座的乘客介绍紧急出口座位,并强调正常情况下不要触碰紧急出口手柄；

2. 向乘客讲解该座位为紧急出口旁的座位，并请乘客全程协助监控紧急出口区域；
3. 拿起《安全须知卡》递给乘客，并请乘客仔细阅读；
4. 询问乘客是否已理解紧急出口要求；
5. 询问乘客是否愿意就座于紧急出口，并得到乘客的确认；
6. 坚守在紧急出口直至所有坐在紧急出口的乘客介绍及确认工作完成；
7. 如需离开时，请就座于紧急出口的乘客协助监控；
8. 监控期间，如有乘客提出服务要求，委婉解释或请其他乘务员协助；
9. 如关舱前由于安排乘客座位、行李架等客观原因无法完成紧急出口座位确认工作，则在起飞前务必完成。

三、安全广播和录像清晰，安全演示动作规范

1. 确认进行安全广播；
2. 关舱后，通过演示或录像向乘客介绍客舱安全相关规定；
3. 安全示范（录像、人工）期间，乘务员不做与安全无关的工作（如提供毛毯、饮料、毛巾等）；
4. 播放安全示范录像时，各个舱位各个通道各有一名乘务员监控乘客观看情况；
5. 落地前40分钟进行下降前客舱准备广播（下降期间不再为乘客提供任何与安全无关的服务）。

四、安全检查严格、仔细

1. 确认每位乘客已就座并系好安全带，无人就座的座位的安全带和肩带已扣好；
2. 确认椅背竖直、脚踏板收起、座椅扶手平放，小桌板已扣好；
3. 确认每个乘客的食品和饮料盘及每个椅背餐桌已被固定在其收藏位置；
4. 确认所有帘子已拉开系紧，遮光板已拉开；
5. 确认衣帽间、储物柜等储藏空间已锁闭，行李架扣紧；
6. 确认紧急出口、走廊过道及机门旁已无任何手提行李；
7. 出口座位符合乘坐规定；
8. 确认乘客座椅处除散落的衣服类物品外没有在着陆期间不允许携带的物品；
9. 每个电视屏幕已被收藏好；
10. 儿童被儿童安全带固定或由成人抱好；
11. 确认所有移动电话、便携式电脑等电子设备已关闭并存放好；
12. 确认洗手间已无人占用并上锁；
13. 乘务员安检完成后迅速就座，不做与安全无关的事宜；
14. 乘务员安检结束后，乘务长进行安全检查复查工作。

五、起飞前对客舱动态的关注要仔细

1. 除为了完成保障飞机和机上人员安全的工作外,在规定座位上坐好并系好安全带及肩带;
2. 在飞机起飞期间对客舱动态进行观察;
3. 及时进行"起飞前再次确认"和"乘务员立即就座,做好客舱安全监控"的广播。

六、飞行中安全提示应及时

1. 起飞后,提示乘客就座时需系好安全带,首次提示确认后对未系好安全带的乘客要求马上系好,督促其落实。再次提示后,如不配合,再次劝说,讲明利害,再次确认系好。乘务员对未安全带的乘客,至少两次的提示并确认,才能离开;
2. 在飞行全程中保持门区和出口区域畅通;
3. 发现乘客使用主动发射电子信号的电子设备(如移动电话、对讲机、遥控玩具等)进行劝阻。

七、飞行中驾驶舱门监控到位

(一)飞行机组进出驾驶舱的要求

1. 飞行人员离开驾驶舱前,首先应与前舱乘务员通过内话系统联系;
2. 前舱乘务员立即通知空中保卫人员(空警、专职安全员或兼职安全员)到前舱保护驾驶舱,监控全过程。同时,前舱乘务员关闭服务间与客舱的隔帘,将餐车横向挡住客舱与服务间的通道并踩好刹车;
3. 乘务组在完成上述程序后必须通过内话系统通知驾驶舱"门已封好",驾驶舱内机组在获得口头通知后经过驾驶舱门猫眼观察确认,方可打开驾驶舱门;
4. 空中保卫人员(空警、专职安全员或兼职安全员)自机组出驾驶舱前返回驾驶舱后的整个过程期间停留在L1门前区域,保持警惕。

(二)乘务员进出驾驶舱的要求

1. 乘务员在进出驾驶舱时,须通知空中保卫人员(空警、专职安全员或兼职安全员)到前舱保护驾驶舱,监控全过程。同时,关闭服务间与客舱的隔帘,将餐车横向挡住客舱与服务间的通道并踩好刹车;
2. 乘务员进入驾驶舱前应通过内话系统通知飞行组,再使用航前确定的暗号进行联络。飞行机组通过监控摄像头和门镜观察确认后,方可打开驾驶舱门,准其进入;
3. 乘务员进入驾驶舱后须立即将驾驶舱门锁闭,防止他人尾随进入;

4. 乘务员离开驾驶舱前,首先应与实施监控的空中保卫人员(空警、专职安全员或兼职安全员)通过内话系统联系,得到"门已封好"的口令,并通过监控摄像头和门镜观察确认其在位,方可打开驾驶舱门,返回客舱。

5. 当驾驶舱门安全关闭后,空中保卫人员(空警、专职安全员或兼职安全员)方可解除监控状态。

(三)注意事项

1. 进出驾驶舱时须将餐车横向挡住客舱与服务间的通道并踩好刹车,如对于前舱只有1/2餐车的航班,乘务员须用两辆1/2餐车来阻挡;

2. 除局方和公司手册允许的人员外,其他人员禁止进入驾驶舱;

3. 进入驾驶舱后及时填写《驾驶舱进出情况统计表》由乘务长和空中保卫人员(空警、专职安全员或兼职安全员)签字确认;

4. 全程监控驾驶舱门区、机上紧急出口及客舱洗手间的安全,对进入前服务间的乘客进行监控和劝阻。

八、热饮、热食提示及发放规范

1. 确认热饮是否烫手;

2. 给乘客递送热饮时,必须用语言提示乘客小心烫伤,同时确认乘客已经拿稳后再松手。禁止出现无语言交接现象;

3. 在给乘客提供茶水咖啡时,须将水壶拿至餐车水平位置的下方,避免水溅过高溅在乘客身上;

4. 在为乘客提供茶、咖啡、牛奶等热饮或开水时,以提供不超过三分之二杯为宜;

5. 不得出现将餐车单独留在客舱或在乘客头顶传递物品的现象。

九、着落前安全检查应全面、仔细

1. 确认每位乘客系好安全带;

2. 确认椅背竖直、脚踏板收起、座椅扶手放好,小桌板扣好;

3. 确认无人座椅上的安全带和肩带已扣好;

4. 确认帘子拉开系紧,遮光板拉开;

5. 确认衣帽间、储物柜等储藏空间已锁闭,行李架扣紧;

6. 确认紧急出口、走廊过道及机门近旁无任何手提行李;

7. 确认所有移动电话、便携式电脑等电子设备已关闭并存放好;

8. 确认洗手间已无人占用并上锁;

9. 乘务员回到座位坐好,并系好安全带和肩带;

10. 如着陆前有乘客未按照规定就座,乘务员应责令其坐好。

十、滑行时安全提示到位

在飞机未达到预定的停机位时,确认每一位乘客均坐在座位上,系好安全带,不得使用电子设备,不得开启行李架。

十一、对乘客不安全行为处置快速、有效

1. 在滑行、起飞、降落等关键阶段或遇到颠簸时,立即对乘客的不安全行为采取广播、口头提醒或上前制止等快速、有效的处置措施;
2. 在通过广播、口头提醒或上前劝阻、制止等措施均无效时,向违规乘客说明有关规定并请安全员予以协助;
3. 当进行服务类广播时,如突然发生乘客违反客舱安全的行为时,立即终止服务类广播并及时提醒劝阻乘客。

十二、飞行各阶段安全意识

1. 起飞后安全带灯熄灭5分钟后才可以进行客舱服务;
2. 民航局96号文件《关于加强客舱安全管理工作的意见》规定,在飞机起飞后20分钟和落地前30分钟内客舱乘务员不得从事与客舱安全无关的工作,只能履行安全职责;飞机进入下降阶段后不应再为旅客提供餐食。

十三、舱门关闭操作规范

1. 滑梯预位时,乘务长发布口令"各号位乘务员滑梯预位,做交叉检查";
2. 完成滑梯预位后,乘务员交叉互检,并报告"××门预位完毕"。

十四、开舱门操作标准

1. 飞机完全停稳,安全带灯熄灭后,乘务长使用广播器下达所有舱门解除滑梯/分离器预位的口令;
2. 客舱乘务员解除滑梯/分离器预位并进行交叉检查后,使用内话报告乘务长。

十五、可预知颠簸应处置及时、措施得当

1. 询问可能发生颠簸的时间,颠簸的预期强度和持续时间,颠簸结束信号以及其他任何具体的信息/说明。这样的询问要通过飞行机组了解;

2. 及时对客舱进行颠簸广播提示，并检查乘客安全带是否系好；
3. 整理并固定厨房物品，先处理大件设备，如餐车等；
4. 在继续服务时，不提供热饮，防止烫伤乘客。

十六、中度及严重突发性颠簸应反应迅速、措施得当

1. 立即就近坐好，并系紧安全带，若无法就座时，立即蹲下以降低重心稳住自身，并用手臂环扣座椅扶手或抓紧座椅下方兼顾部位，以免身体被抛起而受伤；
2. 及时对客舱进行颠簸广播提示或大声提示乘客坐下，并系紧安全带；
3. 靠近洗手间的乘务员敲门要求乘客抓紧扶手，或立刻离开洗手间就近坐下，并系紧安全带；
4. 如正在进行餐饮服务，立刻踩下刹车固定，并将热饮壶、酒瓶等物品放到地上或餐车内，如需要可以用毛毯覆盖；
5. 要求附近的乘客系紧安全带，并稳住手中的餐盘或水杯；
6. 餐饮车、垃圾车、免税品销售车等尽可能推回厨房固定好，并将厨房内散放的物品收妥固定。

十七、颠簸过后，飞机恢复平稳后应采取措施

1. 乘务组应做好应急预案及机上急救准备，检查洗手间内有无受伤乘客，确保乘客、机组成员受伤后及时得到医疗护理及救治；
2. 主动联络飞行机组，请示继续进行服务工作是否安全；
3. 如遇有强烈颠簸时，乘务员根据机上受伤人员的状况，有责任向机长提出改航、返航和地面医疗急救的类型和要求。

十八、飞行中协助空警并监控警具

1. 空中保卫人员下机工作期间，客舱乘务员要留意存放的警具包，防止无关人员触及；
2. 对于安放的警具包，乘务员原则上不能移动位置，如有特殊情况需要移动警具包时，务必向空中保卫人员及其他组员说明存放位置，且不得被其他行李物品覆盖遮挡，以确保紧急情况时空中保卫人员能及时取用。

十九、航食车对接准确

1. 飞机落地停稳后先开启舱门，再停靠航食车；
2. 后舱负责人在飞机落地停稳，滑梯解除完毕后，应向乘务长请示开启后舱门以对接航食车，得到乘务长同意后立即开启舱门；

3. 舱门开启前应做好滑梯和红带子的互检和确认，开门时需一人操作另一人监控；

4. 舱门开启后立即挂好阻拦绳；

5. 乘务员无故不能进入航食配餐车。

本章小结

习惯是一种长期形成的思维方式、处世态度，习惯让我们减少了思考的时间，简化了行动的步骤；事实上，习惯的力量是惊人的，养成良好的安全习惯将使我们更安全。而我们要做的就是让安全成为习惯。

综合练习

1. 民用航空安全工作的指导方针是什么？

2. 20世纪80年代，中国民航一架伊尔十八飞机，由兰州经西安、长沙飞广州。飞机由长沙起飞后，一名乘客吸烟将烟头放入烟缸时，碰翻了烟灰缸，未灭的烟头掉在地板上，由于座椅滑轨与机壁间无挡隔金属压条，又滑入地板下与易燃杂物阴燃。飞机到达广州白云机场上空第五边准备着陆时，阴燃越来越大，烟冒入客舱。乘务员报告了机长，机长取灭火瓶取不下，回到驾驶舱，在既没有按规定查清火源又未组织灭火的情况下，错误地认为电器失火，关了供气电门，扳下了释压电门，关了总电源；飞机接地后，紧急刹车，四发顺桨，打开了前后舱门；飞机停稳后，放下了工作梯子。此时机长不但没有指挥乘务员组织乘客撤离，反而下机去扶梯子。由于机长未将情况报告塔台，消防救护人员也未及时赶到，当乘客撤下11人时，客舱内浓烟翻滚，燃成明火，后舱因无下机设备，客舱顿时混乱，乘客在烟火胁迫下纷纷跳机，造成乘客死亡25人，受伤37人。

请分析一下此次事故有多少个诱发因素？与乘务人员有关的因素有哪些？

【练习答案】

1. 保证安全第一、改善服务工作、争取飞行正常。

2. 诱发因素有：

① 乘务员没有向乘客讲清机上吸烟的安全规定；

② 乘客没有将烟头弄灭放在烟灰缸内，掉在地板上也没有告诉乘务员；

③ 座椅滑轨与机壁间无挡隔金属压条；

④ 地板下有易燃杂物未消除（定检时）；

⑤ 客舱内灭火器取不下，机组平时也未进行灭火演练；

⑥ 飞行组和乘务组没有进行过紧急撤离的训练，遇事紧张慌乱；

⑦ 机长未将情况报告塔台，导致地面消防、救护人员未及时赶到。

上述因素如果有一项做到，就有可能避免该事故的发生，或者减轻事故的严重程度。

第二章

客舱安全规则

学习目标

- 熟悉预先准备阶段的检查项目,能对照检查项目进行自身检查和主持航前准备会;
- 熟悉直接准备阶段的检查项目,能完成客舱设备的检查和清舱检查的操作;
- 掌握在各个飞行阶段尤其是飞行关键阶段的客舱安全管理规则,包括乘客行李物品的管理、机上设备的使用、飞行过程中的安全操作等;
- 了解应急医疗事件、机上紧急事件的报告程序。

导引案例

国内某国际机场因地势较低,每当冬天来临,经常遭遇到大雾天气,当气温降至零度时,机坪上的飞机舱门常因结冰导致舱门卡阻,造成不同程度的航班延误。该机场曾经出现过由于飞机舱门结冰导致舱门卡阻,造成了航班延误5个小时的事件。此类事件对我们乘务员有什么样的启发呢?

对于客舱乘务员来说,无论是特殊的冬天还是其他季节,当决定打开舱门的时候,必须按照以下程序操作:首先,飞机完全停稳,飞机发动机熄火,安全带指示灯关闭,廊桥对接完好;其次,客舱灯光调至最亮,等待乘务长下达指令"客舱乘务员请到位",停10秒,然后按照双人制操作舱门的程序逐条操作,先左门后右门,操作时间30秒,一定要慢中求稳,稳中求准,排除外界一切干扰,操作完毕之后要进行交叉检查,当乘务长打来电话做汇报之前要再次检查并再报告;最后,开门必须双人在场,再次确认舱门已经解除预位,外面有地面工作人员敲门时再开门。冬天舱门结冰,乘务员在开启舱门的时候一定要小心谨慎,不能硬来,及时向乘务长、机长报告舱门情况,避免开启舱门的时候滑梯出现问题。

(来源:中国航空旅游网)

第一节 预先准备阶段

一、预先准备阶段

预先准备阶段是乘务组执行航班任务的第一个步骤,由主任乘务长/乘务长召集航班乘务员对航班生产的各项工作进行准备,主要包括空防安全、客舱安全、服务程序、服务细节、航班航线特点等。主任乘务长/乘务长必须通过提问方式对乘务员的相关业务知识及业务技能等情况进行了解,初步掌握组员的业务素质和能力,以便在航班生产中对组员的工作进行有针对性的安排和监控,确保航班生产顺利开展。乘务组组员在预先准备任务的阶段进行相互沟通和了解,也可促进乘务组在航班生产中的相互配合。

二、主任乘务长/乘务长的职责

主任乘务长/乘务长组织准备会,检查客舱乘务员着装、仪容仪表,提醒个人必备的装备,包括走时准确的手表、现行有效的个人证件。

主任乘务长/乘务长通报近期空防、安全形势,掌握所飞航班的各种相关业务知识,包括航班号、机型、机长姓名、停机位、航线地标、中途站、终点站、起降时间等和所飞目的地的C.I.Q相关规定等。

主任乘务长/乘务长对客舱服务工作提出要求,进行客舱乘务员的职责分工,客舱乘务员掌握所负责区域的应急设备数量、位置和应急处置程序。

主任乘务长/乘务长制订空防预案和颠簸预案,并对客舱安全工作提出要求。

在有外籍乘务员参加飞行的航班上,应用英语与外籍乘务员沟通并下达任务。与经过汉语测试合格的外籍乘务员沟通或向其下达任务时,可使用汉语。官方标准用语为"中文"。

三、预先准备内容

预先准备会由主任乘务长/乘务长负责召开,时间控制在10~15分钟,主任乘务长/乘务长对当天所执飞航班的客舱工作做出全面部署与分工,包括证件管理、航班信息通报、明确应急程序各自职责、安全规章标准与执行、客舱服务类相关要求、近期重要文件要求的回顾、危险品和不安全事件的机上处置、客舱安保联合准备、IPAD的使用等项目(见表2-1)。

表2-1 预先准备参照表

准备板块	准备项目		准备要点
	序号	项目	
证件管理	1	所有组员(包括安全员)证件	登机证、健康证、乘务员训练合格证、安全员执照等
	2	过夜航班组员证件	身份证
	3	戴镜飞行组员证件	隐形眼镜及备份眼镜
	4	所有乘务员证件	《客舱乘务员手册》、危险品速查手册、简令纸
航班信息通报	5	任务书简介	航班号、机号、客舱机组人员介绍并分号位、机长介绍、起降时间、预报人数、餐食配发标准
明确应急程序各自职责	6	紧急情况下各号位乘务员职责	各号位分别阐述
	7	紧急撤离时乘务员应携带的物品	手电筒、扩音器、应急医疗箱、ELT等

续表

准备板块	准备项目		准备要点
	序号	项目	
安全规章标准与执行	8	静默30秒STS的内容	B. P. J. C. E.
	9	机门操作规定	双人制操作、不可替代
	10	出口座位评估	松散物品的处理、动态评估
	11	应急设备使用、分布	灭火设备、氧气设备等
客舱服务相关要求	12	服务类相关要求	登机、行李安排、服务等
	13	各类特殊情况处置预案的准备	颠簸处置预案、延误航班机上处置等
	14	特殊乘客服务提示	VIP、轮椅、无陪乘客等
近期重要文件要求的回顾	15	回顾文件要求	结合案例提出要求
危险品、不安全事件机上处置	16	机上危险品业务知识	锂电池使用规定、锂电池起火处置程序
	17	机上乘客使用手机提示	结合服务提出要求
	18	长期进入洗手间乘客的注意与处置	结合服务提出要求
与客舱安保联合准备	19	最新安全通告,明确暗号,重要信息通报,空防预案准备	确认劫机暗号、颠簸联络方式、天气情况、组员介绍、进出驾驶舱规定、航班中机组要求等
IPAD的使用	20	联网了解乘客信息,进行服务准备	VIP、金银卡乘客、生日乘客等

第二节 直接准备阶段

一、机上设备检查

客舱乘务员应在每次登机时或再次登机后检查核实自己负责区域的应急设备和服务设备,确认设备处于待用良好状态,确认没有任何异物阻挡或遮盖设备,检查完毕后向主任乘务长/乘务长报告。

(一)应急设备检查

应急设备检查包括以下项目(应急设备的使用和检查方法详见本书第四章):

(1)急救箱/应急医疗箱/卫生防疫包;

(2)灭火瓶;

(3)氧气瓶;

(4)卫生间烟雾探测器/卫生间灭火系统;

(5)手电筒;

(6)安全演示用具包;

(7)《安全须知卡》《出口座位须知卡》；

(8) 救生衣；

(9) 出口舱门状况；

(10) 麦克风；

(11) 防护式呼吸装置；

(12) 广播/内话系统；

(13) 客舱灯光；

(14) 应急灯（连续 2~3 盏应急灯不亮，不能运行）；

(15) 应急撤离指示荧光条有无脱落和覆盖现象；

(16) 座椅安全带；

(17) 婴儿安全带、加长安全带；

(18) 应急撤离报警系统。

（二）服务设备检查

主任乘务长/乘务长应检查现行有效的机载《客舱乘务员手册》并将其放在 CF 包内，告知所有乘务员手册的位置。

客舱乘务员应检查所有服务车辆的刹车装置有效，如发现故障车辆或刹车失效，应贴上故障标签报修。

断路器"跳开"或被"拔出"可以迅速切断故障部件与其他电气设备的连接，从而保护与其相关的部件的电路。断路器"跳开"后，客舱乘务员绝对不允许重新按下被"拔出"或者自动"跳开"的断路器。

【报告用词参考】

报告主任乘务长/乘务长，××门区状况良好，客舱服务设备、应急设备处于待命状态；本航段旅客餐食××份，包括××清××素、可乐××瓶、矿泉水××瓶、橙汁××瓶、桃汁××瓶、咖啡××包、茶××包、报纸××种××份、毛毯××条，供应品齐全；洗手间及客舱卫生状况良好（后舱门已关），无外来人、外来物，报告完毕。

二、飞行前清舱检查

乘客登机前，客舱乘务员应协助航空安全员对客舱进行清舱检查（检查项目见表 2-2）。在对客舱、厨房、厕所的检查中发现有任何可疑物品或不能开启的容器、餐具时，不要随意触动，及时报告主任乘务长/乘务长、机长。

航班过站停留期间，由主任乘务长/乘务长指定乘务员监控客舱，机场内所有箱、柜门应保持关闭，不下机的乘客和行李通常不需要再次检查，但在下一航段起飞前，乘务员应对厨房、卫生间等位置进行必要的安全检查。

表 2-2　清舱检查项目表

检查区域	检查项目
客舱	储物柜、衣帽间 紧急救生物品放置区域 行李架 机组休息区 座位后口袋 其他可存放物品的地方 乘客座位下面的救生衣* 座位后面口袋内的报纸杂志* 小枕头和毛毯*
厨房	储物柜、餐车饮料车 垃圾箱
卫生间	水斗下的储物柜 纸巾存放架 婴儿尿片存放架 热水器区域 废纸箱 马桶周围 其他角落

注：标 * 视不同情况而定。

第三节　飞行实施阶段

一、乘客行李及物品的管理

(一) 手提行李、占座行李

乘客登机时,乘务员应协助乘客将行李摆放稳妥,如果手提行李超出规定范围(如图 2-1 所示),应通知地面值机人员办理托运。如行李超出托运标准,该乘客超标的行李将被拒绝登机。乘客的手提行李的储藏位置也有相应要求(如图 2-2 所示)。

航空公司一般不允许在客舱内装载行李,只限装运易碎、贵重物品和机要外交信袋。乘客须在定座时提出并经航空公司同意,占座行李要有带座位号码的登机牌,占座行李额高度不允许超过客舱窗口的高度,不得遮挡乘客告示和出口标志。占座行李的尺寸和重量要符合相关规定(如图 2-3 所示)。

(二) 手(拐)杖、自备折叠式轮椅

乘客的手杖拐杖可以纵向沿机身舱壁,放在非靠应急出口的窗口座位下,也可平放在任何两个非应急出口(窗口)座位的地面,但不能延伸到通道,或者放在一个许可的储藏空间内(如图 2-4 所示)。自备折叠式轮椅应办理交运。

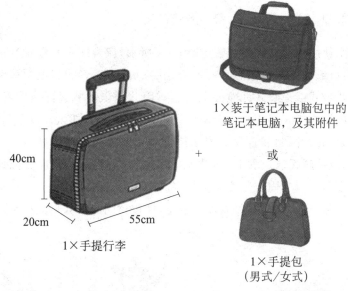

图 2-1　手提行李限制规定

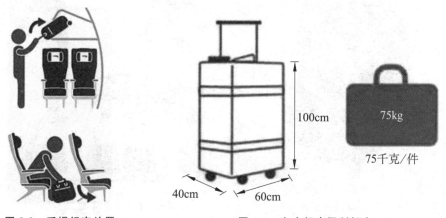

图 2-2　手提行李放置　　　　图 2-3　占座行李限制规定

图 2-4　手(拐)杖放置

(三)儿童限制装置、婴儿车、婴儿摇篮

两岁以上儿童使用的儿童限制装置(如图 2-5 所示)应当固定在经批准的靠近窗口的前向座椅(非应急出口或应急出口前、后一排),且在飞机起飞、着陆和地面移动期间不能使用助力式、马甲式、背带式或抱膝式儿童限制装置。因儿童限制装置需要放置的座位,成年人应为儿童购票。如果成年人旁边有空余座位又符合相关规定,那么该座位可以放置,如没有空余座位又未购票,儿童限制装置要放置在符合尺寸要求的储藏区域内或者托运。两岁以下的儿童无座位,或装置无法放置时,该婴儿应由成年人抱着,装置应收藏或托运。来自同一家庭或团体的多名儿童的固定装置应按规定固定在同一排。

婴儿车必须交运,伞式婴儿车可以带入客舱,挂在封闭式的衣帽间内或其他许可的储藏间(如图 2-6 所示)。

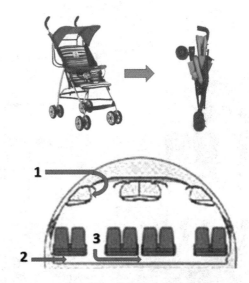

图 2-5　儿童限制装置　　　　图 2-6　伞式婴儿车放置

乘务员应向乘客说明,为确保过道通畅,飞机在滑行、起飞、下降"系好安全带"灯亮时禁止使用婴儿摇篮。飞机起飞后,"系好安全带"灯灭后,乘务员再协助乘客挂好摇篮,检查插销固定,将盖布锁扣扣紧或拉锁拉紧,并提醒乘客盖布锁扣或拉锁要全程拉紧。如遇有中度以上颠簸,广播提醒乘客将婴儿从摇篮中抱起扣好加长婴儿安全带。飞机落地前 30 分钟将摇篮回收。

(四)便携式电子设备

当飞机关闭舱门后,机上人员不得开启和使用与飞机正常飞行无关的主动无线发射电信号的便携式电子设备(如图 2-7 所示),直至飞机着陆后打开舱门。

关闭舱门后乘务员进行禁止使用电子设备的广播,并对乘客逐一检查,发现乘客违规使用电子设备时,应及时制止、耐心解释,如乘客仍不配合,可向乘客说明法律法规有关规定,按非法干扰处置程序进行处置,填写"机上紧急事件报告单",上报客舱服务部门。

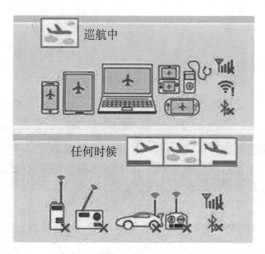

图 2-7 机上禁用电子设备

二、机上设备的使用管理

（一）客舱服务用品

所有食品和供应品都应放置在规定区域内，食品配备人员有责任将乘务员整理出的废弃物品卸下飞机，烤箱、行李箱、衣帽间和乘客座椅下都不得存放餐饮用具、设备和其他供应品。

（二）用氧设备

乘客不得自行携带氧气或供氧设备乘机，如乘客在飞行期间需要用氧，应在航班起飞前72小时在售票处办理手续，由维修管理部将供氧设备配备上机，当班（接班）主任乘务长/乘务长与机务维修人员进行交接和回收。原则上用氧服务只在直达航班上提供。

乘务组接到"特殊服务乘客通知单"确认用氧乘客后报告机长，确认乘客姓名和相关信息。将用氧设备放置在非紧急出口（窗口）座位下，也可放置在该乘客同排的相邻空座位上固定。

乘务员要求乘客在使用用氧设备前阅读使用说明书，并提供帮助，告知乘客相关注意事项。使用完毕后，请乘客/监护人在用氧设备交接单上签字。

用氧设备应避免油脂类或液体物质污染及摔碰损坏，如设备发生故障不能正常使用，或为乘客提供的氧气耗尽而乘客仍需继续吸氧，允许使用机载手提式氧气瓶，使用后填写《客舱记录本》。

（三）出口座位

1. 定义

出口座位是指乘客从该座位可以不绕过障碍物直接到达出口的座位，和乘客从离出口最近的过道到出口必经的成排座位中的每个座位(窗口出口前的座位不能倾斜)(如图 2-8 所示)。

波音 B737-800 (167个座位)

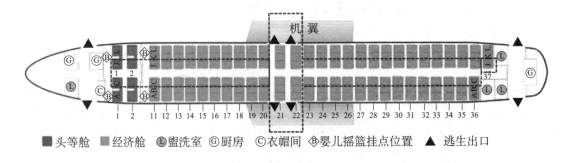

图 2-8　出口座位(以 B737-800 为例)

2. 出口座位确认

客舱乘务员在乘客登机时要确认出口座位处的乘客,在舱门关闭前,必须对坐在应急出口座位的乘客所承担的协助者义务进行确认,对不愿意承担协助者义务的乘客要做相应座位调整。不符合规定的乘客不能安排在出口座位,要做相应座位调整。障碍性乘客应尽可能地靠近出口座位附近就座。

(四) 安全告示

1. "系好安全带"告示

当"系好安全带"灯亮起时,每位乘客应当系好安全带,乘务员也应随时提醒乘客系好安全带,遇到中度以上颠簸时,机长应闪烁信号灯以告知乘务组和乘客颠簸加剧。

2. "禁止吸烟"告示

中国民用航空局规定,所有航线航班实施禁烟。机上人员不得损害和毁坏机上烟雾探测器,乘务长也应使用广播进行告知客舱内全程禁烟。

3. "安全须知"告示

飞机上装备与机型相符的乘客告示和标牌,并配备带有图示的"安全须知"卡、"出口座位乘客须知"卡,乘务员应告知乘客在起飞前尽早阅读。

(五) 安全带

乘务员在以下情况应检查或广播通知乘客系好安全带:

- 飞机滑行、起飞和着陆前。
- "系好安全带"信号灯亮时。
- 遇有颠簸。
- 夜间飞行。

- 遇有劫机。
- 紧急下降。

机上"系好安全带"灯提示乘客在座位时系好安全带,信号灯熄灭时,为防止突然颠簸,乘务员应通过广播提醒乘客继续系好。在滑行、起飞和着陆过程中,除完成安全保障任务外,乘务员应坐在值勤位置,系好安全带和肩带。

乘务员在进行客舱安全检查时,应确认空座位上的安全带在固定位置(包括乘务员座席),机上有腰围较大的乘客时,应提供加长安全带,有带婴儿的乘客,应提供婴儿安全带。

(六) 担架

一般情况下,担架乘客应安置在客舱后部,发生应急撤离时,担架乘客和障碍性乘客不能先于其他乘客下机。

三、飞行过程中的安全管理

(一) 舱门关闭前

关闭舱门前,主任乘务长/乘务长确认全体组员完成地面工作并已登机,确认所有文件到齐,确认《客舱记录本》已放回机上,与地面值班人员核对乘客人数,确认坐在出口座位乘客资格,确认客舱所有行李按规定储藏,所有乘客已坐好,向机长报告客舱准备情况,请示机长关门,得到允许后再关闭舱门。如客舱安全准备工作未完成,应及时向机长汇报并说明预计关门时间。关闭舱门前,与地面工作人员确认机舱外状况,相互确认后关闭舱门。

(二) 舱门关闭后

主任乘务长/乘务长观察外部廊桥/客梯已撤离飞机,广播下达滑梯预位指令,各区域乘务员依照指令操作滑梯预位并做互检,通过内话系统向乘务长报告滑梯预位及互检状况。主任乘务长/乘务确认滑梯预位完毕及推出前客舱准备完成后,通过内话系统报告飞行机组。机长决定飞机推出前必须确认以上沟通已完成。与此同时,广播员对客舱广播关闭电子设备,客舱乘务员确认所有便携式电子设备已关闭。

(三) 舱门再次开启

在起飞前舱门如需再次开启,主任乘务长/乘务长应报告机长,获得机长许可(或机长指令)再开门。主任乘务长/乘务长使用内话系统通知所有区域乘务员解除滑梯预位并做互检,乘务员应在另一乘务员现场监控下开启舱门,再次关闭舱门时,执行舱门关闭程序。

(四) 飞机推出前

完成滑梯预位及互检后,广播员再次广播"客舱乘务员进行安全检查"(检查项目见表2-3),乘务员进行安全演示(如再次开启舱门前已做过安全演示则无须重复再做),调暗客舱灯光,听到起飞信号后,回到乘务员值勤位系好安全带和肩带,坐在位置上默想应急处置程序(如图2-9)。如发生危及飞行安全的情况,乘务员应立即报告主任乘务长/乘务长,主任乘务长/乘务长迅速通知驾驶舱。

表2-3 客舱安全检查项目表

检查对象	检查要求
乘客座位	全部坐好,系好安全带、调直椅背、收起脚垫、扣好小桌板,行李箱关闭,遮光板打开,便携式电子设备关闭
电器设备	全部关闭
出口及过道	应急出口、机舱门近旁未堆放物品,过道通畅,所有门帘拉开扣紧
空座椅	安全带全部固定
厨房	电源关闭,设备及机供品固定
洗手间	无人、马桶盖关闭、洗手间门关闭
电视屏幕	归位、固定
儿童及婴儿	系好安全带,婴儿由成人抱好并系好婴儿安全带

图2-9 客舱乘务员在做起飞前客舱安全检查(移动端VR全景视频)

(五)飞机起飞前

乘务组尽快完成《安全须知》录像播放和客舱安全检查,之后主任乘务长/乘务长通过内话系统通知飞行机组"客舱准备完毕",机长决定起飞前必须确认上述信息沟通完成,并给客舱起飞信息。

(六)飞行中

"系好安全带"灯灭后,仍要广播提醒乘客在座位上时继续系好安全带,客舱乘务员全程监控驾驶舱门、客舱洗手间、应急出口、B747-400COMBI机内货舱门的安全,停放餐车时应刹车固定,按照规定程序操作机上设备,发生紧急情况时按机长指令执行应急程序,关闭、锁住行李箱和柜门。

飞机在地面移动前,所有餐车必须放在规定的位置并固定好,在客舱内的餐饮车必须有人监管,使用完毕的餐饮车必须收回固定。

厨房和洗手间的垃圾箱要检查完好,垃圾箱不用时要盖好,洗手间及应急出口处不得堆放杂物和垃圾。

在飞行中,发生劫机等异常事件或听到异响、闻到异味、看到不明物,乘务员应立即向主任乘务长/乘务长报告,请示机长后做出相应处置。

(七) 飞行关键阶段

1. 爬升离开飞行关键阶段

飞机爬升到 10 000 英尺时,机长使用内话系统通知客舱乘务组"飞机离开飞行关键阶段",或通过关闭"系好安全带"灯的方式通知乘务组"飞机离开飞行关键阶段"。

2. 下降进入飞行关键阶段

飞机下降到 10 000 英尺时,机长使用内话系统通知客舱乘务组"飞机进入飞行关键阶段",或使用两遍"系好安全带铃声"的方式通知乘务组"飞机进入飞行关键阶段"。乘务长获取信息后,应尽快确认客舱安全检查已经完成,并通过内话系统通知飞行机组"客舱准备完毕"。以上程序至少在飞机着陆前 8 分钟完成。机长决定飞机着陆前必须确认上述信息沟通完成,并给客舱着陆信息。

(八) 特殊情况时

1. 飞机颠簸

在飞行中,飞机随时可能遭遇颠簸。颠簸分为与执行颠簸和突发性颠簸。颠簸的信息由机组随时通知乘务组,颠簸程度原则上由机长确定并通知乘务组。表 2-4 是不同颠簸程度下的客舱表现和服务提供。

表 2-4 三种颠簸程度的客舱表现和服务提供

颠簸程度	客舱表现	服务提供
轻度颠簸	液体晃动,但没有从水杯中溢出; 餐车操纵不困难	可继续进行服务,但不能提供热饮,以防烫伤。 广播通知乘客系好安全带
中度颠簸	液体从盛满大约七成水的水杯中溢出; 餐车操纵困难; 在客舱中难于行走; 不抓紧物体站立困难	立即停止服务,收起热水壶,将餐车、饮料车推回厨房扣好。乘务组回座位坐好,系好安全带。 广播通知乘客系好安全带
严重颠簸	物体掉落或飞起; 没有固定的物体来回滑动; 不能再客舱站立或行走	立即停止服务,原地踩刹餐车,客舱乘务员就近入座系好安全带,或原地抓紧附近固定物体,将自己固定。 广播通知乘客系好安全带

2. 机组失能

(1) 驾驶员丧失能力的处置程序

为更好地与驾驶舱进行沟通，客舱乘务员在飞行中每隔20~30分钟应与驾驶舱进行联络。当得知其中一个驾驶员失能时，应立即广播找医生，将丧失能力的驾驶员搬运出驾驶舱进行急救，如不能搬运出，乘务员可采取以下措施：

- 如果驾驶员在飞行汇总失能，乘务员协助将其双臂交叉放在安全带下，拉紧并锁住安全带固定在座椅上，以防止其碰撞控制系统；
- 将失能驾驶员座椅向后拉至最大限度，让其后倾，把驾驶员双腿后拉；
- 如需要氧气，用拇指和食指抓紧面罩氧气释放夹口，戴好面罩后松开夹口；
- 将机组使用的快速伸缩式氧气调节器选择开关调至100％，打开应急供氧开关旋钮，并按顺时针旋转。

当只有一名飞行驾驶员操纵飞机时，乘务长须指派一名乘务员进入驾驶舱，按照机长或接替机长的要求提供必要的协助，包括必要时可求得乘客中可能有的驾驶员或其他空勤人员的协助。

(2) 客舱乘务员丧失能力的处置程序

如有客舱乘务员丧失能力，乘务长应使用内话系统通知机长并与驾驶舱保持联系，在机上广播寻找医务人员，在医务人员未到之前或无医务人员时，应按乘务员手册急救程序进行操作，确认其他乘务员完成失能乘务员的安全职责。

3. 客舱设备故障

(1) 客舱乘务员折叠式座椅故障

当客舱乘务员座位有故障，应由主任乘务长/乘务长报告机长，损坏的座位不得使用，没有座位的客舱乘务员应在其负责的应急出口最近的可用的乘客座位就座，此时改客舱乘务员的职责不变，供该客舱乘务员就座的乘客座位必须注明"机组专用"，及时填写《客舱记录本》。

(2) 舱门故障

如舱门在地面发生故障，主任乘务长/乘务长必须报告机长，根据最低设备放行清单限制乘客数量，乘客登机时不能使用有故障的舱门，在舱门的明显处标明"此舱门故障"，告知此舱门附近乘客使用其他舱门，如发生紧急情况时，客舱乘务员必须封住此门，指挥乘客使用其他舱门撤离。

如舱门在飞行中发生故障，最近乘务员将舱门异常情况报告主任乘务长/乘务长、机长，根据机长的指示进行处理，如用湿的毛巾或针织物塞住门缝，不得用干的毛巾或针织物和清洁袋等纸张物品塞门缝，以免被吸出舱外。

(3) 客舱广播系统/内话系统故障

如客舱广播系统故障，乘务员可以使用麦克风进行广播，或与乘客口头交流。

如果客舱与驾驶舱的内话系统出现故障，主任乘务长/乘务长必须立即通知机长，并制定另一种通信联络的途径，主任乘务长/乘务长立即将新的联络方式通知所有客舱乘务员；

如果某一区域内话系统故障,使用就近有效的内话,或口头传递信息。

(九)着陆

着陆前客舱乘务员进行落地前的客舱安全检查(检查项目见表2-3),调暗客舱灯光,回到值勤位系好安全带和肩带,安全检查后,主任乘务长/乘务长应复查一遍,通过内话系统通知飞行机组"客舱准备完毕"。

着陆后飞机到达停机位,"系好安全带"灯灭,主任乘务长/乘务长通过客舱广播下达解除滑梯预位指令,乘务员依照指令解除滑梯预位并做互检,通过内话系统报告解除滑梯预位情况,主任乘务长/乘务长再向机长报告解除滑梯预位情况,调亮客舱灯光,得到地面人员的开门许可后,方可开门,乘务员在开启舱门时,必须有另一乘务员现场监控,确认客梯/车廊桥安全后,乘客方可下机。

乘客下机后,乘务组检查客舱、洗手间有无滞留乘客,检查客舱有无乘客遗留物品,关闭除照明外的一切电源,完成一切交接工作。

(十)短暂停留

1. 经停站乘客不下机

经停站乘客不下飞机,应在机上留有符合完成该飞机应急撤离程序的最低编制人员。如果在经停站,该飞机上只有一名客舱乘务员或其他合格人员,则该客舱乘务员或其他合格人员应在打开的主登机舱门处,并且放置明显标志,易于乘客识别。如果在飞机上保留一名以上客舱乘务员或其他合格人员,这些乘务员和其他合格人员应均匀分布在客舱内,以便有效协助乘客撤离。

2. 机上有乘客时飞机加油

当飞机在机上有乘客时进行加油,机长应通知主任乘务长/乘务长,"禁止吸烟"信号灯亮。根据加油口位置,机长决定将离加油口位置最远一侧撤离口确定为主撤离口,其余撤离口为次撤离口,并通知主任乘务长/乘务长,主任乘务长/乘务长及时将此信息告知乘务员和地面保障人员,地面保障人员应确保主疏散通道和逃生滑梯区域不得停放地面支持设备和其他障碍物。

客舱乘务员广播通知乘客飞机正在加油,请乘客在原位就座,解开安全带,不得使用任何电子设备。

在有乘客的客舱区域的每一个应急出口,至少有一名客舱乘务员负责。

客舱通道、应急出口确保无障碍物。

当有上、下飞机的乘客时应保持走廊通道的通畅。

当乘务组发现客舱秩序不能保证应急撤离的实施时,立即通知飞行机组人员停止加油。

在整个过程中,飞行机组与地面机务人员必须使用内话系统保持双向通信,遇有特殊情况无法使用内话系统沟通时,机组应及时告知主任乘务长/乘务长,指派专人在机舱门口负责信息传递工作,确保信息及时准确通畅。

第四节　飞行结束后

一、应急医疗事件报告

当发生使用机上应急医疗箱、由于人员伤病造成的飞机改航备降、机上人员死亡等应急医疗事件，主任乘务长/乘务长将这些事件填写在"机上紧急事件报告单"，飞行结束后向客舱服务部门进行报告。客舱服务部门应保存应急医疗事件记录24个月，包括使用应急医疗箱的情况、使用人和应急医疗事件的结果。

二、机上紧急事件报告

飞行中发生的紧急事件都要以书面形式报告给本单位业务主管部门，主要包括以下情况：
- 机上人员中毒、受伤、烫伤、死亡；
- 乘客不遵守安全规定、非法干扰；
- 乘客威胁劫机、损坏机载设备、吸烟、拒绝服从机组指令；
- 紧急撤离、烟雾/火警、释压、滑梯展开。

主任乘务长/乘务长应及时向客舱管理部门上报《机上紧急事件报告单》，在报告中客观准确完整地陈述事件过程、导致事件的原因和采取的措施、事件发生的时间、地点、乘客姓名和地址、目击者姓名和地址、客舱乘务员和乘客受伤情况。填写报告单后，主任乘务长/乘务长将情况报告机长，并由机长签字。

本章小结

航前准备会是顺利完成飞行任务的前提，细致认真的航前检查是保障飞行安全的基础，在飞行中严格按程序和规则完成各项操作是客舱安全管理的核心，高效处置各种突发状况是优质服务的保障。

综合练习

1. 对乘客手提行李的描述，以下正确的是（　　）。
   A. 手提行李不能捆绑在座椅上
   B. 手提行李不能放置在厕所里
   C. 手提行李不能放置在餐车位
   D. 手提行李不能放置在阻挡信号指示牌的区域
2. 在乘客使用用氧设备时，乘务员应告知（　　）。

A. 氧气设备应妥善安置,以免发生意外

B. 注意用氧设备空气进/出气口在使用期间不能遮挡

C. 如氧气设备发出报警鸣响,应立即关闭开关,阅读使用说明书,按使用说明操作,再次报警停止使用

D. 暂时不使用时关闭氧气设备

3. 下列乘客哪些不能安排在出口座位?(　　)。

A. 年龄不足 15 岁

B. 缺乏足够的听觉和视觉能力

C. 需要照料婴幼儿的乘客

D. 缺乏阅读理解应急撤离标示的能力

E. 缺乏良好的语言表达能力和口头转达信息的能力

【练习答案】

1. ABCD　　2. ABCD　　3. ABCDE

第三章

乘客管理

学习目标

- 了解非法干扰行为和扰乱行为的定义,掌握反劫机处置原则;
- 掌握特殊/限制性乘客、偷渡者、遣返乘客、犯罪嫌疑人的管理规则;
- 掌握拒绝运输、无签证过境 TMOV、乘客醉酒等特殊情况的处置;
- 掌握机上动物运输、药品冷藏、更换座位、警卫人员携带枪支等相关规定。

 **导引案例**

不能打开的"门"

近年来,关于乘客擅自开启应急舱门的新闻屡见不鲜,2013 年 12 月 14 日,一名男子搭乘四川航空公司从重庆飞往北京的航班,在飞机落地停稳后,由于该男子想早点下飞机,擅自打开飞机应急舱门,被行政拘留 15 日;2013 年 12 月 16 日,由南宁飞往重庆的华夏航空公司的航班降落在重庆江北机场后,一名男子出于好奇打开应急舱门,被行政拘留 5 日;2014 年 12 月 15 日在杭州萧山机场,一名男子只是为了透透气打了飞机应急舱门,当时仅对当事人进行批评教育;2015 年 1 月 9 日晚,昆明至北京某航班因天气原因延误,飞机在除雪后滑行过程中,乘客擅自打开 3 个应急舱门,事发后公安机关对相关责任人员处以行政拘留 15 天;2015 年 4 月 21 日,郑州国际机场南航的某航班起飞前,一乘客因为好奇打开了应急舱门,导致飞机延误 2 小时,事后这名乘客被公安机关拘留。这些人都是在飞机起飞前或降落后的地面时间段出于"好奇"探秘般的那么伸手一搬,门开了!结果等待他的不是成功的喜悦,而是严厉的惩罚。

此类行为是违法行为吗?擅自开启应急舱门将面临什么法律后果呢?

首先明确,乘客擅自打开飞机应急舱门是一种违法(非法干扰)行为。根据《民用航空安全保卫条例》第 25 条第一款第(四)项规定,航空器内禁止下列行为:盗窃、故意损坏或者擅自移动救生物品和设备。

其次,擅自打开应急舱门的法律后果是什么呢?根据《民用航空安全保卫条例》和《治安管理处罚法》的相关规定,擅自启动应急舱门的乘客需要承担行政责任,公安机关可依法对责任人进行行政拘留 10～15 天的处罚。

擅自启动应急舱门是否需要赔偿呢?答案是确定的,擅自启动应急舱门的乘客应赔偿航空公司因此造成的经济损失,这是有明确法律依据的。飞机的应急舱门被打开后,滑梯包一旦触发充气,恢复的过程非常复杂,且成本极高,如空客 A319 飞机主舱门的紧急出口滑梯维修费用为 5 万元,如果是双通道大型飞机,维修费用更加昂贵。这个损失应该由擅自开启应急舱门的乘客承担。

越来越多的法学专家也建议加大对此类行为的处罚力度,对于乘客擅自开启正在飞行中的飞机应急舱门严重危害其他乘客安全并造成公私财产遭受巨大损失的,建议以危险方法危害公共安全罪定罪量刑,追究刑事责任。

现在,你还会好奇地打开飞机应急舱门吗?

(资料来源:新浪微博)

有的朋友会问:"作为一名乘客,坐在狭小拥挤的客舱里,我能为飞行安全做什么?"其实,航空安全涵盖了很多内容,而增加对飞行知识的了解和文明乘机,就是乘客对飞行安全最大的支持。在很多方面,乘客都是飞行安全的亲历者和参与者。

在国外的航班上,有乘客发现飞机地图显示的航迹和目的地不符,于是通知了机组。原来是飞行员输错了航路,这位乘客帮助飞行员避免了一次飞机飞错目的地的事件;有乘客观察飞机发动机的火焰,看到飞机漏油,油点喷撒到了飞机客舱舷窗上;也有乘客观察到了飞机机翼缺失,听到了异常的起落架声响。他们将观察到的情况通知了机组,避免了多次飞机重大事故的发生。乘客的警惕和专业,让飞行安全又多了一层保障。

第一节　非法干扰行为

一、非法干扰行为和扰乱行为

(一)定义

根据《民用航空运输机场航空安全保卫规则》(CCAR-329,中国民用航空局令第218号)的相关规定,非法干扰行为是指危害民用航空安全的行为或未遂行为,包括但不限于:

1. 非法劫持航空器;
2. 毁坏使用中的航空器;
3. 在航空器上或机场扣留人质;
4. 强行闯入航空器、机场或航空设施场所;
5. 为犯罪目的而将武器或危险装置、材料带入航空器或机场;
6. 利用使用中的航空器造成死亡、严重人身伤害,或对财产或环境造成严重破坏;
7. 散播危害飞行中或地面上的航空器、机场或民航设施场所内的乘客、机组、地面人员或大众安全的虚假信息。

扰乱行为,是指在民用机场或在航空器上不遵守规定,或不听从机场工作人员或机组人员指示,从而扰乱机场或航空器上良好秩序的行为。诸如寻衅滋事、殴打乘客、酗酒滋事、性骚扰、破坏公共秩序、未经允许使用电子设备、偷盗机上物品和设备、在禁烟区吸烟等行为都会扰乱民航运输秩序,危害飞行安全。

(二)处置原则

1. 保证飞行安全,争取飞行正常。
2. 确定性质,区别处置。
3. 及时控制事态,防止矛盾激化。
4. 教育与处罚相结合。
5. 机上控制,机下处置。

6. 空地配合,相互协作。

(三) 处置职责

依据《中华人民共和国民用航空安全保卫条例》《航空安全员管理规定》(民航总局第72号令),航空器遭遇非法干扰时,机组和航空安全员及公安机关、安检部门、现场、空管部门职责如下:

1. 机长对机上发生的非法干扰事件处置负全责。
2. 航空安全员在机长的领导下,具体负责落实机长的指令,在紧急情况下,安全员为了保证航空器及其所载人员生命财产安全,有权采取必要措施先行处置后报告机长。
3. 航空器飞行中发生非法干扰时,航空安全员(乘务员)应及时将情况报告机长,机长应立即将情况报告地面有关人员,并随时通报事态发展情况。
4. 在飞行中,对非法干扰航空安全的行为,机长可视情节予以劝阻、警告,并决定对行为人采取管束措施、中途令其下机等必要措施。管束措施是指机长指令航空安全员及其他机组成员对非法干扰行为人的看管、强制约束以使其不能继续实施非法干扰行为。
5. 航空器在飞行中遇到特殊情况时,机长对航空器有最后的处置权。
6. 需移交地面处理的,要及时收集证据。
7. 公安机关:及时按处警、调查取证,依法处理,反馈处理情况。
8. 安检部门:分别情况,必要时重新进行安检;配合有关部门进行清舱。
9. 现场指挥部:协调航空公司、空管与机场关系;确定是否放飞。
10. 空管部门:及时传递、沟通空地信息。
11. 空地配合互相协助:机长、航空安全员在航空器落地后,应将非法干扰行为人及时移交与地面机场公安机关,做好交接手续。

二、反劫/炸机

劫机,即以暴力、胁迫或其他方法劫持飞行中的飞机、危害乘客和飞机安全的犯罪行为。劫持者多扣押人质,向有关组织或政府提出要求,要求得不到满足就可能杀害人质或炸毁飞机,酿成惨剧。

炸机是指使用爆炸品对民用航空器直接实施造成航空器或航空器内人员损害的犯罪行为。炸机并不包括威胁炸机,因为威胁炸机属于劫机中比较常见的一种行为,只有在犯罪分子实施爆炸后,才能将事件定性为炸机事件。

(一) 国内外民航重大劫炸机事件

人类历史上首次记录在案的航空器被劫持发生在1931年2月11日。当时一架航邮机在秘鲁被反政府分子劫持,目的是利用航空器派发反政府小册子。自1948年全球首宗空中劫机并导致坠机事件后,人类历史上关于劫机的噩梦就正式开启了。20世纪60年代中后期,劫机活动日趋频繁。20世纪70年代,由于反劫机装备、航空安全规定制度不完善,以及复杂的国际形势和政治矛盾,全球劫机活动一度达到高潮。许多劫机事件以悲剧告终,但在付出一次次惨痛代价后,人们也锲而不舍地反思灾难,并极力避免类似悲剧重演。

震惊世界的"9·11"

2001年9月11日,"基地"组织恐怖分子挟持美国联合航空93号班机、175号班机及美国航空11号班机、77号班机对世界贸易中心、五角大楼进行恐怖攻击。其中11号及175号班机先后撞上世贸大楼,77号班机则撞上五角大楼。93号班机则因机上乘客及机组员的奋勇抵抗而在宾夕法尼亚州郊区坠毁,据说机上恐怖分子的目标是美国国会山庄或白宫。此次事件导致逾3 000人死亡。"9·11"恐怖袭击事件使得防止劫机再次成为世界性课题,各国机场开始强化安全检查,实施行李检查、乘客名单提交公安当局、严禁随身携带包括指甲刀在内的任何带刃金属物品、机内餐具全部塑料制等措施预防劫机。

20世纪90年代初,中国曾经是劫机的重灾区,几乎每个月都会发生一起劫机事件。虽然大部分都得以和平解决,但是仍造成过伤亡。

新疆和田劫机 化险为夷

2012年6月29日,一架天津航空EMB190/B3171号飞机在由新疆和田飞往乌鲁木齐途中遭遇歹徒劫持,歹徒全部为维吾尔族男性,以伪装的拐杖为武器,意图砸开驾驶舱的门,企图要进行劫机,随即不法分子被机组与机上乘客共同制服,飞机返航和田机场并安全着陆,6名歹徒被公安机关抓获。在事件处置过程中,机组临危不惧、果断处置,两名安全员、两名乘务员光荣负伤;飞行人员沉着冷静、妥善应对,驾驶飞机安全返航。多名乘客见义勇为,挺身而出,体现了公民的正义感和责任感。中国民航局研究决定,授予该机组"中国民航反劫机英雄机组"荣誉称号,对英勇搏斗并光荣负伤的机组成员给予记功表彰,对积极协助处置的乘客表示感谢和慰问,并给予奖励表彰。

现在安检技术越来越先进,带炸弹上飞机似乎是不可能实现的任务。但历史上,就有好几起在客机上放炸弹的案件,置放地点从包裹到打印机,从鞋底到内裤,犯罪分子手法越来越隐蔽,挑战着安保标准与人道主义。

"爆炸节奏"录音机

1988年12月21日,美国泛美航空公司的一架波音747客机正在执飞法兰克福-伦敦-纽约-底特律航线。机上大部分都是准备回家的美国人,他们归心似箭,因为再过几天就是圣诞节了。可从伦敦起飞42分钟后,就在苏格兰小镇洛克比上空9 100米的高度,飞机突然发生爆炸。猛然间,传来一声骇人的巨响。顷刻间,浓密的烟雾像一团团偌大的黑纱,阴冷地向大地压了下来。飞机化作一团巨大的火球,机身分裂成5大块和数以千计的碎块,向夜幕下的洛克比镇袭来。撞毁了40幢房屋,留下了一个深15米、长27米的大坑。镇上的11名居民被飞来横祸夺去了生命,机上的259名乘客,包括机组人员,全部遇难。洛克比几乎成为空中灾难的代名词。事件是由两名利比亚特工将爆炸装置放入托运行李内造成的,炸弹是被藏在一个磁带录音机(日本生产的东芝SF-16型,名为"爆炸节奏")里送上飞机的,还有包裹在外头的一些婴儿服装作为伪装。而此次事件后,直到2006年1月1日才有了"行李确认"。

新奇特炸弹

随着安检的升级,犯罪分子的手段越来越奇特,有人千方百计地设计出新型炸弹,实施犯罪。2001年12月,来自英国的理查德·里德曾将100克塑胶炸药藏在自己的工作靴中,试图要炸毁当时从巴黎飞往迈阿密的航班。但炸弹并未能引爆成功,据分析,有可能是因为里德的脚汗导致爆炸物失效。最终,在同机乘客及机组人员的帮助下,里德被捕且获判终身监禁。

(二) 反劫机乘务组处置

1. 最先接到飞机遇劫信息(劫炸机陈述、书写或打印匿名纸条的威胁恐吓)的客舱乘务员,应立即报告机长/主任乘务长/乘务长、其他客舱乘务员和空警、安全员。

(1) 报告方式

通过机上内话系统、按应急呼叫键,使用预案约定的暗号。

(2) 报告内容

劫机者座位号、姓名、年龄、性别、特征、职业、身体状况、所持凶器、危险品种类、爆炸物的类别、起爆装置。

2. 在劫机者的情绪稳定后,应主动设法接近劫机者,与其谈判或交谈,尽量说服感化或答应其提出的条件,并从中进一步了解上述报告内容,摸清劫机者有无同伙、座位号及劫机的目的。

3. 加强对客舱的巡视,注意发现其他乘客的可疑迹象或劫机者同伙。

4. 继续做好对乘客的服务,包括餐食的供应,中断酒类或含酒精饮料的供应,不能使用餐车和饮料车。

5. 一般情况下不要通知机上乘客,以免引起恐慌或混乱。

6. 保护好驾驶舱不被劫机者闯入或侵害。

7. 听从机长指挥,配合空警或安全员,在保证人机安全条件下,实施反劫机。

第二节 特殊/限制性乘客

一、特殊/限制性乘客

(一) 特殊乘客定义

特殊乘客是指因为身份特殊的原因,在旅途中需特殊礼遇和保护的乘客。包括重要乘客、机要交通人员、外交信使、保密乘客。限制性乘客是指因行为、年龄和身体状况,在旅途中需特殊照料并符合一定条件才能运输的乘客。包括有成人陪伴的儿童/婴儿、无成人陪伴儿童、孕妇、盲人乘客、聋哑乘客、病残乘客、醉酒乘客、犯人、额外占座乘客、自理行李占座乘客。

（二）限制性乘客的接受规定

1. 限制性乘客应按公司要求办理定座和购票；
2. 凡接受需要与其他承运人联程运输的限制性乘客，必须事先取得各有关承运人的同意，并遵照其要求办理；
3. 《特殊乘客服务需求单》(表3-1)是客舱乘务员对特殊/限制性乘客实施机上服务的依据，由机场地面服务部门填写，在航班离站前递交主任乘务长/乘务长；
4. 限制性乘客不能安排在出口座位。

表3-1 特殊乘客服务需求单

特殊旅客服务需求单（C类）（正面）
航空运输作为病患旅客运输最为快捷方便的方式，在旅程的舒适和平稳上有着相当的优越性。但是，病患旅客的身体状况有可能因长时间的航空飞行、海拔高度及客舱环境而恶化。有鉴于此，并非每位病患旅客都适宜乘机旅行。 　　民航客机在通常状况下是以每小时 900 公里（560 英里/小时）近音速的速度在 9 000~12 000 米（30 000~40 000 英尺）的高空中飞行。在大气压强与地面落差极大的高空环境中，飞机客舱内只能在航行时进行机械增压。航行过程中，飞机客舱内气压维持在等同于 1 500~2 100 米（5 000~7 000 英尺）高度山顶的气压水平。但是，客舱气压在起飞和降落的 15~30 分钟间起伏极大。 　　**飞机客舱内的气压**：当气压降低时，人体内的气体膨胀。在飞行途中，人体内积聚的气体压力无法释放，将挤压旅客身体受伤部位及身体器官，甚至会引起疼痛和/或呼吸困难。 　　**氧气密度**：高空中氧气密度逐渐降低，患有呼吸系统、心脏、脑血管疾病以及重度贫血的旅客会因此而导致病情恶化。处于临产期的孕妇及出生不久的婴儿也会受到不良影响。 　　<u>鉴于以上原因，有下述(1)—(7)项之一的旅客适用此《特殊旅客服务需求单(C类)》，并在订票时须提交《医疗诊断证明书》。此《医疗诊断证明书》将作为航空公司判断病患旅客适航性的依据，并据此决定旅客是否适宜乘机。</u> 　（1）需要提供飞机上医疗氧气的旅客。 　（2）飞行途中携带并使用医疗辅助器械以及需要额外治疗服务的旅客。 　（3）在机上需要担架的旅客。 　（4）身患严重疾病或身体受伤的旅客。 　（5）因近期身体状况不稳定、患病、接受过治疗或做过外科手术，从而对自身状况是否适合航空旅行存疑的旅客。 　（6）怀孕期超过32周但在36周以内的孕妇。 　（7）承运人及其代理人怀疑在飞机上需要额外医疗服务的情况下，才能够完成所需航程运输的旅客。 　　《医疗诊断证明书》在航班离站前 48 小时内填开，由县、市级或者相当于这一级（如国家二甲级）以上医疗单位医师签字和医疗单位盖章方为有效。《医疗诊断证明书》格式版本不限，可使用海航版本，但必须包含"适宜乘机"字样。 　　对于有以上(1)—(7)项之一的旅客，请您在订票和旅行之前务必告知海南航空公司，以便海南航空进行充分准备，为您提供周到的服务。如果您刻意隐瞒病情或告知海航信息不充分，由此所造成的后果，海航不承担责任。 　　以下病残旅客必须由旅客提供陪护人员：①无自理能力轮椅旅客；②担架旅客；③心理疾病并且对发出的安全指令不能理解或者做出必要反应；④严重受伤（或损伤）造成行动不便，不能自己单独完成紧急撤离；⑤听力或者视力严重损伤旅客。陪护人员必须是成人且有自主能力，可协助病残旅客如厕、紧急撤离及登机、下机、进餐等，须熟悉病患病情及提供相关帮助，不可有其他任务（如照顾儿童），能够胜任处理病患旅客机上医疗需要。 　　**特别提示**：请填写背面"特殊服务需求单"。然后请通读"旅客声明"并在填完表格后署上您的姓名。

续表

特殊旅客服务需求单（C类）（背面）

〔担架旅客、轮椅旅客（WCHC）、孕妇旅客（32周≤孕期＜36周）、患病或肢体病伤的旅客、需要机上医疗氧气的旅客、押解犯罪嫌疑人、_____〕

尊敬的旅客朋友：
　　非常感谢您选乘海南航空公司航班，为了给您提供更好的服务，请您详细填写以下内容，在您需要选择的服务项目"□"内打"√"。

A	个人信息	姓名		性别		年龄	
		航班日期		航班号		电话	
		始发站		经停站		到达站	
		证件种类		证件号码			
		地址					
B	轮椅服务	（1）在机场是否需要轮椅服务？否□ 是□	□完全无法行动，在客舱座位就座或离开时同样需要帮助（WCHC）				
			□手动轮椅 □机械轴环式（WCMP）	□在值机柜台进行托运； □希望使用自有轮椅到达登机门，在登机门办理托运； □飞机到达后，希望飞机舱门口提取托运轮椅； □飞机到达后，希望在托运行李提取处提取托运轮椅 ＊目前客舱内无法放置旅客自有轮椅，敬请谅解				
		（2）是否携带自有轮椅旅行？否□ 是□	□电动轮椅	□携带可溢出液体电池驱动轮椅（WCBW）； □携带密封式无溢出电池驱动轮椅（WCBD）； □飞机到达后，希望飞机舱门口提取托运轮椅； □飞机到达后，希望在行李转盘处提取托运轮椅； ＊电动轮椅装入货舱所需时间较长，因此请您于航班起飞90分钟前到值机柜台进行轮椅托运				
		（3）目前海南航空公司无法提供客舱轮椅服务					
C	引导服务	（1）海航在始发地服务人员引导您到达登机口					
		（2）如您乘坐中转航班，海航地面服务人员将引导您到达中转航班登机区 请告知您中转航班号_____ 起飞时间_____					
		（3）目的地海航地面服务人员迎接您，协助您领取托运行李，引导您至到达厅出口					
D	担架	是否需要机上担架？（需要陪护人员和医疗诊断证明书）否□ 是□					
E	氧气设备	是否需要使用机上专用医疗氧气设备？否□ 是□ 注：根据中国民航CCAR121.574条的规定，不允许旅客私自携带氧气袋乘机，需要时可使用机上专用医疗氧气设备。但目前海航飞机上没有配备专用医疗氧气设备。如您需要使用机上氧气瓶。应在定座购票时事先提出申请，须经海航同意并预先做出安排					
F	救护车	海航目前没有救护车服务，请旅客自行联系准备救护车，请告知以下信息： （1）到达出发地机场。提供救护车的公司名称：_____ 联系电话：_____ （2）离开目的地机场。提供救护车的公司名称：_____ 联系电话：_____					
G	陪护人员	无自理能力的旅客需要陪护随行（协助用餐及到达、使用洗手间）或押解犯罪嫌疑人监护人员 （1）姓名：_____ 年龄：_____ 性别：_____ □医生 □护士 □其他（_____） （2）姓名：_____ 年龄：_____ 性别：_____ □医生 □护士 □其他（_____） （3）姓名：_____ 年龄：_____ 性别：_____ □医生 □护士 □其他（_____）					
H	备注						

旅客声明：我即为签字者，保证以上内容真实、有效。旅客（监护人）签字：_____ 日期：_____
海南航空经办单位：_____ 售票处，售票处经办人签字：_____ 日期：_____
　　　　　　　　　　　　　　　　始发站地面服务单位，经办人签字：_____ 日期：_____

说明：此单一式三联，无碳式复写。第一联为出票联，由售票处留存；第二联为服务联，始发站地面服务人员接到服务联后，确认承运条件和所有的服务安排，并将此服务联交至航班乘务长处，乘务长在航班到达后，将此服务联交目的地机场地面服务人员处归档；第三联为旅客联。

(三)限制性乘客数量的限制

为了保证限制性乘客在紧急情况下能迅速移到出口,不同机型承载的特殊乘客的数量有一定限制,每次航班不得超出标准承载量(如表3-2)。

表 3-2　限制性乘客数量表　　　　　　　　　　(单位:人)

机型	婴儿		无成人陪伴儿童	担架乘客	轮椅乘客	导盲/助听犬	无人陪伴盲人	押解嫌疑人
	跨水	陆地						
B737-700	4	18	5~8岁限制承运5人。8岁以上无数量限制	1	2	1	2	1
B747-400P	8	20						
B747-8	8	20						
B747-400CMB	9	16						
B777-200	8	16						
B777-300ER	11	16						
A319/A320	4	18						
A321	5	18						
A330-200	10	16						
A340-300	8	16						

注:1. 障碍性乘客代表团除外;
2. 有成人陪伴儿童数量无限制;
3. 盲人乘客:有成人陪伴的盲人乘客乘机的接受与运输条件同一般乘客;同一航班限有导盲犬的盲人乘客一名,或无陪伴的盲人乘客两名;
4. 聋哑乘客:已满16周岁的聋哑乘客乘机的接受与运输条件同一般乘客;未满16周岁的聋哑乘客单独乘机,一般不予承运,特殊情况下必须有自愿帮助的乘客陪伴。
此数据仅供参考。

(四)限制性乘客的运输

携带婴儿的乘客、无成人陪伴儿童、孕妇(开具诊断证明,见表3-3)、残疾人、患病者或其他需要特殊服务的乘客,须事先向航空公司提出申请,满足运输条件,经承运人同意并做出相应安排后,方可予以承运。

年满两周岁且不满五周岁的儿童乘机,必须有已年满十八周岁且具有完全民事行为能力的成人陪同;有成人陪伴儿童乘机时,应购买与其陪伴人相同舱位服务等级的机票。

年满五周岁,但不满十二周岁的无成人陪伴儿童申请乘机,填写无陪儿童乘机申请表(见表3-4),经承运人事先同意后,应按规定支付机票费和服务费。

年满十二周岁且未满十八周岁的少年乘客单独旅行,可自愿申请无成人陪伴儿童服务。

表 3-3 乘机诊断证明

诊断证明书
Certificate of Diagnosis

1. 旅客姓名 Name ogf Passenger：_____ 2. 年龄 Age：_____ 3. 性别 Sex：_____
4. 住址及联系方式：_____
5. 航程 Routing：_____ 航班号 Flight No. _____ 日期 Date _____ 月 Month _____ 日 Day
   自 From _____ 至 To _____
   联程 Via：_____ 航班号 Flight No. _____ 日期 Date _____ 月 Month _____ 日 Day
   自 From _____ 至 To _____
6. 诊断结果 Result of diagnosls：_____
7. 症状、程度、预后（如系孕妇需注明预产期）Symptom, process, prognosls (indicate expected date of child-birthn, if pregnate woman)：_____

[注]（1）上述第 7、第 8 两项内容填写，需简单、明确。
    （2）下述表格中提供的内容，供机上服务人员在飞行途中为病残旅客提供必要的服务时作为参考。
[Note]（1）The above descrilbed 6 and 7 items shall be filled shortly and clearly.
      （2）The content describlbed in the form under is for reference to cabin crew who offer necessary service to sick or injured passengers during flight.

程度 Degree 症状 Symptom	无 Normal	轻度 Mild	中等 Moderate	严重 Severe	备注 Reamark
贫血 Anemia					
呼吸困难 Dyspnea					
疼痛 Pain					
血压 Blood Pxessure					

8. 附注：（如有膀胱、直肠障碍或在飞行中需特殊餐用药物医疗处理情况等，请予以列明）
ps：(If suffering from bladder and recta , ox needing special food and medecal treatment on the flight, please list it clear) _____
9. 需要何种坐姿（将下列使用的项目用 ○ 圈起）Which kind of seating position is needed
(Enclose the following applicable items with ○)

乘坐姿态 Seating position　　　　　　1. 使用机上一般座椅 Taking common seat
　　　　　　　　　　　　　　　　　　2. 使用机上担架设备 Using supporting eauipment

陪伴人员 Attendant　　　　　　　　　医生 Doctor　　护士 Nurse　　其他人员（具体列明）
　　　　　　　　　　　　　　　　　　Other(list in details)　　不需要 No Need

上下飞机时 Deplane or enplane　　　　轮椅 Wheelchair　　要 Need　　不要 No Need
　　　　　　　　　　　　　　　　　　担架 Stretcher　　要 Need　　不要 No Need
　　　　　　　　　　　　　　　　　　救护车 Ambulance　　要 Need　　不要 No Need

已参阅背面的参考资料，我院诊断认为：该旅客的健康条件在医学上能够适应上述航空飞行的要求，无传染病，也不致造成对其他旅客的不良影响。
After refexxing the under documents, we make a diagnsis：the health condition of this passenger meets the requirements of aix travel, he/she hasn't communicale disease, and doesn't influence other passengers.

医师签字 Physician signature：_____　　　电话 Tel：_____
医疗单位（盖章）Medical Unit(Seal)　_____

　　　　　　　　　　　　　　　　　　　　　　　　　　日期（年月日）Date(Y./M./D)

表 3-4　无陪儿童乘机申请表

5-02a 附表　无成人陪伴儿童乘机申请书（正面）
Unaccompanied Minor Application forms

乘机人信息 Minor's information：			
姓名 Name：	年龄 Age：	性别 Sex：	母语 Languages spoken：
住址 Pemianent address：			
电话号码 Telephone no.：			
其他联系方式 Other contacts：			

航班详细资料 Flight details Infomiation			
航班号 Flight no.	日期 date	自 from	至 to
航班号 Flight no.	日期 date	自 from	至 to
航班号 Flight no.	日期 date	自 from	至 to

始发站旅客送机人员（旅客亲属）信息 Person (relatives of passengers) seeing offon departure
姓名 Name：　　　　　　　电话号码 Telephone no.：
地址 Address：

经停/衔接站接送人员（旅客亲属）信息 Person (relatives of passengers) meeting and seeing offat stopover point
姓名 Name：　　　　　　　电话号码 Telephone no.：
地址 Address：

到达站接机人员（旅客亲属）信息 Person (relatives of passengers) meeting on arrival
姓名 Name：　　　　　　　电话号码 Telephone no.：
地址 Address：

到达站旅客接机人员（旅客亲属）签字 Signature for release of minor from airlines' custody

监护人申明 Declaration of parent guardian

1. I confirm that I have arranged for the above mentioned minor to be accompanied to the airport on departure and to be met at stopover point and on arrival by the persons named. These persons will remain at the airport until the flight has departed and/or be available at the airport at the scheduled time of arrival of the filght. 我确定我已经安排妥当以上所提及的事务，未成人始发站、经停/衔接站和到达站由我所确定的人员接送。接送人将保证留在机场，直至飞机起飞以后，以及按照航班时刻表所列的航班抵达到时间以前抵达到机场。

2. Should the minor not be met at stopover point or designation, I authorize the carrier(s) to take whatever action they consider necessary to ensure the minor's safe custody including retum of minor to the airport of original departure, and I agree to indemnify and reimburse the carrier(s) for the costs and expenses incurred by them in taking such action. 如果未成年在经停/衔接站和到达站无人接应和陪护，我授权承运人可以采取任何必要的措施，以确保未成年人的安全，包括将未成年人运输返回始发站，我同意支付承运人在采取这些措施时所产生的费用。

3. I certify that the minor is in possession of all travel documents (passport, visa, health certificate, etc.) required by applicable laws. 我保证未成年人已具备相关国家法律要求的所有旅行文件（护照、签证、健康证明等）。

4. I the undersigned parent or guardian of the above mentioned minor agree to and minor named above and certify that the information provided is accurate. 我作为申请书所列未成年人的父母或监护人签字同意，并证明所提供的情况正确无误。

签名 Signature：

地址 Address：

电话 Telephone no.：

日期 Date：

关于限制性乘客的类型和运输条件如表 3-5。

表 3-5 限制性乘客的运输条件

类型		代码	运输条件
盲人	无导盲人、有导盲人	BLND	导盲犬应具备动物检疫证,佩戴口套和牵引绳索
	聋人、聋哑人	DEAF	如带助听犬,条件同导盲犬乘客
孕妇	正常,<32 周		按一般乘客
	正常,32~35 周		办理乘机医疗许可
	>35 周,或有流产早产先兆		不予承运
轮椅乘客	乘客能够自行上下飞机,在客舱内能自己走到座位上去	WCHR (R:Ramp 停机坪)	乘客自用轮椅需托运;WCHS 和 WCHC 限运 2 名
	乘客不能自行上下飞机,但在客舱内能自己走到座位上去	WCHS (S:Steps 台阶)	
	乘客完全不能走动,需他人协助才能进入客舱座位	WCHC (C:Cabin Seat 客舱座位)	
	担架乘客	STCR	安排在经济舱后排,必须要有陪伴人员

二、偷渡者

(一) 定义

机组人员应当在该乘客成为一个偷渡者之前判断其意图。如果一个人隐藏在任何分隔舱内,如厕所、衣帽间、行李箱内均可被认为是偷渡者。

(二) 处置方法

1. 立即报告机长。
2. 飞行前,终止该乘客的旅行。

三、遣返乘客

(一) 定义

遣返乘客是指由国外或境外以乘客身份乘坐公司班机被强制遣返原居住国家或始发地的人员。公司实施遣返的乘客主要包括本国公民、外国人或无国籍人。

(二) 范围

1. 偷渡乘客。
2. 非法滞留人员。

3. 在国外或中国居住、旅行、公务期间因为触犯所在国家的法律,被执法当局强行遣返回国或原居住地的人员。

4. 因为涉嫌在国内违法犯罪,为逃避法律处罚而迁居国外的人员。

(三) 处置方法

1. 遣返乘客登机前,要与当地警方或公司驻外办事处办理交接手续,了解被遣返人员的情况,被遣返的原因、性质和遣返人员所携带的物品。

2. 无身份证明的遣返乘客应由当地领事馆为其出具身份证明。

3. 遣返乘客的座位,应安排在靠近飞机后部位置。要加强必要的防范措施,随时注意他们在飞机上的情绪和举动,发现问题及时处理。

4. 由空警/安全员或主任乘务长/乘务长妥善保管被遣返人员的证件、材料,不得在飞机上交与被遣返人员,待飞机落地后,与移民局或边防局办理交接手续。

5. 飞机上有被遣返人员的航班,在移民局或边防局人员到达之前,机上乘客不可下机。

6. 飞机上有警卫对象或要客乘机,应弄清楚被遣返人员的情况,具有危险性的可以拒绝接受被遣返人员乘机。

四、犯罪嫌疑人

押送犯罪嫌疑人不得与要客同乘一架飞机;在同一个航班上不能同时押解 2 名具有危险性的犯罪嫌疑人。

押解人员乘机时不得携带武器,实行早登机、晚下机,避免对同机乘客造成不便。

押解人员必须确保犯罪嫌疑人没有携带武器、致人身伤亡药品、火具或其他危险物品;并确保犯罪嫌疑人始终处于控制之下。

被押送的犯罪嫌疑人乘机座位,应安排在客舱的后部;犯罪嫌疑人不能在飞机前舱、应急出口、客舱门口处就座。

对押解人员和犯罪嫌疑人均不得供应各种酒类、含酒精的饮料。犯罪嫌疑人用餐时,不能提供金属刀叉、搪瓷、玻璃、钢制餐具。

任何情况下,都不得将犯罪嫌疑人铐在座位或其他固定物体及客舱设备上。

第三节　其他特殊情况

一、拒绝运输

(一) 拒绝运输的权利

航空公司有权根据判断拒绝承运乘客或乘客的行李,乘客有权退票。航空公司可对下列情况实施拒绝运输的权利：

1. 无票登机者；
2. 可能登错飞机者；
3. 违反《航空安全管理条例》，对飞机、乘客、机组可能造成安全威胁的乘客；
4. 其他在《中国国际航空公司国内乘客、行李运输总条件》和《中国国际航空公司国际乘客、行李运输总条件》中规定的公司有权拒绝承运的乘客；
5. 承运乘客或乘客的行李，违反了国家适用的法律、法规或命令；
6. 承运乘客或乘客的行李，可能危及或者影响其他乘客或者机组人员的安全、健康、便利或舒适；
7. 陌生人要求由乘客为其携带的任何行李或物品；
8. 乘客的精神或身体状况，包括乘客受酒精或药物的影响，使乘客可能对乘客本人、其他乘客、机组人员或财产造成危险或危害；
9. 乘客以前在航空运输过程中有过不良行为，并且承运人有理由相信此种不良行为仍有可能再次发生；
10. 乘客拒绝接受安全检查；
11. 乘客没有支付相应的票价、税款或费用等；
12. 乘客未能出示有效身份证件；或者乘客出示的有效身份证件与乘客购买电子客票时使用的不是同一证件；
13. 乘客的客票不是合法获得的，或不是从由航空公司或其授权销售服务代理人购买的，或是已挂失或被盗的，或是伪造的，或乘客不能证明自己就是客票上载明姓名的人；
14. 乘客未能遵守关于客票按顺序使用的规定，或者乘客出示的客票不是由航空公司或其授权代理人填开或更改的，或者客票已被损毁；
15. 乘客没有遵守航空公司有关安全或安保方面的指令；
16. 乘客未能遵守机上禁烟或使用电子设备的规定；
17. 乘客未能或拒绝遵守机组人员的指示。

（二）处置方法

1. 如果所有劝其放弃旅行的方法均告失败，地面工作人员或机长，可以要求当地强制执法部门（机场公安局）要求乘客下机。如果乘客仍拒绝下机，将被指控为非法侵入，并且由强制执法部门带走该乘客。
2. 如果在航班中，出现乘客由于上述任何原因被拒绝运输的情况，航班结束后，主任乘务长/乘务长应当提交事件报告给客舱服务部门。

二、无签证过境

（一）定义

无签证过境不是犯罪，只是路过一个无签证的国家。

1. 可以无人陪伴旅行。
2. 除非要换飞机,可以在所路过城市不下飞机。

(二) 交接责任

1. 离港时,由公司负责接收和转运无签证过境人员。
2. 空警/安全员或主任乘务长/乘务长保管无签证人员的相关材料。
3. 落地后空警、安全员、主任乘务长/乘务长应将他们的材料袋交给移民局工作人员。

三、醉酒

醉酒乘客会在一定程度上影响和威胁飞行安全,乘务组应视情况做好醉酒乘客的管理工作,防止其干扰飞行安全的行为(如图 3-1 所示)。

1. 如果一乘客登机时显示醉态或在麻醉品作用影响下,干扰了机组工作,危及乘客、机组人员的安全,应通知机长和地面值班人员。地面值班人员或机长应当协作并把握事态,采用任何认为是必要的措施,包括劝其下机。
2. 如果一乘客显示醉态或在麻醉品作用之下发生在飞机推出之后,通知机长,并由机长来决定是否滑回、劝其离机。如飞机返回登机口,通知地面值班人员处理该乘客的离机及以后事宜。需开门时,执行舱门再次开启程序。
3. 如一乘客在起飞后显示醉态或在麻醉品作用下,应立即通知机长。用礼貌而坚决的态度处理,并特别注意避免身体冲突。主任乘务长要在机长的指示下采取措施。记录事件全过程,采集证据并将此事件报告机长。
4. 飞机到达目的地后,客舱乘务员应向公安人员或其他官员讲明该乘客的情况,如有需要,提供相关证据材料。主任乘务长/乘务长应及时填写"机上紧急事件报告单",并报请机长签字。

图 3-1 醉酒旅客影响飞行安全(移动端 VR 全景视频)

四、机上动物运输

(一)动物押运管理者进入主货舱

1. 动物押运管理者经机长、主任乘务长允许后,在客舱乘务员陪同下,方可进入主货舱。
2. 进入主货舱的动物押运管理者最多两人。
3. 动物押运管理者在起飞和着陆过程中不允许停留在主货舱。

(二)勤务动物

勤务动物是指帮助障碍性乘客的狗、猴子、警犬或救援犬,这类动物是免费运输的(如图3-2所示)。

1. 障碍性乘客必须出示有效的文字证明材料。
2. 勤务动物必须适当地系好绳索。
3. 勤务动物应安排在窗口座位,不能安排在出口座位和走廊通道处。

图3-2 勤务犬

五、要求冷藏药品

原则上乘客要求冷藏的药品应自行保管。

乘客在航班中要求冷藏药品,可将之放入盛有冰块的塑料袋内,但绝不能将药品冷藏于厨房区域,特别是冷藏柜、冰柜或餐车中。

六、更换座位

为了飞行安全,飞机起飞前客舱乘务员不得随意允许任何人调换座位,特别是大面积的调换,避免飞机的配平失调。

在飞行中如有空余座位,经客舱乘务员允许,乘客可以更换座位,但着陆前客舱乘务员应要求乘客回到原座位。

七、警卫人员携带枪支

执行国家保卫对象和重要外宾保卫任务的警卫人员及警卫人员为执行警卫任务单独往返时,可由本人采取枪、弹分开的办法随身佩带枪支、弹药,乘坐民航班机。外方警卫人员在没有中方警卫人员陪同乘坐境内民航班机的,应当将枪、弹分离并交由机组保管。

在国内机场,佩带枪、弹乘机的警卫人员的信息由机场安检部门通过《携枪警卫人员登机通知单》(如表3-6所示)通知机组,机长在通知单上签字,并将相关信息通知乘务长、空警、安全员,机组无须对警卫人员的证件或枪弹进行查验。

机组需在登机前告知警卫人员必须保管好其武器,不得将武器放在行李箱内,并自行做好枪、弹分离,除非机长请求他们的帮助,否则不得干涉飞行中的任何事件。

在安排好警卫人员的座位后,乘务长应将警卫人员的座位告知机长,乘务组严禁向警卫人员提供含酒精饮料。

表3-6 携枪警卫人员登机通知单

携枪警卫人员乘机通知单

No[20] 号

＿＿＿＿＿＿＿航班机组:

根据中国民用航空总局《关于警卫人员乘坐民航班机携带枪支有关规定的通知》和中华人民共和国公安部、中国民用航空总局《关于警卫人员携带枪支乘坐民航班机的补充通知》,经我中心对执行任务警卫人员工作证、持枪证和警卫部门介绍信等进行查验,下列人员符合携枪乘机有关规定,现将情况通报如下:

警卫人员姓名	工作单位	乘机时间	目的地	枪型	枪弹数量

机场安护中心
年 月 日

本章小结

与安全乘机相关的问题有很多。乘客参与飞行安全是隐形的。人们只看到机组和航空公司显性的飞行安全,但忽略了乘客对飞行安全的感受。航空服务行业现阶段过于关注乘客对服务的感受,而忽视了他们对安全的了解和掌握。所有乘客积极地参与飞行安全,是飞行机组保证飞行安全最强大的后盾。文明乘机、安全出行、保持警惕、相信机组,是乘客对飞行安全最大的支持。

综合练习

1. 押解犯罪嫌疑人乘机时,应遵循以下哪项规则( )。

   A. 乘客登机后再登机,下机时先下机　　B. 乘客登机后等登机,下机时最后下

   C. 乘客登机前先上,下机时先下机　　　D. 乘客登机前先上,下机时最后下

2. 在飞行中,乘客在客舱洗手间内吸烟,这是一种( )。

   A. 破坏航空安全的行为　　　　　　　　B. 扰乱秩序行为

   C. 可能危及飞行安全的行为　　　　　　D. 恐怖主义行为

3. 1944年11月1日至12月7日在美国芝加哥签署的( )又称"芝加哥公约",它是国际航空法中最重要的多边条约。

   A.《制止危害民用航空安全的非法行为公约》

   B.《统一国际航空运输某些规则的公约》

   C.《国际民用航空公约》

   D.《制止非法劫持民用航空器的公约》

4. 非法干扰行为指危及民用航空和航空运输安全的实际或预谋的行为,包括( )。

   A. 非法劫持飞行中的航空器

   B. 非法劫持地面上的航空器

   C. 企图犯罪而将武器或危险装置或器材带入航空器或机场

   D. 在航空器或机场内扣留人质

   E. 强行闯入航空器、机场或航空设施场所

5. 下列哪些行为属于可能危及飞行安全的行为( )。

   A. 戏言劫机、炸机　　　　　　　　　　B. 盗窃机上物品

   C. 在客舱洗手间内吸烟　　　　　　　　D. 强行登占航空器

   E. 盗窃或者故意损坏救生设备

【练习答案】

1. D　　2. C　　3. C　　4. ABCDE　　5. ABCDE

第四章

应急设备

学习目标

- 了解应急设备的种类;
- 熟悉应急设备的航前检查项目,能完成客舱应急设备的检查;
- 掌握应急设备的使用方法;
- 掌握客舱舱门,撤离滑梯,翼上紧急出口分布及操作方法。

 导引案例

今天的航班上迎来了大批的旅行团游客。上客完毕,巡视客舱时,外场乘务员小 D 发现 C 座乘客怀抱婴儿与家属坐同一排,但是 C 座上方婴儿氧气面罩数量不足,考虑到安全的重要性,在征得同排乘客家属同意之后,小 D 便将怀抱婴儿乘客座位调换至同排 J 座,同时也及时向乘务长进行汇报。然而,乘务长在起飞前安检复查时发现怀抱婴儿乘客仍坐在 C 座,乘务长耐心告知乘客 C 座上方氧气面罩数量不够,宝宝无法坐在那里,简单沟通后,乘客表示明白,乘务长又及时将乘客换至 J 座。然而,飞机平飞以后,小 D 巡视客舱时发现该名婴儿乘客又被换至 C 座,这引起了小 D 的重视,她立即来到乘客面前,重复着相关安全规定。

(资料来源:东航江苏客舱部)

第一节 常规应急设备

一、应急出口

应急出口一般包括舱门和翼上窗口。正常情况下,飞机舱门用于正常的乘客进出、厨房和服务门使用,翼上窗口处于关闭状态。机上人员在飞机遇险后撤离时会根据实际情况打开舱门及翼上出口等应急出口,以便乘客及机组人员逃离飞机。

(一) B737 飞机

1. 门及门区各部位名称和作用

B737 型飞机舱门及门区包括以下部件(如图 4-1 所示):

(1) 舱门门板。

(2) 红色示警旗。

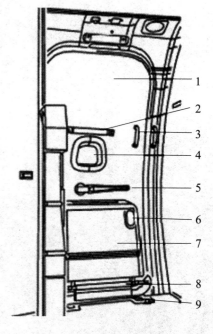

图 4-1 B737 门区结构

(3) 辅助手柄：拉舱门之用。

(4) 观察窗：可用于观察飞机外部情况。

(5) 舱门操作手柄。

(6) 滑梯气瓶压力表。

舱门滑梯充气压力表必须指示绿色区域，如果压力指针在绿区外，系统将不能使用。

(7) 滑梯包。

(8) 滑梯挂钩。

(9) 地板支架。

2. 手柄位置

人工充气手柄的位置：位于滑梯顶部右侧。其英文标示：Inflate Handle。

快速释放手柄的位置：位于滑梯顶部。其英文标示：Release Handle（如图 4-2 所示）。

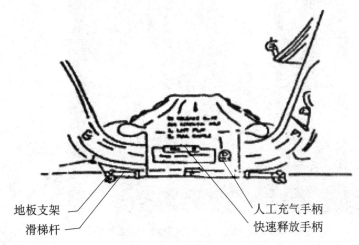

图 4-2　人工充气手柄位置

3. 正常情况下舱门的操作方法

内部操作开门——

(1) 确认滑梯杆在舱门挂钩上（解除预位）；

(2) 确认舱门外无障碍；

(3) 将警示旗横置在观察窗上方；

(4) 旋转操作手柄至其反方向 180 度（逆时针旋转门把手）；

(5) 向外推至与机身平行，直至门被阵风锁锁住（如图 4-3 所示）；

(6) 如果没有衔接物，挂上阻拦绳。

内部操作关门——

(1) 收回阻拦绳，确认舱门内外没有障碍物；

(2) 按下阵风锁；

(3) 将舱门往回拉至正确位置；

(4) 旋转操作手柄至其反方向 180 度（顺时针旋转门把手），关好舱门；

(5) 检查舱门密封状况,确认没有夹杂物;

(6) 按照口令操作滑梯至预位状态(滑梯杆在地板支架上);

(7) 将警示旗斜置;

(8) 交叉复检。

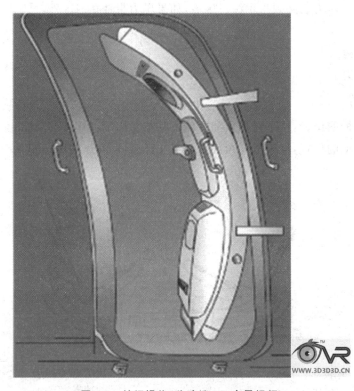

图 4-3　舱门操作(移动端 VR 全景视频)

4. 撤离时舱门的操作方法

(1) 确认滑梯杆固定在地板的支架上;

(2) 确认舱门外无烟无火无障碍;

(3) 将手柄转到开位;

(4) 门打开后滑梯脱落,滑梯展开并自动充气;

(5) 拉人工充气手柄;

(6) 确认滑梯充气状况;

(7) 如漏气,可做软梯使用;

(8) 水上撤离时,当人员从飞机内撤离后,应拉"快速释放手柄"使滑梯与机体分离,即滑梯翻过来作浮艇使用。抓住浮艇边缘的连接绳,浮艇中仅限少量乘客(老、弱、妇、幼)乘坐。

5. 翼上窗口的操作方法

一架飞机有多个应急撤离出口,除舱门外,B737-800 机身两侧机翼上方各有 2 个紧急翼上出口(如图 4-4 所示),每个出口配有一根逃离绳。翼上紧急出口由具有 28 瓦直流电的飞行锁系统锁住。

(1) 操作方法

向下拉动翼上应急出口的红色手柄,即开启翼上出口装置,翼上出口会自动打开。

(2) 逃生绳

逃生绳装在每个紧急出口门框的上方,绳子一端连在门框上,其余部分储藏在管中,管子延伸到客舱天花板上。翼上紧急出口必须打开,才能露出逃生绳。使用时,将绳子从管子中拉出,连接在机翼表面的圆环上。

(二) A320 型飞机

A320-200 型飞机共有 10 个应急出口,驾驶舱有 2 个逃离窗,客舱两侧有 8 个应急出口,包括 4 个舱门出口和 4 个翼上出口。

图 4-4 应急窗

1. 舱门结构及名称

A320 型飞机舱门及门区包括以下部件(如图 4-5 所示)。

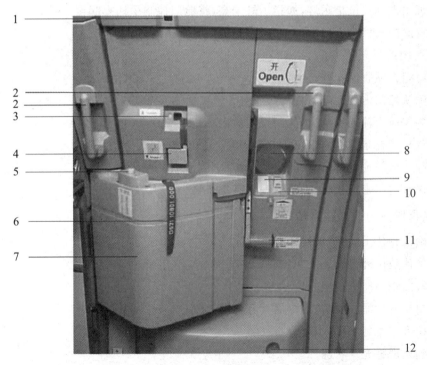

图 4-5 A320 舱门结构

(1) 舱门锁定指示器:用来显示门的开启/关闭状态,如舱门未锁,显示红色底色的"UNLOCKED"字样,如舱门已经关闭锁好,则显示绿色底色的"LOCKED"字样;

(2) 辅助手柄；

(3) 安全销插孔；

(4) 滑梯预位手柄；

(5) 阵风锁；

(6) 安全销：用来加固解除预位状态下的滑梯预位手柄；

(7) 舱门支撑；

(8) 观察窗；

(9) 滑梯预位指示灯；

(10) 客舱压力警告灯；

(11) 舱门控制手柄；

(12) 滑梯压力检查。

2. 舱门操作方法

内部开启舱门——

(1) 确认舱门压力警告灯没有闪亮（红色压力指示灯亮则舱门不能开启）；

(2) 确认滑梯预位手柄在解除预位状态，插好安全销；

(3) 确认舱门外无障碍物；

(4) 抓牢一个辅助手柄将舱门的控制手柄抬起；

(5) 观察滑梯预位指示灯，如指示灯未亮，将舱门控制手柄提起至180°；

(6) 将舱门向机头方向推至全开位，至舱门完全被阵风锁锁定。

内部关闭舱门——

(1) 将阻拦绳收回扣好；

(2) 确认舱门内外无障碍物；

(3) 握住舱门辅助手柄，将舱门拉回舱内；

(4) 将舱门控制手柄向下压180°，将舱门关好；

(5) 确认舱门锁定指示器在绿色"LOCKED"位置；

(6) 检查舱门密封状况，确认舱门没有夹杂物。

3. 撤离时舱门的操作方法

(1) 确认预位手柄在"ARMED"位置；

(2) 确认舱门外无烟无火无障碍；

(3) 将门把手向上抬至升位；

(4) 门打开后滑梯脱落，滑梯展开并自动充气；

(5) 拉人工充气手柄；

(6) 确认滑梯充气状况；

(7) 如漏气，可做软梯使用；

(8) 水上撤离时，当人员从飞机内撤离后，掀开滑梯顶部盖布，拉"释放手柄"，切断船与机体的连接线，当分离完成后，将船划向安全区。

4. 翼上出口

客舱翼上出口结构如图 4-6 所示。

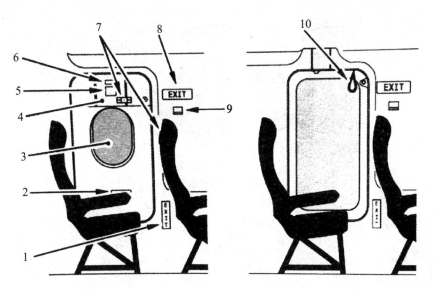

图 4-6 翼上出口

1. 出口标志；2. 手柄凹陷处；3. 窗口；4. 手柄护盖；5. 在透明手柄挡板下的锁定手柄；
6. 护盖挡板凹陷处；7. 开启说明；8. 出口指示；9. 滑梯预位指示；10. 滑梯人工充气手柄

紧急情况下，从客舱内部打开应急出口，按以下步骤操作：

(1) 检查内外条件，确认移开手柄是安全的；

(2) 打开护盖挡板凹陷处，移开手柄护盖；

(3) 提起透明手柄护盖；

(4) 拉下锁定手柄；

(5) 向上提起手柄凹陷处和护盖挡板凹陷处的锁定手柄；

(6) 开启过程中将锁定盖扔出去，滑梯自动充气；

(7) 如滑梯不能充气，拉动滑梯人工充气手柄。

二、应急照明

(一) 应急手电筒(Flash light)

应急手电筒(如图 4-7 所示)是在紧急情况下供机组人员指挥、搜索、发布求救信号时用的。手电筒可直接从储藏位置的支架上取下，灯自动发光，通常可以持续使用约 4.2 小时以上。使用过程中无法关闭，除非断路开关镶嵌入支架，使之复位，否则，电池将被耗尽。

(1) 使用方法：从储藏位置取下后，自动发光。

(2) 使用时间：使用约 4.2 小时。

(3) 飞行前检查：确认手电筒在指定位置并固定好，确认检查灯光，电源显示灯 3～5 秒钟闪烁一次。如果时间间隔太长,超过10秒钟才闪烁一次,可能没有电,需要通知地面机务人员更换,应急手电筒只能在非正常情况下使用。

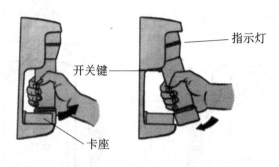

图 4-7 应急手电筒

(二)应急灯(Emergency Light)

(1)使用方法

自动方式:

当驾驶舱内应急灯开关放"Armed"位置时,所有的应急灯在飞机电源失效后自动连接,可以使用12～20分钟。

人工方式:

① 当驾驶舱内应急灯开关放"ON"位置时,所有的应急灯都会亮;

② 当客舱乘务员控制面板上的应急灯开关放在"ON"位置时,所有的应急灯都会亮,并可超控驾驶舱。通常情况下是放在"Normal"的位置。

(2)飞行前检查

测试所有应急灯在正常工作状态。

三、安全带

安全带是安装在座椅上的一套安全设备。

(一)安全带分类

(1)成年人安全带

供正常的成年人使用。

(2)婴儿安全带

婴儿安全带是指两岁以内婴儿的安全带(如图4-8所示)。其用法就是将未成年人的安全带穿过成年人安全带上的环内并系好。

(3)加长座椅安全带

加长座椅安全带是为延长安全带长度而接在现在座椅安全带上的一条带子,专门供给标准座椅安全带长度不够用的乘客。

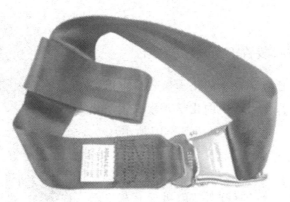

图 4-8　婴儿安全带

（4）客舱乘务员的安全带

客舱乘务员的安全带是由安全带和肩带组成。当飞机在起飞、滑行、落地及信号灯亮后期间,都应系好安全带和肩带。

（二）安全带使用方法

当飞机起飞、着陆和飞行中遇到颠簸以及"系好安全带"指示灯亮时将安全带扣好系紧。解开时,先将锁口打开,然后再拉出连接片（如图 4-9 所示）。

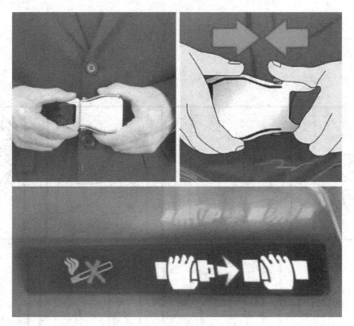

图 4-9　安全带使用方法

四、防护式呼吸装置 PBE

防护式呼吸装置适用于排烟和封闭区域内的灭火,客舱乘务员可以戴防护式呼吸装置来保护眼睛和呼吸道。

（一）防护式呼吸装置 PBE 氧气供给

氧气是靠防护式呼吸装置上的化学氧气发生器提供的，拉动触发拉绳后，发生器中的化学元素发生了化学反应并释放出热量，产生出氧气（如图 4-10 所示）。

（二）使用时间

使用时间平均为 15 分钟（呼吸快时可能有灰尘感和咸味，时间相对要短一些）。

（三）防护式呼吸装置的特点

（1）戴上面罩后可以通过面罩前部的送话器与外界联系。

（2）当氧气充满面罩时，面罩应为饱满的状态，当氧气用完后，由于内部压力减小面罩开始内吸，应学会辨别这种状况。

图 4-10　防护式呼吸装置

（四）面罩类型

防护式呼吸装置有四种类型，分别是：

（1）A 型防护式呼吸装置（如图 4-11 所示）。

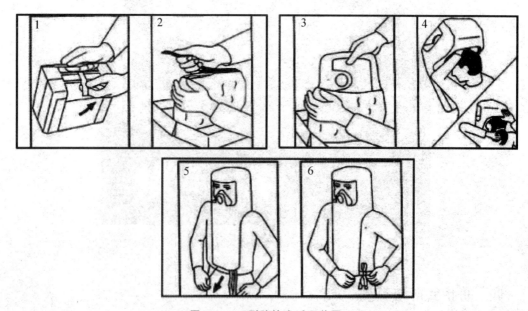

图 4-11　A 型防护式呼吸装置

(2) B 型防护式呼吸装置(如图 4-12 所示)。

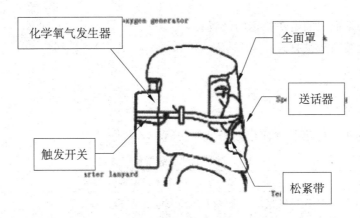

图 4-12　B 型防护式呼吸装置

(3) C 型防护式呼吸装置(如图 4-13 所示)。

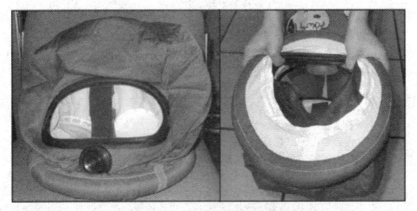

图 4-13　C 型防护式呼吸装置

(4) D 型防护式呼吸装置(如图 4-14 所示)。

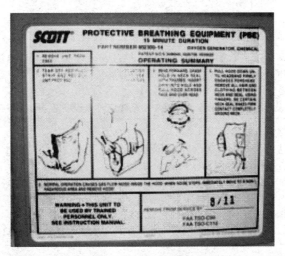

图 4-14　D 型防护式呼吸装置

（五）飞行前检查

（1）确认防烟面罩固定在指定的位置；

（2）确认包装盒未被打开；

（3）捆扎带完整。

（六）使用方法

上述四种防护式呼吸装置使用方法见下表（表 4-1）：

表 4-1　防护式呼吸装置使用方法

型号	操作及注意事项
A 型	（1）打开 P.B.E 储存盒，从盒内取出撕去包装袋口封条； （2）从包装内取出 P.B.E； （3）掌心相对伸入橡胶护颈内用力向两边撑开，观察窗面向地面从头部套下； （4）将长头发或辫子放在头罩内，将袋子扣好； （5）向下拉氧气发生器，使 P.B.E 开始工作； （6）移动送话器使面罩与口鼻完全吻合。 取下 P.B.E 面罩 （1）在远离火焰和烟雾的安全处进行； （2）用双手将靠近观察窗下角的金属片向前推动，松下调节袋； （3）双手由颈下插入面部，向上拉起 P.B.E 取下。
B 型	戴上 P.B.E 面罩 （1）拉塑料盒盖上的红色把手，去除塑料盖； （2）确定内包装上的红色标垫，用力撕掉，打开真空包装； （3）双手放入橡胶护颈，用力向两边撑开，观察窗应向地面方向； （4）头向前倾，将 P.B.E 的护颈套入，用双手保护两侧脸颊及眼镜，使之完全遮挡面部； （5）双手向前，向外用力拉动调节袋，并使装置启动； （6）双手抓住带字头，用力向后拉带子，确保里面的面罩罩在口鼻处，且面颊被覆盖； （7）如需调整眼镜，可隔着外罩进行，不要将手伸入罩内调节； （8）确定衣领没有被夹在护颈内，头发已完全在护颈里面，放下 P.B.E 的后颈盖布，使它盖住衣领，并处于肩上部。 注意事项： 当拉动调节带后若无氧气流出，再用力重复一次，否则取下面罩。
C 型	（1）P.E.B 装在一个盒装的真空小袋子里，盒子打开后，从真空包装袋中取出 P.E.B； （2）戴上环形面罩，就释放出使用者所需的氧气，使用者能听到一点轻微噪声； （3）噪声停止时，面罩不应再被使用； （4）该设备工作期间显示器为绿色，变为红色时该设备不再工作，立即取下 P.B.E。
D 型	（1）从储物盒中取出 P.B.E； （2）拉下红色带子并从袋子中取出 P.B.E； （3）拉下启动环，听到释放气声后开始使用； （4）低下头，用拇指抓住橡胶护颈的洞，将下巴送入洞内，然后将面罩在面部； （5）用力向下拉面罩直到额部头带与额头紧贴在一起，用手将颈部和橡胶护颈之间的所有头发和衣服移开。确保橡胶护颈完全紧贴颈部； （6）正常情况下面罩内产生气流声响，声响停止后，立即离开危险区，然后取下面罩。

（七）注意事项

（1）必须在非烟区穿好；
（2）头发必须全部放进去，衣领要离开密封胶圈；
（3）当呼吸困难时，可能是氧气用完和穿戴不当；
（4）当头部有热感，面罩开始内吸时，使用时间已到，离开火源，应迅速到安全区摘下面罩；
（5）如果戴着眼镜使用，戴好后要在面罩外面整理眼镜位置；
（6）当观察窗上有水气和雾气时迅速取下防护式呼吸装置；
（7）取下面罩后，因为头发内残留有氧气，不要靠近有明火或火焰的地方，要充分抖散头发。

五、麦克风

麦克风为红色，内含一个储存式电池（如图 4-15）。用于在紧急情况下，舱内和舱外的指挥。

应确保在飞机上装有便携式电池麦克风。60~100 乘客座椅的飞机应配有两个麦克风。多于 100 乘客座椅的飞机应配有两个麦克风。

使用方法：按下讲话开关；将麦克风靠近嘴部讲话；根据声音调节音量。注意不要用喊话筒对机身讲话及避免音量过大。

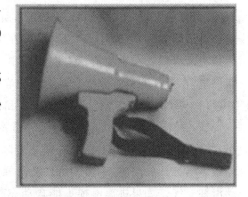

图 4-15　麦克风

六、安全演示用具包

安全演示用具包内含物品为：
（1）救生衣；
（2）氧气面罩；
（3）安全带；
（4）安全须知。

注意：飞行前应检查是否在指定位置，并且包内物品齐全。

第二节　撤离设备

一、飞机滑梯、救生船

（一）飞机滑梯

应急撤离滑梯（如图 4-16）由充气组件（滑梯体）、滑梯气瓶和充气系统组成。逃离滑梯为双气室构造,本体由涂有氯丁烯橡胶的卡布龙纤维制成,另外由一层铝涂层提供热辐射防护。表层材料为高强度尼龙纤维,在外表面涂有氨基甲酸乙酯涂层。

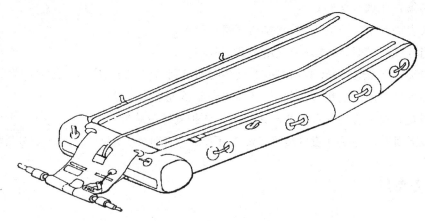

图 4-16　应急滑梯

滑梯气瓶充气压力为 3 000PSIG,所充气体为二氧化碳和氮气的混合物。充气阀门和压力调节器安装在气瓶上。引射器装在滑梯上,通过气瓶高速气流的引射作用将外界空气大量吸入滑梯。在逃离滑梯末端有一串白炽灯泡,为夜间撤离时提供照明。照明系统由电瓶供电,在滑梯充气过程中自动激活点亮。

(1) 目的:在紧急情况时提供乘客和机组人员快速撤离。

(2) 操作方法:飞机起飞前,乘务员将系留杆(又称为束缚杆)从舱门上的存储挂钩中取出,并安装到地板挂钩上。飞机紧急着陆时,可像平常一样打开舱门,并在完全打开前不要停顿。当打开舱门时,系留索组件使滑梯包从滑梯护盖中跌落。随着滑梯包的落下,它将启动滑梯充气。如果逃离滑梯不能自动充气,快速拉动充气手柄来人工给其充气。要从飞机上拆下逃离滑梯,抬起护盖挡板并拉动系留索松开手柄。逃离滑梯应定期检查充气压力,并且充气试验还应检查活门工作情况及有无切口撕裂、刺破等现象(如图 4-17)。

注意:

① 确认机门滑梯在待命状态;

② 打开机门,滑梯自动充气;

③ 充分拉出人工充气手柄;

④ 挡住可能涌来的乘客,滑梯充气需要 5 秒;

⑤ 充气完毕,开始撤离。

(3) 水上撤离时滑梯与机体分离。

掀开地板与滑梯连接处的盖布并拉出断开手柄;割断系留绳,使之与机体完全脱离。

(二) 救生船

救生船又称救生筏,当飞机在水上迫降时,机组人员和乘客撤离飞机后,可登上多人救生船进行生存自救,有效延长机组人员和乘客的水上生存时间。救生船由两个互相独立的充气囊构成。为了使目标明显、便于寻找,船体由两层橙黄色涂胶绢绸制成。充气系统由气

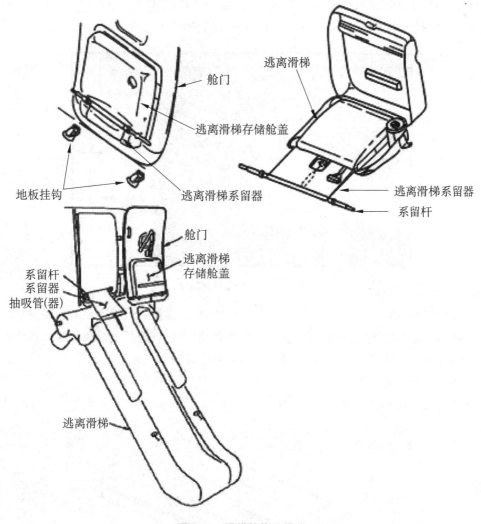

图 4-17 滑梯结构及操作

瓶、充气活门、充气软管和引射泵构成。

(1) 目的:由于在紧急情况下可能出现滑梯救生筏不能全部释放,导致撤离人员数量大于实际滑梯救生筏载量的情况发生,因此在所有具备"延伸跨水运行"能力的飞机上配备救生船。

(2) 性能:圆形救生船重量每只船 103 磅;圆形救生船载量每只船载容量 46~69 人;救生船主要包括充气救生船、充气组件、救生包和聚氨酯尼龙包装,救生包内叠放着天蓬;救生船无须打开尼龙包装,但必须拉动充气手柄后救生船才开始充气。

(3) 充气时间:30 秒。

(4) 操作方法:

① 从行李架上抬出圆形救生船,可 2 人一前一后抬走,也可抓住任意一端拖拽移动;

② 搬动圆形救生船时,须将绳扣一侧向上,并小心红色把手,以防在客舱内充气;

③ 将圆形救生船搬至出口处,在救生船的一头,揭开红布,拉出白色绳子。将系留绳另一端固定在客舱任一固定的部件上(如机门辅助把手、乘客座椅档杆等),在使用应急窗口

时,可把圆形救生船的系留绳系在救生绳上,然后一手握住 D 形环充气手柄(如图 4-18 所示),将救生船投入水中(救生船外包装不必卸下,直接把救生船投到水中);

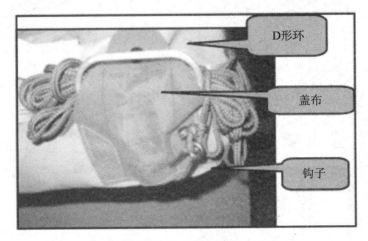

图 4-18　救生船操作方法

④ 让圆形救生船漂离飞机一段距离,系留绳绷紧时,猛拉充气手柄使救生船充气;
⑤ 在应急出口使用时,须把圆形救生船掷离机翼前缘,以避免被金属件和机翼拉破;
⑥ 乘客上船完毕后,解开连接绳或用小刀割断连接绳;
⑦ 使救生船远离飞机;
⑧ 圆形救生船打开前(如图 4-19 所示);

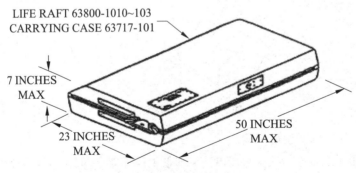

图 4-19　救生船打开前

⑨ 圆形救生船打开后(如图 4-20 所示);
(5) 救生船包含以下组件:
① 说明书
说明书为防水、防腐设计,存放于救生筏前端右侧。
② 刀具
存放于系留绳旁的刀具,用于水上迫降时割断系留绳,使救生筏与飞机脱离。该程序应在撤离完成后进行,以防止救生筏接触到尖锐的金属残片或被溅出的燃油侵蚀。
③ 登筏处
应从救生筏两端的登筏处登上救生筏。

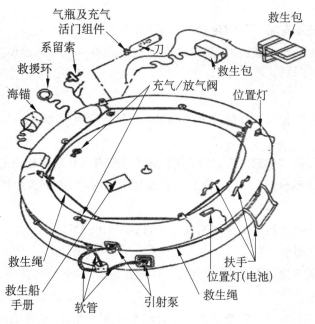

图 4-20 救生船打开后

④ 救生环

救生环使用缆绳连结于救生筏左侧的尾部。该救生环主要用于援救落水者并将各救生筏连接在一起。

注：用布包裹缆绳以防筏身受损。

⑤ 救生索

位于救生筏外部两侧的红色绳索，用于供落水者漂浮时攀牵用，直至由登筏处上筏。

注：避免由筏两侧上筏，以防筏翻侧。

⑥ 海锚

小的伞状尼龙织物，用缆绳连结筏的左侧尾部，用于减少救生筏漂流与漂荡，将其停泊在迫降处附近，便于营救。

注：抛海锚时应在救生筏逆风侧，用布包裹缆绳以防筏受损。

⑦ 发射器固定点

救生筏左、右侧前端的发射器固定点用于固定应急定位发射器，防止其随波逐流。

⑧ 定位灯

定位灯使用水驱动电池供电。安装于登筏处附近。可帮助营救人员在夜间或能见度很低的环境下识别救生筏。

⑨ 人工充气泵（充气阀门与接头）

人工充气泵用于救生筏气囊充气。使用时，打开充气阀门，将接头连接充气阀门与手泵。充气完成后，关闭充气阀门。

⑩ 帐篷支撑棒

位于救生筏两侧。通过 8 个支撑棒将帐篷覆盖整个救生筏。

(6) 救生包(SK)

一般每个救生筏都配备一个救生包,分别存放在相应的救生筏内。救生包可为紧急撤离后的生存提供帮助。水上撤离时,撤离到安全地带后再从水中捞出使用。救生包辅助设备包括:

① 救生手册

救生筏维护设备的使用和详细的求生说明。塑料纸印制(英文版),浸水后不易腐烂。

② 修补钳

用来修补救生筏的破损面。使用时,应小心撕开或用刀具割开较小的破损口,将修补钳下部的垫片穿入并紧贴破损口,然后将上方的盖片压下封严,放下翼形螺帽,将钳的两部分垫片拧紧。

注:操作时,修补钳上拴的绳子应系在手上,以防掉出筏外。

③ 瓶装/袋装饮用水

每个救生包内装有少量瓶装/袋装饮用水。应注意保存,必要时使用。

④ 水净化药片

用于净化收集到的淡水。较清洁的1公升淡水放入1片,用力摇晃,沉淀3分钟后可饮用;较污浊的1公升淡水放入2片,用力摇晃,沉淀10分钟后可饮用;温度较低的1公升淡水放入2片,用力摇晃,沉淀20分钟后可饮用。净化后的水应控制饮用。

⑤ 急救品

烧伤药膏:用于烧伤、晒伤、灼伤。

氨吸入剂:用于苏醒昏迷者。使用时,直接由中间折断,放于昏迷者鼻下。

消毒剂:用于创伤部位的消毒。使用时,将盖子取下套在瓶身另一端,挤压瓶身至破裂。但应避免碰触到瓶塞,因瓶塞可用作棉签。同时远离眼睛周围。

绷带:用于包扎流血或擦伤的创面。

多用刀具:用于维护设备或切割食物。

⑥ 目视信号装置

应急撤离后发射求援信号。存放于每个救生包内,独立真空包装。其两端分别具有昼/夜间使用功能。

说明:平滑的橘黄色盖子一端用于昼间,可发射橘红色烟雾信号。晴朗、无风的天气其目视距离可达13公里。烟雾持续时间为20秒钟;有突出圆点的橘红色盖子一端用于夜间,可喷射出明亮的红色火焰信号,晴空的夜晚其目视距离可达6公里。信号持续时间约20秒钟。

注意:确定救援飞机或船只进入视听范围时开始发射。

使用:确认应使用的部分;在救生筏的下风侧握住信号弹下端并伸出筏外,手臂与水面成45度角(防止热的燃屑烧坏救生筏,并防止信号弹的烟雾吹向筏内的人员);打开盖子,拉开环形扣,启动导线引燃信号弹;使用完毕,将燃过的一端浸入水中冷却,妥善保存信号弹未用的一部分并存放于救生包内。

⑦ 海水染色剂

为化学试剂。用于定位及求救。昼间在较平静的水面,可将救生筏周围300米的水面染成荧光绿色,持续时间为 3 小时。使用时将短绳系在救生筏逆风的一方;撒放染色剂或将染色剂投入水中。

注:确定救援飞机或船员进入视听范围后使用。

⑧ 手电筒

有效可视距离为 15 公里。该手电筒只用于夜间,不使用时应妥善保管并注意防潮。

⑨ 信号反射镜

将太阳光反射到过往的飞机和船只上。镜面反射光视程可超过 37 公里(20 海里);反射镜可反复使用。连续使用时,让筏上的人员轮流使用。使用时,慢慢将镜子拿至眼睛高度,透过视孔观察;对准阳光后,成为一个引导指示器;将镜子靠近眼睛,不断变换角度直至阳光对准目标(太阳与目标在同一面)。

⑩ 舀水袋

用于舀尽救生筏积水也可用于储存淡水。

⑪ 脱水海绵

用于吸干救生筏积水。

⑫ 口哨

用于召唤幸存者、其他救生筏或水上最近区域的船只。

⑬ 帐篷与支撑杆

利用帐篷的颜色作为求救信号。可防止日晒雨淋,也可用于收集可供饮用的雨水和露水。救生包内配有八个支撑杆,其中两个有白色标志的为备用杆。使用时将其余六个支撑杆两两相接,以"之"字形排列,固定在筏沿上支撑帐篷。

二、救生衣

救生衣是用于海上撤离时使用的。机组人员的救生衣是红色的(如图 4-21),乘客救生衣是黄色的(如图 4-22 所示),救生衣存放在每个乘客和乘务员的座椅下方。

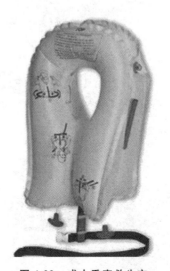

图 4-21 机组人员救生衣　　　　图 4-22 成人乘客救生衣

（一）救生衣结构

救生衣结构包括（如图4-23所示）：

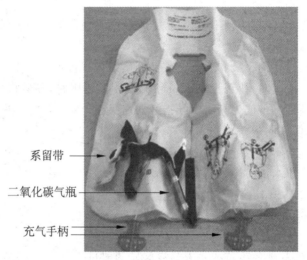

图4-23　救生衣结构

（1）救生衣衣体；
（2）系留绳；
（3）二氧化碳气瓶；
（4）充气手柄。

（二）成人救生衣使用方法

成人救生衣的使用方法按以下步骤（如图4-24所示）：

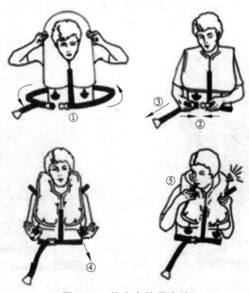

图4-24　救生衣使用方法

(1) 取出救生衣,经头部穿好;
(2) 将带子从后向前扣好系紧;
(3) 使用时,拉两个充气阀门;
(4) 充气不足时,可将救生衣上部的人工充气管拉出,用嘴向里充气;
(5) 使用时注意事项:
① 当用手按住人工充气管的顶部,气会从内放出;
② 除非救生船已坏,否则不要尝试穿救生衣游泳;
③ 不能自理及上肢残废的乘客,穿好后要立即充气;
④ 其他乘客的救生衣在离开飞机,上船前充气。

(三)未成年人救生衣

(1) 1周岁以下使用婴儿救生衣(在各个舱位的第一排婴儿摇篮的座位下方);
(2) 1周岁以上使用成人救生衣;
(3) 成人救生衣给未成年人穿戴时的方法:
① 取出救生衣,将救生衣经头部穿好;
② 把带子放在两腿之间,将带子扣好系紧;
③ 打开红色充气阀门;
④ 充气不足时,拉出人工充气管充气。
(4) 使用时注意事项:
① 婴儿抱离座位后充气;
② 儿童离开座位后充一半气;
③ 母亲和婴儿的救生衣系在一起;
④ 起飞前应检查婴儿救生衣存放在规定的位置上。

(四)婴儿救生衣

成人救生衣的使用方法按以下步骤(如图 4-25 所示):
(1) 打开塑料包取出救生衣;
(2) 让救生衣开口朝上;
(3) 把婴儿头部朝向呼吸气孔一端,并把婴儿手臂穿入保暖背心,系好安全带;
(4) 拉上拉链,拉动充气阀门,充气不足时,用人工充气管充气。

三、应急发射机

应急定位发射机(Emergency Locator Transmitter),缩写为 ELT,应急发射机式是在飞机遇险后,向外界发出救生信号时使用的。发射机分为两种:自浮式双频应急发射机(如图 4-26 所示)和便携式应急定位射机(如图 4-27 所示)。

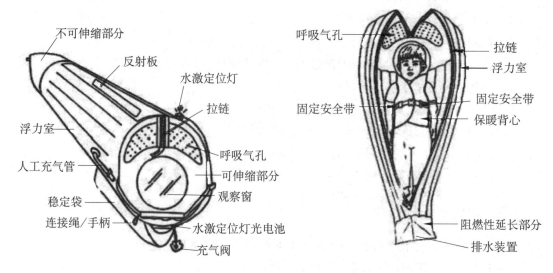

图 4-25 婴儿救生衣使用方法

图 4-26 自动式发射机

图 4-27 便携式应急定位射机

无线电应急发报机可以用于陆地及水上迫降,在红色发射保护盖上附有英、法两文的操作说明板。当入水后,紧急定位发射机由绳索拖在救生船后。海水进入电池后将电池激活,发射机自动开始工作,在民用和军用国际 VHF 航空遇难频率(121.5MHz 和 243.0MHz)同时发射求救信号,为民用和军用搜索飞机提供导引信号。

(一)自动式发射机结构

自动式发射机结构包括(如图 4-28 所示):

(1)天线;

(2)拖绳及拖绳下方塑料袋;

(3)注水孔;

(4)天线固定夹;

(5) 水溶片。

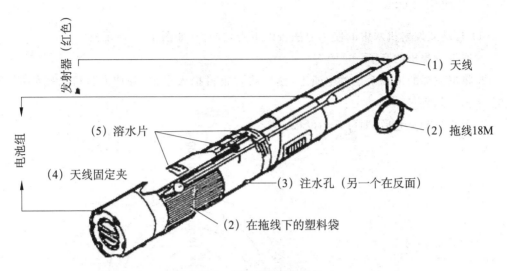

图 4-28 自动式发射机结构

（二）便携式应急定位发射机结构

便携式发射机结构包括（如图 4-29 所示）：
(1) 测试按压按钮；
(2) 环形开关保护；
(3) 弹性天线；
(4) 指示灯；
(5) 水传感器；
(6) 固定支架；
(7) 尼龙缚带；
(8) 浮筒。

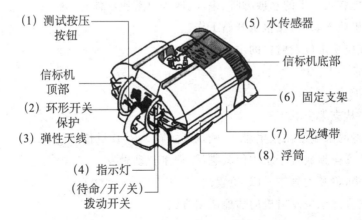

图 4-29 便携式应急定位发射机结构

(三)使用方法

(1) 自动式发射机水中的使用方法按以下步骤操作(如图4-30所示):

① 取下发报机的套子;

② 将尼龙绳的末端系在救生船上,然后将发报机扔入水中,并使发报机与船保持与尼龙绳一样的长度;

③ 天线自动竖起后,即可开始发报。

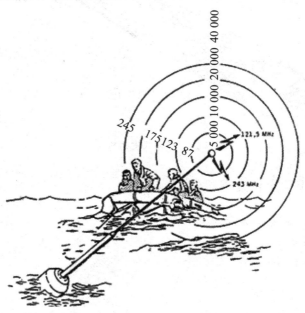

图 4-30 自动式发射机水中使用

(2) 自动式发射机陆地上的使用方法按以下步骤操作(如图4-31所示):

① 取下发报机的套子;

② 解开尼龙绳,割断水溶带,拨直天线;

③ 将套子内装入一半的水或咖啡、果汁、尿等电解质液体;

④ 把发报机放入套内,发报机开始工作。

(3) 便携式应急定位发射机的水中使用方法:

① 解开板带;

② 取下保护罩;

③ 将 ELT 从支架上取下;

④ 将连接绳的末端系在救生船上,确认开关在 ARMED 位置;

⑤ 将 ELT 安全地放置于水中使其漂浮,遇水自动触发;

⑥ 救护完毕,将开关放在 OFF 位置。

(4) 便携式应急定位发射机的陆地使用方法:

① 解开板带;

② 取下保护罩;

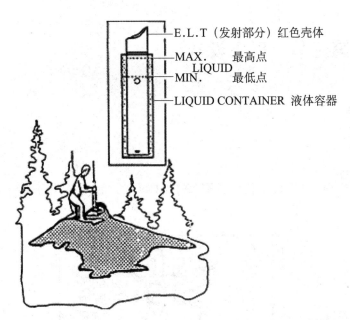

图 4-31 自动式发射机陆地使用

③ 将 ELT 从支架上取下；
④ 将应急发射机开关拨出放置 ON 的位置，信号发出；
⑤ 救护完毕，将开关放在 OFF 位置。

便携式应急定位发射机有两种触发方式，平时开关在 ARMED 位置，使用时间为 24 小时。

(四) 注意事项

(1) 使用自动式应急发报机应注意的问题
① 在海水中，5 秒钟后即可发报，在淡水中要 5 分钟后才发报；
② 套子内，只能放水、咖啡、果汁或尿，不能放入油；
③ 陆地使用时，周围不能有障碍物，不要倒放或躺放；
④ 每次只使用一个；
⑤ 存放在舱内的发报机如果没有塑料套子，另取一个塑料袋，把发报机放入袋内；
⑥ 关闭时，将发报机从水中取出，天线折回，躺倒放在地上。

(2) 便携式应急定位发射机应注意的问题：
① 操作温度：-20℃～55℃
储藏温度：-55℃～85℃；
② 为了降低自放电，环境温度在 20℃被视为最佳贮存温度；
③ 使用时天线保持在垂直位置；
④ 周围无障碍物；
⑤ 信号灯在使用之前必须是完全关闭状态。

第三节 灭火设备

一、手提式海伦灭火瓶

(一)适用范围

手提式海伦灭火瓶(如图4-32所示)适用于任何类型(A、B、C、D类)的火灾,最适用于油脂类、电器类的失火。

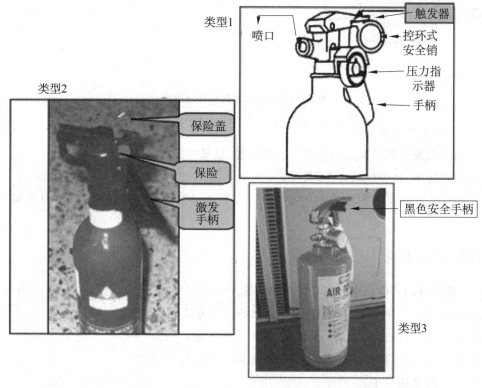

图4-32 海伦灭火瓶

(二)使用方法

1. 类型1

(1)垂直握住瓶体;

(2)快速拔下带环的安全销;

(3)握住手柄和触发器,将灭火瓶距离火源2~3米,喷嘴对准火源底部边缘;

(4)压下顶部由外向里做圆圈状喷射;

(5)喷射时间:10秒。

2. 类型 2

(1) 打开保险盖；

(2) 喷嘴对准火源底部边缘，保持 2～3 米的距离；

(3) 握住激发手柄，喷向火的底部边缘；

(4) 喷射时间：7 秒。

3. 类型 3

(1) 按下黑色安全手柄；

(2) 垂直握住瓶体；

(3) 握住手柄和触发器，将灭火瓶距离火源 2～3 米，喷嘴对准火源底部边缘；

(4) 移动灭火瓶喷向火的底部边缘；

(5) 喷射时间：10 秒。

（三）注意事项

(1) 海伦灭火器喷出的是气化雾（很快被气化了），而这种汽化物是一种惰性气体，可以隔绝空气使火源被扑灭，当表层的火被扑灭后，里层仍有余火，应随后将火区用水浸透（电器失火禁用）；

(2) 瓶体不要横握或倒握；

(3) 不能用于人身上的火灾，以免造成窒息。

（四）飞行前检查

1. 类型 1

(1) 在指定位置并固定好；

(2) 安全销是在穿过手柄和触发器的适当位置，并由铅封封好；

(3) 压力表指针指向绿色区域。

2. 类型 2

(1) 在指定位置并固定好；

(2) 保险在固定位（显示红色圆点）；

(3) 保险盖处于关闭位。

3. 类型 3

(1) 在指定位置并固定好；

(2) 黑色安全手柄在位，铅封完好；

(3) 压力表指针指向绿色区域。

二、水灭火瓶

水灭火瓶（如图 4-33 所示）分为轻型手提式水灭火瓶和 16 磅重型水灭火瓶。

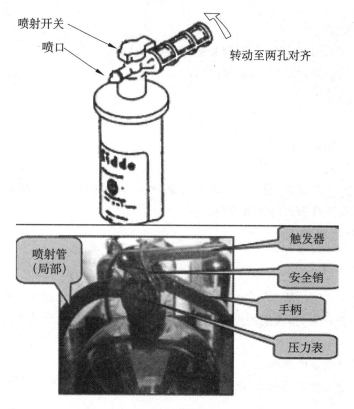

图 4-33 水灭火瓶

（一）适用范围

适用于一般性火灾的处理（A 类），例如纸、木、织物等。

（二）使用方法

1. 轻型手提式水灭火瓶

（1）垂直握住瓶体；

（2）向右转动手柄；

（3）喷嘴对准火源底部边缘，保持离火源 2~3 米的距离，按下触发器；

（4）移动灭火瓶喷向火的底部边缘；

（5）喷射时间大约 40 秒。

2. 16 磅灭火瓶：使用方法与手提式海伦灭火瓶类型 1 相同。

（三）注意事项

（1）不能用于电器和油类火灾；

（2）瓶体不要横握和倒握；

（3）瓶内装有防腐剂，不能饮用。

（四）飞行前检查

1. 轻型手提式水灭火瓶
(1) 在指定位置并固定好；
(2) 铅封处于完好状态，无损坏。
2. 16 磅灭火瓶：检查方法与手提式海伦灭火瓶类型 1 相同。

三、16 磅海伦灭火瓶

（一）适用范围

16 磅海伦灭火瓶（如图 4-34 所示）适用于任何类型（A、B、C、D 类）的火灾，最适用于电器和油脂类失火。

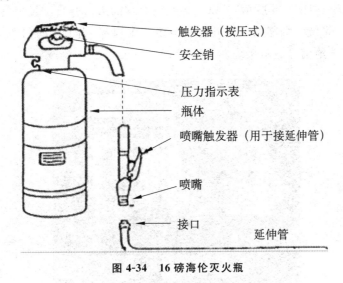

图 4-34　16 磅海伦灭火瓶

（二）使用方法

(1) 从固定架上取下灭火瓶；
(2) 握住手柄，保持瓶体直立；
(3) 拔下安全销；
(4) 用力按下顶部触发器；
(5) 喷嘴对准火源底部边缘，保持 2～3 米的距离；
(6) 按下喷嘴触发器喷射；
(7) 喷射时间大约 12 秒。

（三）注意事项

(1) 此类灭火瓶一般用于大面积失火和机内货仓失火；

(2) 其他与手提海伦灭火瓶相同。

(四) 飞行前检查

(1) 在指定位置并固定好;
(2) 安全销插好,铅封完整。

四、卫生间灭火系统

烟雾报警装置可以及早发现突发的火情并自动发出警报。卫生间灭火系统包括烟雾报警系统和自动灭火系统两部分。

(一) 烟雾报警系统

烟雾报警系统(如图 4-35 所示)可以及早发现突发的火情并自动发出警告,它包括烟雾感应器和信号显示系统。烟雾感应器安装在卫生间内顶部,当卫生间内的烟达到一定浓度时,通过它的感应传给信号显示系统。

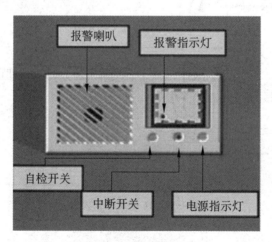

图 4-35 烟雾报警系统

当洗手间内的烟达到一定浓度时,探测器将自动启动,洗手间内的报警扬声器会自动发出连续不断的"叮咚"报警声,同时洗手间门外壁板上的红色报警指示灯闪亮,在前乘务员控制面板及后乘务员显示面板处的 SMOKE LAV 灯亮,位于客舱天花板上的区域呼叫显示灯的黄色灯亮。当需要关断信号系统时,按下感应器侧面的按钮,即可截断声音,关闭指示灯,再次感应烟雾情况。主任乘务长登机时要检查主控板显示灯状态,各舱位负责洗手间的乘务员要检查烟雾报警器有无任何覆盖物,待命状态是否良好。

烟雾报警器在正常工作时,有一个绿色的能量指示灯亮;如果此灯不亮,代表烟雾报警器不能正常使用。此时如果在地面,乘务员要填写客舱记录本,报告机长,通知维修人员进行维修;如果在空中,乘务员要检查洗手间垃圾箱有无火情,并锁上该洗手间门,贴上不能使用标签,并填写客舱记录本。

(二)自动灭火系统

(1) 位置

每个卫生间的盆池下面都有一个自动灭火装置(如图 4-36 所示),里面包括一个海伦灭火器和两个指向废物箱的喷嘴,当达到很高温度时,两个喷嘴向废物箱内喷射海伦灭火剂。

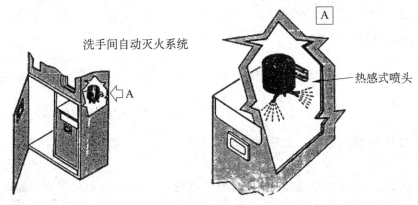

图 4-36 自动灭火装置

(2) 工作原理

通常情况下温度显示器为白色,2 个喷嘴用密封剂封死,当环境温度达到 77~79℃时,温度指示器由白色变成黑色,喷嘴的密封剂自动溶化,灭火器开始喷射,当灭火剂释放完毕后,喷嘴尖端的颜色为白色。

(三)使用时间

喷射时间为 3~15 秒。

(四)飞行前检查

检查温度指示器是否为白色圆点,如果不是报告机长和地面机务人员。

(五)飞机起飞前

乘务组尽快完成《安全须知》录像播放和客舱安全检查,之后主任乘务长/乘务长通过内话系统通知飞行机组"客舱准备完毕",机长决定起飞前必须确认上述信息沟通完成,并给客舱起飞信息。

第四节 氧气设备

一、氧气面罩

氧气面罩是在客舱释压紧急情况时为乘客及客舱乘务员提供氧气的工具,当座舱高度达到 14 000 英尺时,氧气面罩储藏箱的门自动打开,氧气面罩会自动脱落。

(一) 位置分布

乘客氧气面罩位于每一排乘客座椅上方氧气面罩储藏箱内和洗手间马桶上方及客舱乘务员座椅上方。B737-800 飞机,每一排的数量多于座椅数量 2 个;每个客舱乘务员座椅上方有一个;洗手间马桶上方 2 个。

(二) 供氧方式

氧气面罩的氧气由氧气面罩储藏箱内的化学氧气发生器提供。氧气面罩储藏箱的门可以通过三种方式打开。

(1) 自动方式

当客舱释压后,氧气面罩储藏箱的门自动打开,氧气面罩自动脱落。

(2) 电动方式

当自动方式失效,在任何高度由机组操作驾驶舱内的一个电门,氧气面罩储藏箱的门也可以打开,氧气面罩自动脱落。

(3) 人工方式

当自动和电动方式都无法打开氧气面罩储藏箱的门时,可用人工方式,客舱乘务员可以使用尖细的物品,例如笔尖、别针、发卡等打开氧气面罩储藏箱的门,使氧气面罩自动脱落。

(三) 氧气面罩结构

(1) 化学氧气发生器;
(2) 化学氧气组件安装盒及盖子;
(3) 系紧绳;
(4) 供氧软管;
(5) 氧气面罩;
(6) 氧气储气袋;
(7) 流量指示器(如图 4-37 所示)。

(四) 使用方法

(1) 当氧气面罩脱落后,用力拉下面罩;
(2) 将面罩罩在口鼻处;
(3) 把带子套在头上;
(4) 进行正常呼吸(如图 4-38 所示)。

(五) 注意事项

(1) 每一排乘客人数不得超过氧气面罩数量;
(2) 氧气面罩只有在拉动面罩后才开始工作,拉动一个面罩可使该氧气储藏箱内所有

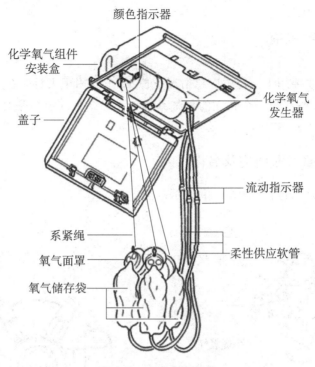

图 4-37 氧气面罩结构

图 4-38 氧气面罩使用方法

的面罩都有氧气流出；

（3）化学氧气发生器工作时不要用手触摸，以免烫伤；

（4）氧气面罩不能做防烟面罩使用，不要将使用过后的氧气面罩放回储藏箱内。

（六）使用时间

氧气流动时间为12分钟，不能关闭。

二、手提式氧气瓶

手提式氧气瓶主要用于飞行中应急情况下使用,主要用于飞行时在飞机座舱内游动医疗救助,每一个氧气瓶都是一个独立的氧气系统。手提式氧气瓶多是高压氧气瓶,在 70°F 时其充气压力达到 1 800PSIG。

(一)手提式氧气瓶结构及名称

手提式氧气瓶结构包括(如图 4-39 所示):

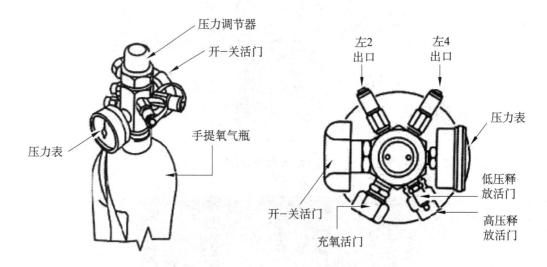

图 4-39　手提式氧气瓶结构及名称

氧气瓶上有压力表,显示氧气瓶的压力,同时也显示了氧气瓶内的氧气量。关断活门用于控制高压氧气瓶供到头部连接组件。氧气瓶头部连接组件内有压力调节器,可以调节供往氧气面罩的压力和流量。关断活门顺时针方向转动是关闭,逆时针方向转动是打开。只有插入氧气面罩接头才会有氧气流到氧气面罩。

氧气瓶的使用时间受三个因素影响:氧气瓶的标定压力,氧气瓶的容量和供氧时高度。不同机型的手提氧气瓶容量是不一样的,氧气瓶容量分别为 311 立升、310 立升和 120 立升。

(二)供氧方式及使用时间

(1) 311 立升的氧气瓶使用高流量出口(HI),流量为每分钟 4 立升,使用时间 77 分钟,使用低流量出口(LO),流量为每分钟 2 立升,使用时间 155 分钟。

(2) 310 立升的氧气瓶使用高流量出口(HI),流量为每分钟 4 立升,使用时间 77 分钟,使用低流量出口(LO),流量为每分钟 2 立升,使用时间 155 分钟。

(3) 120 立升的氧气瓶使用高流量出口(HI),流量为每分钟 4 立升,使用时间 30 分钟,使用低流量出口(LO),流量为每分钟 2 立升,使用时间 60 分钟。

（三）使用方法

氧气瓶按以下步骤使用（如图 4-40 所示）：
(1) 检查氧气瓶、压力表指针在 1 800PSI（磅力/平方英寸）为正常（红区）；
(2) 插好面罩；
(3) 打开供氧开关。

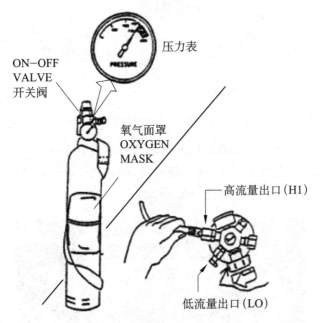

图 4-40　手提式氧气瓶使用方法

（四）注意事项

使用时应注意：氧气面罩要完好，使用前要进行消毒清洁。避免氧气与油或脂肪接触，擦掉浓重的口红或润肤油。开氧时速度要慢，边开边询问客人的感觉，直到客人感觉合适为止。肺气肿患者要使用低（LO）流量。氧气用到 500PSI 时，停止使用，便于紧急情况下机组、乘务员使用。

第五节　其他设备

一、急救箱

急救箱（如图 4-41 所示）用于对乘客或机组人员受伤的止血、包扎、固定等应急处理。
急救箱适用于机上出现外伤或需取用其中用品时。使用前一定要详细询问病人的病史、过敏史等。经过急救训练的客舱乘务员、在场的医务人员或经过专门训练的其他人员均

图 4-41　机载急救箱

可打开并使用急救箱里的物品,但非本航班的客舱乘务员应在打开箱时出示相关的证书证件,用后客舱乘务员要做好相应记录,按公司要求,乘务长或机长应在记录单上签字。急救箱内配备了相应药品和医疗器械(如图 4-42 所示)。

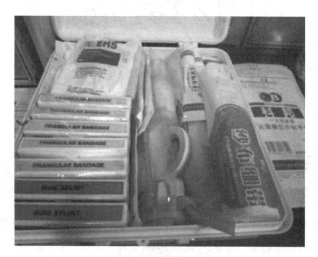

图 4-42　机载急救箱药品

急救箱内至少应当配备以下相应药品和医疗器械(如表 4-2 所示)。

表 4-2　急救箱内配备物品清单

项目	数量
绷带,3 列(5cm)、5 列(3cm)	各 5 卷
敷料(纱布),10cm×10cm	10 块
三角巾(带安全别针)	5 条
胶布,1cm、2cm(宽度)	各 1 卷
动脉止血带	1 条
外用烧伤药膏	3 支

续表

项目	数量
手臂夹板	1 副
腿部夹板	1 副
医用剪刀 1 把、医用橡胶手套	2 副
皮肤消毒剂及消毒棉	适量
单向活瓣嘴对嘴复苏面罩	1 个
急救箱手册(含物品清单)	1 本
事件记录本或机上应急事件报告单	1 本(若干页)

机载急救箱的数量因乘客座位数的多少而不同。每架飞机在载客飞行中所配急救箱的数量不得少于下表规定(如表 4-3 所示)。

表 4-3 急救箱配备数量

乘客座位数	急救箱数量
100 以下(含 100)	1
101～200	2
201～300	3
301～400	4
401～500	5
500 以上	6

二、应急医疗箱

应急医疗设备适用于飞行期间紧急医疗事件造成的乘客或机组人员受伤、飞行期间乘客或机组人员的意外受伤或医学急症的应急处理。应急医疗箱(如图 4-43 所示)是指为机组人员和需治疗的乘客提供基本的急救药品。

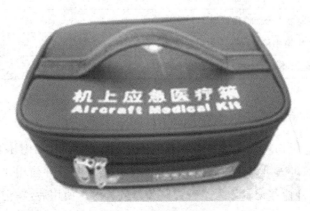

图 4-43 应急医疗箱

(一)应急医疗箱飞行前检查

存放在飞机的指定位置,铅封完好,且应急医疗箱已上锁,如果铅封或封条已被撕开,客舱乘务员应检查应急医疗箱内的药品、器械有无缺损,并填写《药箱使用反馈信息卡》。

(二)应急医疗箱相关规定

(1)每架飞机在载客飞行时应当至少配备一只应急医疗箱;
(2)应急医疗箱应当能够防尘、防潮,其存放位置应当避免高温或低温环境;
(3)应急医疗箱内配备至少应当配备以下相应药品和医疗器械(如表4-4所示)。

表4-4 应急医疗箱内配备物品清单

项目	数量
血压计	1个
听诊器	1副
口咽气道(三种规格)	各1个
静脉止血带	1根
脐带夹	1个
医用口罩	2个
医用橡胶手套	2副
皮肤消毒剂、适量消毒棉签(球)	适量
体温计(非水银式)	1支
注射器(2ml、5ml)	各2支
0.9%氯化钠	至少250ml
1:1 000肾上腺素单次用量安瓿	2支
盐酸苯海拉明注射液	2支
硝酸甘油片	10片
醋酸基水杨酸(阿司匹林)口服片	30片
应急医疗箱手册(含药品和物品清单)	1本
事件记录本或机上应急事件报告单	1本(若干页)

(三)应急医疗箱的使用

如果机上出现急重伤病乘客需要使用应急医疗箱里的物品(如图4-44所示),客舱乘务员要通过广播寻找医务人员以获得帮助。当医务人员要求打开并使用应急医疗箱里面的物品时,客舱乘务员要确认并记录该人是否为医务人员身份。使用后,在记录单上的相应位置请机长、使用医生和客舱乘务员本人签字。此外,须将使用过的注射器放入急救药箱中以便妥善销毁。

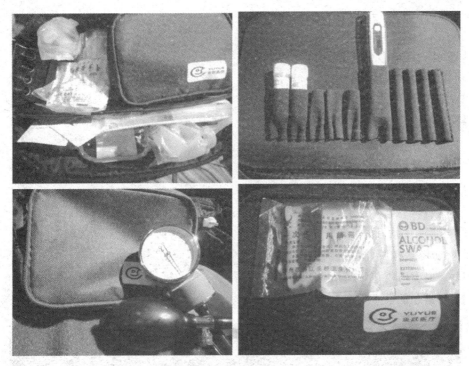

图 4-44 应急医疗箱内物品

三、卫生防疫包

卫生防疫包(如图 4-45 所示)用于清除客舱内血液、尿液、呕吐物和排泄物等潜在传染性物质,护理可疑传染病病人。使用卫生防疫包对潜在传染性物质进行消毒处理时,应遵循传染病卫生防护原则,按照处理传染性及消毒技术规范的程序操作。

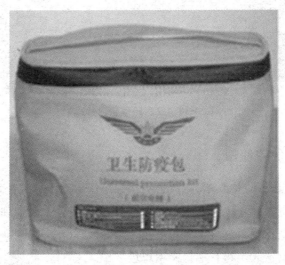

图 4-45 卫生防疫包

(一)卫生防疫包内物品(如图 4-46 所示)

(1)液体、排泄物消毒凝固剂;
(2)表面清理消毒片;
(3)皮肤消毒擦拭纸巾;
(4)便携拾物铲;
(5)生物有害物专用垃圾袋;
(6)大块吸水纸(毛)巾;
(7)医用口罩;
(8)医用眼罩;
(9)医用橡胶手套;
(10)防渗透橡胶(塑料)围裙;
(11)《卫生防疫包物品清单及使用说明》;
(12)《紧急医学事件报告单》。

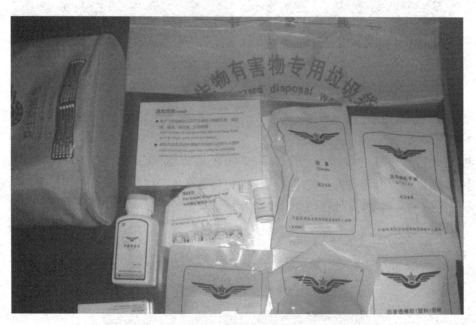

图 4-46 卫生防疫包内物品

(二)卫生防疫包的使用

(1)穿戴好医用口罩、防护眼罩、防渗透围裙和医用橡胶手套等个人防护用品。
(2)表面清理消毒杀菌片按 1:500~1:1 000 浓度配置表面清理消毒杀菌剂作用。
(3)液体排泄物消毒凝固剂均匀覆盖潜在传染性液体 3~5 分钟。
(4)凝固的污染物铲入生物有害物专用垃圾袋中。
(5)用表面清理消毒杀菌剂在表面消毒至少两次,每次不少于 5 分钟。

（6）脱下防护眼罩、医用口罩、防渗透围裙和医用橡胶手套，放入生物有害物专用垃圾袋中。

（7）用皮肤消毒擦拭纸巾擦手及可能接触到污染物的部位。

（8）将以上可疑被污染的物品一并放入生物有害物专用垃圾袋后，密封，标示机型、航班号、日期等信息，放入后舱一洗手间并锁闭。

（9）填写《机上事件报告单》。

（10）通知相关部门对生物有害物进行无害处理。

本章小结

应急设备是飞机在紧急情况下，为了避灾、逃生和救护，供民航乘务员和乘客使用的设备的总称，主要包括应急供氧设备、应急出口、应急滑梯、灭火设备等。应急设备是降低事故给乘客造成伤害的重要设备。

综合练习

1. 飞机上的救生衣中，机组救生衣颜色是（　　）。
   A. 红色　　　　　B. 绿色　　　　　C. 蓝色　　　　　D. 黄色
2. 飞机上手提式灭火器的喷射距离火源（　　）。
   A. 1～2 米　　　B. 2～3 米　　　C. 3～4 米　　　D. 4 米以上
3. 飞机的应急发报机的电台发射频率为（　　）。
   A. 民用 121.5MHZ　　　　　　B. 军用 243MHZ
   C. 卫星 406MHZ　　　　　　　D. 商用的频率
   E. 交通的频率

【练习答案】

1. A　　2. B　　3. ABC

第五章

应急处置

学习目标

- 掌握应急处置的基本原则；
- 熟悉撤离口的选择、撤离时间、救生船平衡、跳滑梯姿势、援助者挑选、防冲撞姿势、撤离前安全检查及各项准备、撤离后任务等基本知识；
- 能对照应急撤离准备检查单完成撤离前准备，掌握有准备的应急撤离处置程序、有限时间准备的应急撤离处置程序、无准备应急撤离处置程序；
- 熟悉应急广播和陆地（水上）撤离指挥口令。

导引案例

全美航空1549号航班乘客讲述：坠机让我学到的三件事

全美航空1549号班机是一班从纽约拉瓜迪亚机场到北卡罗来纳州的夏洛特，再飞往西雅图的每日航班。该航班在2009年1月15日那天起飞后六分钟在纽约哈德逊河紧急迫降。

当天下午，肇事空中客车A320客机编号N106US，由机长切斯利·萨利·萨伦伯格负责执行，于下午3时26分在纽约拉瓜迪亚机场起飞。但起飞一分钟左右，机长向机场塔台报告，指飞机上两具引擎都遭受鸟击而失去动力，要求立即折返机场。机场方面随即指示1549号班机立即折返，但沙林博格机长发现不能掉头折返机场，于是准备安排客机飞往新泽西的泰特伯勒机场作紧急降落；但其后机长又发现当时飞机的高度及下降速率，无法让客机安全降落于泰特伯勒机场。于是，机长决定避开人烟稠密地区，冒险让客机紧急降落在贯穿纽约市的哈德逊河上。拉瓜迪亚塔台在机长告知即将降落哈德逊河23秒后失去与班机联系。

飞机飞进哈德逊河河道上空，并以滑翔方式缓缓下降。飞机机尾首先触水，其后以机腹接触水面滑行，飞机左侧的一号引擎于水面滑行期间脱落沉入河底。最后，飞机于曼克顿附近停止滑行，机身大致保持完整，机上全体人员全部生还。

下面为2011年当事乘客RICELIAS的TED演讲《坠机让我学到的三件事》。

想象一个人爆炸，当你在三千多英尺的高空想象机舱内布满黑烟，想象引擎发出喀啦、喀啦、喀啦、喀啦、喀啦的声响，这声响很可怕，那天我的位置很特别，我坐在1D，我是唯一可以和空服员说话的人，于是我看着他们，他们说"没问题，我们应该只是撞上鸟了"，机长已经把机头转向，我们离目的地很近，已经可以看到曼哈顿了，两分钟以后，三件事情同时发生，机长把飞机对齐哈德逊河，一般的航道可不是这样，他关上引擎，想象一台没有声音的飞机，然后他说了几个字，我听过最不带情绪的几个字，他说："即将迫降，小心冲击"，我不用再问乘务员什么了，我可以从她的眼神中看到恐惧，人生就此结束了。

现在我想和你分享那天我所学到的三件事，瞬间内一切改变了，我们的人生目标清单，那些我们想做的事，所有那些我想联络却没有联络的人，那些我应该修补的围墙，人际关系，所有我想要经历却没有经历的事，之后我回想那些事我想到一个说法，那就是"我收藏的酒都很差",因为如果酒已成熟,对象也有,我早就把酒打开了,我不想再把任何事延后,这种急迫的目的性,改变了我的生命。

我所学到的第二件事,是正当我们通过乔治华盛顿大桥,那也没过多久,我想:哇,我只有一件真正后悔的事,虽然我犯了些错,但我的生命其实不错,我试着把每件事做得更好,但因为人性我难免有些以自我为中心,我后悔竟然花了许多时间和生命中重要的人讨论那些不重要的事,我想到我和妻子和朋友和人们的关系,之后,我回想这件事我决定除掉我人生中的负面情绪,还没完全做到,但好多了,过去两年我从未和妻子吵架,感觉很好,我不再尝试争论对错,我选择快乐。

我所学到的第三件事,当你脑中的时钟开始倒数,"15、14、13",看到旁边的水位开始上升,心想"拜托爆炸吧",我不想这个东西碎成20片,像纪录片里那样,当我们逐渐下沉我突然感觉到:哇,死并不可怕,就像是我们一直在为此做准备,但很令人悲伤,我不想就这样离开,我热爱我的生命,这个悲伤的主要来源是,我只期待一件事,我希望我能够看我的孩子长大,一个月以后,我参加女儿的表演,她一年级,没什么艺术天分,就算如此,我仍然泪流满面,像个孩子,让我的世界重新有了意义,当时我意识到,把这两个事件连上,其实我生命中唯一重要的事,就是成为一个好父亲,这比任何事情都重要,我人生中唯一的目标就是做个好父亲。

那天我经历了一个奇迹,我活下来了,同时我得到另一个启示:像是看见自己的未来再回来,改变自己的人生,我鼓励今天要坐飞机的各位,想象着是一样的事发生在你身上,最好不要,但想象,你会如何改变?有什么是你想做却没做的,因为你觉得你会有其他机会做它?你会如何改变你的人际关系,不再如此负面?最重要的是,你是否尽力成为一个好的父母?谢谢各位。

(来源:凤凰网历史)

第一节 应急处置基本原则和基本知识

一、应急处置的基本原则

(一)听从机长指挥

前面的案例中,萨利机长在通信完全中断的情况下,操纵丧失动力的庞大飞机小心翼翼地滑行至哈德逊河道上空,首先让机尾入水,随后用机腹触水滑行,并缓缓在曼克顿附近河面上停住。飞机刚停下,机长便从容指挥乘客按照先妇孺后男子的顺序有序快速撤离,自己反复检查客舱两遍,确信空无一人后才最后撤退,尽管机身此时已开始下沉,但所有乘客和机组人员都有秩序地站在机翼或紧急充气救生滑梯上等候救援。这次罕见的水上迫降的成功得益于机长的有效指挥。

相比之下,1996年11月23日埃塞俄比亚航空961航班就不那么幸运了。该航班在遭劫持和燃油耗尽的情况下,绝望的劫机者和机组人员发生了搏斗,机长在心有旁骛的情况下仍然向全体乘客作了"穿上救生衣,千万不要充气"的正确指令,随后操纵飞机降落在离科摩罗岛加拉瓦海滩500米外的海面上迫降。

飞机在着水后迅速断裂成三截并开始沉没,机上许多乘客此前并未听从机长指令,不但穿上救生衣而且充了气,结果他们被灌入机舱的海水挤到飞机天花板上,无法顺利从应急出口逃生,导致伤亡惨重,全部175名乘客和机组人员中,仅有50人生还,3名劫机者也死于非命,但机长和副机长却死里逃生。事后调查显示,正副机长应对正确,令部分乘客得以生还,因此他们两人获得奖励,并继续从事飞行工作。

(二)迅速正确的判断

客舱乘务员在平常飞行中要熟悉客舱的应急设备,对于紧急设备的位置、用途、使用方法、注意事项、出口的位置、撤离路线的划分,都要铭记在心中,牢记应急撤离程序,要有过硬的心理素质。在出现险情时,能临危不乱,能做出正确的判断,及时向机长、乘务长报告,听从机长和乘务长的指挥,快速应对,密切配合,维持客舱秩序,迅速指挥乘客撤离。

客舱乘务员应严格执行安全规章制度,对设备的检查和客舱巡视的操作要细致严谨。曾有客舱乘务员在航前摆放餐食时,发现烤箱架上的油污太厚,致使烤餐时出现焦味,及时报告机长,消除了空中火灾隐患。

全美1549航班哈德逊河迫降案例中,当飞机着水时,后舱乘务员及时发现机尾低于水平面,判断不适宜打开后舱进行紧急撤离。在紧急情况下,乘务员须能够应用自我知识及时准确地归纳客舱状况,适时地向机长、乘务长反馈情况,保障管理者对客舱的正确监控。

(三)准备处置的措施

客舱乘务员在飞机空中遇险的情况下,须在机长给予的有限准备时间内,指导乘客做好各项防范保护措施,以减低乘客在非正常下降过程中的伤亡率或免除无谓伤亡。

(四)随机应变

每名机组人员都应该具备全面的安全知识和安全事件处置能力,但会由于经验的多少和安全意识的强弱,在工作中有不同的表现。2008年1月17日,英国航空公司一架波音777-236ER客机执行自北京首都机场至伦敦希斯罗机场的BA038航班任务,飞机抵希斯罗机场上空准备降落时,两台发动机因燃油系统结冰,在7秒内突然全部失灵,由于此时客机已进入着陆航线,速度和高度都不足(高度仅150米),十分危险,机长皮特·伯吉尔和副驾驶约翰·科沃德遇变不慌,操纵客机掠过机场27L跑道尽头,在跑到前方1000英尺附近的草坪上紧急制动,客机虽完全报废,但全体乘员152人却都活着,他们随后在机组人员引导下,从逃生滑梯全部脱险,仅1人重伤,46人轻伤,正副机长因其出色的应急表现,获得了英雄般的赞誉和奖励。

(五)沉着冷静

乘务员必须注重平时对心理素质的培养,特别在紧急情况下乘务员更应不慌乱,保持沉着冷静、清醒镇定。这是乘务员对情况做出准确判断,并采取迅速行动的重要前提。它不仅能够起到安抚旅客情绪的作用,而且也是让旅客配合我们做好撤离工作的重要条件。实事求是地说,要求乘务员在紧急情况下保持沉着冷静、清醒镇定的心理素质不是件容易的事,国内外航空公司都有这样的案例,当紧急情况发生以后旅客还没有慌张,个别乘务员自己已经吓得一塌糊涂,有的甚至在旅客面前大哭等,造成非常不好的后果。

客舱乘务员是受过专业训练的。在紧急情况下,乘务员应镇定、冷静地喊出"我们是经过职业训练的,请相信我们"的口令,在特情处置中表现沉着冷静、随机应变。只有乘务员表现冷静、镇定,乘客才能减少恐惧和避免客舱混乱。

(六)维持秩序

"哈德逊河奇迹"之所以能够出现,原因是多方面的。除机长应对正确之外,乘客在机组人员组织下遇变不慌,有序撤离,延缓了飞机沉入河底的时间,争取了宝贵的自救机会;河上船只、附近的警方和消防队没有被突如其来的变故弄得不知所措,纷纷做出了当时情况下最合适的反应。

(七)团结协作

2015年7月,某航空公司台州至广州航班发生一起机上纵火事件。机上9名机组成员临危不惧、协同配合、果断处置,成功扑灭明火、稳定客舱秩序、制服犯罪嫌疑人。飞机安全着陆,机组人员的临危不乱和团结协作确保了机上97名乘客生命财产安全和航空器安全,避免了更大的损失。

二、应急处置的基本知识

紧急撤离也叫应急撤离,分为陆地撤离和水上撤离两种。从准备撤离的时间上可分为:有准备的紧急撤离、有限时间准备的紧急撤离、无准备的紧急撤离。飞机遇险,需要紧急撤离时,飞行机组和乘务组都有相应的预案和应急操作程序,而且都经过了严格训练,并且每年都会定期复训演练。

当出现机体有明显损伤、机上有烟雾火灾无法控制、燃油严重泄露、机上有爆炸物、飞机迫降、机长认为必须执行紧急撤离程序才能保障飞机和人员安全的情况时,机长有权下达执行紧急撤离程序的指令。

(一)撤离出口和撤离方向选择

飞机迫降后,乘务员应判断机体状态,决定使用哪些出口。
(1)正常迫降着陆
在无烟无火无障碍的情况下,所有出口均能使用。
(2)前起落架和主起落架折断
飞机腹部着地,因发动机触地,可能导致火灾,故翼上出口不能使用,其他出口视情况使用。

(3) 前起落架折断

在无烟无火无障碍的情况下,所有出口均能使用。但因前起落架折断,后舱门离地过高,滑梯长度不够,应视情况使用。

(4) 飞机尾部拖地

在无烟无火无障碍的情况下,所有出口均能使用。但前舱门离地过高,滑梯长度不够,应视情况使用。

(5) 主起落架一侧折断

折断一侧的发动机触地,可能引发火灾,故折断一侧的翼上出口不能使用,其他出口视情况使用。

另外,水上迫降时一般不使用翼上出口,其他出口应视浸水情况而定,当水面高于地板高度时,不能使用滑梯。

(二) 撤离时间和撤离方向

2006年3月29日,空中客车A380飞机乘客疏散测试成功地通过了欧洲航空安全局和美国联邦航空局的认证。该测试于3月26日在德国汉堡成功进行。测试期间,853名乘客和20名机组成员仅用78秒就全部撤离了飞机。据此,官方确认A380-800飞机的最大载客量为853人(如图5-1所示)。按照规定,A380飞机乘客疏散测试是在完全黑暗的情况下进行的,而且只能使用飞机客舱16个出口中的8个。这些由官方选定的出口在测试前并未告知乘客和机组人员。

图 5-1 A380 紧急撤离测试

该次撤离演示是成功的,所有参与者都是有心理准备的。而现实情况不一定完全一致,一旦机舱里有烟雾,所有乘客惊慌失措,会有乘客试图拿行李,撤离通道可能会受到阻挡,会有人拥挤踩踏,有些人站在滑梯前不敢跳,这些都会降低撤离效率和生存概率。要提高撤离效率,需要依靠机组平时的训练和镇静的指挥,靠乘客自己的安全意识和心理准备。

FAA和JAA的法规和民航的相关法规中都要求,任何飞机,在90秒内,必须完成撤离。此时间是从飞机完全停稳到机上最后一个人撤离为止。水上撤离的时间一般为120秒,飞机在水面上漂浮最少13分钟,最多不会超过60分钟。

乘务员和机组人员在撤离机体后,应迅速判断风向,告知幸存者往正确方向汇合。

陆地撤离应选择在风上侧躲避,远离飞机至少100米(如图5-2所示);水上撤离应选择在风下侧,远离燃油区和燃烧区。

图 5-2　撤离方向选择

（三）指挥

出现应急情况时,机上全体成员必须听从机长指挥,机长失去指挥能力时,机组其他成员按指挥权的阶梯规定下达命令。在飞行期间,如果客舱机组成员无法履行号位职责时,应遵循以下原则：

(1) 乘务长无法履行号位职责

由有过乘务长经历或通过乘务长培训的乘务员接替履行其职责；如果无上述人员则选择该机型经历时间最长的乘务员接替,其余乘务员号位由接替者重新划分。

(2) 乘务员无法履行号位职责

由带班乘务长重新进行号位划分。

紧急撤离时由机长下达撤离指令,一名区域乘务长或乘务员先下飞机负责地面（水上）指挥；乘务员开门后应立即封住出口（如图 5-3 所示）,待滑梯（救生船）完全充气（展开）后,迅速指挥乘客有序撤离。当负责门和出口不能使用时,乘务员要告知该出口不能使用（如图 5-4 所示）,阻止乘客打开不能使用的出口,迅速指挥乘客选择其他脱出口。跳滑梯时,有序指导乘客"撤离！到这边来！跳！滑！",水上撤离时指导乘客在上船前将救生衣充气。

（四）援助者选择

援助者包括乘坐飞机的机组人员、航空公司的雇员、军人、警察、消防人员、身强力壮的男性乘客。

飞机上设置"紧急出口",是为了保障全体乘客的生命安全。坐在这个位置的乘客,在享受宽敞座位的同时,也要承担起"守护者"的责任。

图 5-3　乘务员封门

图 5-4　此出口不能通行

在飞行和降落过程中，如果发生意外事故，在机长发出指令疏散乘客时，坐在紧急出口的人，应该协助空乘人员，打开紧急出口舱门，放置好逃生滑梯或气垫，协助其他乘客逃生等（如图 5-5 所示）。

在紧急情况下，出口座位的乘客要充当乘务员的援助者，在乘务员打开应急门之后要帮助乘务员拦住客舱涌来的乘客直到滑梯完全充气，以免由于充气不足在撤离时对乘客造成伤害。滑梯完全充气后，在陆上撤离时，一名援助者要先滑下飞机，指挥乘客往风上侧远离飞机 100 米以上处撤离，其余援助者站在应急门旁帮助乘务员指挥乘客脱下高跟鞋有秩序地跳下滑梯。水上撤离时，一名援助者要先从滑梯登上救生船，指挥乘客不要在救生船内站立，均匀分布在船内，其他援助者帮助乘务员指挥乘客脱下鞋子，有秩序地从这里登船。当然紧急情况下乘务员也有可能受伤，如果乘务员受伤不能开门，这时援助者就要负责打开应急门，并在开门之前观察机外情况，如果有烟、火、障碍物，或者机外水位过高等任何一种情况，则这个门不能开启，要指挥乘客从最近的门撤离。等到乘客成功撤离完毕后还要协助受伤的乘务员撤离飞机。表 5-1 是援助者的分工情况。

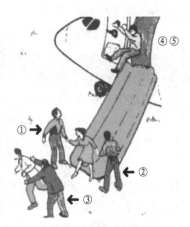

图 5-5　援助者分工

表 5-1　援助者位置及分工

出口	撤离条件	援助者	任务
翼上出口	陆地	1	观察情况，打开窗户，站在机翼上靠近出口的地方，帮助乘客撤离；
		2	站在机翼底下的地面上，协助乘客从机翼滑下；
		3	指挥乘客远离飞机，到安全区域集合。
	水上	1	观察情况，打开窗户，协助使用救生船。把救生船搬运到机翼上，投入水中使之充气后，帮助乘客进入救生船；
		2	进入救生船，帮助安排好乘客；
		3	站在机翼出口旁，帮助乘客撤出，并告诉乘客给自己的救生衣充气。
舱门出口	陆地	1	打开门后，第一个滑下飞机，站在滑梯的左侧，抓住一边，帮助滑下来的乘客；
		2	第二个滑下飞机，站在滑梯的右侧，抓住一边，帮助滑下来的乘客；
		3	第三个滑下，带领并指挥脱出的乘客向集合点集中，远离飞机；
		4	站在脱出口的一侧，与客舱乘务员一起指挥乘客撤离；
		5	在乘务员失去指挥能力时，代替其指挥并告诉援助者解开乘务员安全带的方法。
	水上	1	打开门，协助乘务员搬运船，第一个上船爬到船头坐下，招呼乘客靠近并坐下；
		2	第二个上船，到船的另一边坐下，指挥并帮助其他乘客；
		3	第三个上船，指挥和帮助乘客；
		4	站在客舱门口左侧，招呼乘客过来，告诉他们给自己的救生衣充气；
		5	站在客舱门口右侧，在乘务员失去指挥能力时，代替其指挥乘客并告诉援助者解开乘务员安全带的方法。

● 舱门出口援助者选择

谁愿意做我的援助者？请跟我来！

你是我的1号援助者，如果我受伤，你按箭头方向打开门，拉红色充气手柄，如果我受伤，你要带我离开飞机，我的安全带是这样解开的。如果我没受伤，我开门。滑梯充气后你第一个滑下飞机，站在滑梯的一侧，帮助随后滑下的乘客。

你是我的2号援助者，你第二个滑下飞机，站在滑梯的另一侧，帮助随后滑下的乘客并指示安全地带。

你是我的3号援助者，如果我受伤，你要替代我完成撤离职责。站在这里，指挥乘客撤离。口令是"一个接一个跳、坐"，协助乘客取下锐利物品，如果我没受伤，你第三个滑下飞机，在安全地带集中乘客，救治受伤乘客，禁止乘客吸烟。

在出口确定可用之前，你们要手挽手形成人墙挡住乘客。

明白吗，重复一遍！你们的座位现在在这里。

● 翼上出口援助者选择

你们3个愿意做我的援助者吗？跟我来。

你是我的1号援助者，飞机停稳后，判断外部无烟无火无障碍，像门上图标所示这样打开门，门会自动弹出，你第一个滑下飞机后协助乘客撤离。

你是我的2号援助者，第二个滑下飞机并协助乘客撤离。

你是我的3号援助者，站在出口协助乘客撤离。

明白吗，重复一遍！你们的座位现在在这里。

（五）防冲撞姿势

飞机防冲击姿势有好几种，飞机在紧急着陆的时候，会有猛烈地撞击，安全带能承受和缓冲一定的冲击力，可以保护乘客不被冲出去，但人体的其他部位没有防护很容易受伤，客舱乘务员所示范的各种防冲撞姿势，是经过很多实践总结出的行之有效的防护方法，乘客根据自身状况选择其中一种。当飞机下降到100英尺时，机组报告"100英尺"，乘务员高喊"全身紧迫用力！brace!"的口令，乘客需要一直保持防冲撞姿势，直到飞机停稳。

（1）乘务员

面向机尾方向坐的乘务员要紧紧系牢肩带和座椅安全带，双臂挺直，双手抓紧座椅边缘，头靠椅背，两脚平放用力蹬地（如图5-6所示）。

面向机头方向坐的乘务员要紧紧系牢肩带和座椅安全带，双臂挺直，收紧下颚，双手紧抓座椅边缘，两脚平放用力蹬地（如图5-7所示）。

（2）成年人

成年人乘客系好安全带，身体前倾，头贴在双膝上，双手紧抱双腿，两脚平放用力蹬地，系紧安全带或两臂伸直交叉紧抓前面座椅靠背，头俯下，两脚用力蹬地（如图5-8所示）。

（3）怀抱婴儿的乘客

怀抱婴儿的乘客要将婴儿斜抱在怀里，系好安全带，婴儿头部不得朝向过道，婴儿面部朝上，弯下腰俯下身双脚用力蹬地；或一手抱紧婴儿，一手抓住前面的椅背，低下头，双脚用力蹬地（如图5-9所示）。

第五章 应急处置

图 5-6 乘务员第一种防冲撞姿势　　图 5-7 乘务员第二种防冲撞姿势

图 5-8 成年乘客防冲撞姿势

① ②

图 5-9 抱婴乘客防冲撞姿势

(4) 特殊乘客(肥胖、孕妇、高血压、高大者)

特殊乘客(肥胖、孕妇、高血压、高大者)系好安全带,可双手抓紧座椅扶手,或双手抱头,

115

同时收紧下颚,两腿用力蹬地(如图5-10所示)。

(5)双脚不能着地的儿童

双脚不能着地的儿童系好安全带,可采取将双手压在双膝下,手心向上,弯下腰的方式(如图5-11所示)。

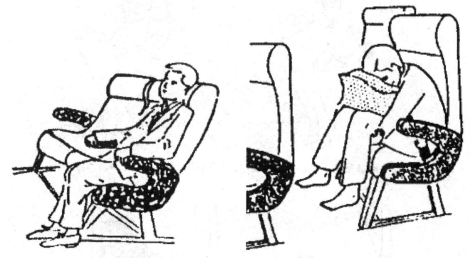

图5-10　特殊乘客防冲撞姿势　　　　图5-11　儿童乘客防冲撞姿势

(6)视障人士携带导盲犬

《残疾人航空运输管理办法》允许导盲犬在航班上陪同具备乘机条件的残疾人,并规定除阻塞紧急撤离的过道或区域外,导盲犬应在残疾人的座位处陪伴。做撤离前准备时,可以在乘客前方座椅下铺上枕头或毛毯,保护导盲犬(如图5-12所示);并告知乘客卸下挽具,套上皮套,在滑梯上由主人牵住动物。

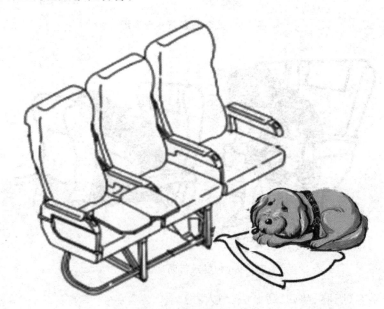

图5-12　导盲犬的位置

（六）跳滑梯姿势

正常成年人跳滑梯时,应双臂平举,拳头轻握,或双手交叉抱臂,从舱内双脚起跳,跳出舱门后手臂不变,也可用手臂协调重心,双腿绷直,后脚跟贴梯面,重心保持直立,勿后仰,到达梯底收腹弯腰,双脚着地跳跃向前跑开,臀部着地或头部着地都会引起损伤(如图5-13所示)。

抱小孩的乘客应将孩子抱在怀里,采取坐姿滑下飞机,儿童、老人、孕妇也采取坐姿(如图5-14所示),但上半身姿态与成年人相同。伤残乘客根据情况自己坐滑或由援助者协助坐滑。

图 5-13　跳滑梯姿势　　　　　图 5-14　坐姿跳滑梯

（七）准备和清舱

乘务员检查负责区域的出口,确保出口处于待用状态,检查厕所无人后锁闭,固定好浮动设备,关闭厨房电源,做好乘客的安全检查工作和防冲撞确认,安排好援助者和特殊乘客、担架乘客的座位,取下身上的尖锐物品,最后做好自身准备和报告。

当乘客撤离完毕后,乘务员清理负责区域,确认无人后报告区域乘务长,确认其他区域无须帮助即可撤离;乘务长/主任乘务长负责最后清舱,向机长报告后确认无须帮助即可撤离;机长做最后检查后,最后一个撤离。

（八）水上迫降

1. 救生衣的使用

乘务员应向乘客介绍救生衣的使用方法。告知乘客机组人员的救生衣是红色的。儿童救生衣要发给陪伴儿童的成年人,由成年人帮助小乘客穿戴好,并在撤离机门前充一部分气,婴儿在飞机着陆抱离座位后充气。并将救生衣的带子扣在成人救生衣的扣环上。

警告成年人救生衣只有在他们撤离舱门时才能充气。因为重启后的救生衣不易经过应急出口,而且如果飞机很快沉入水中,穿着充气的救生衣的乘客很难迅速到达出口处。

2. 救生船的使用

一般情况下圆形救生船不放在飞机上,当跨水飞行时,由机务人员提前装上飞机。各类型圆形救生船在不同机型上的载量和位置也不尽相同(如表5-2所示)。

表5-2 圆形船载量及位置

机型	载量(人)	数量	位置
B737-800	46～69	4	1号船位于头等舱顶部,2号船位于经济舱11排JKL行李架内,3号船位于经济舱18排JKL行李架内,4号船位于经济舱20排ABC行李架内。
B737-700		3	头等舱顶部天花板,经济舱13/14排,15/16排通道顶部天花板。
A319		2	11排JKL行李架上1个,28排ABC行李架1个。
A321-200		1	11～12排DEF行李架。
A320	12～18	1	33排JKL行李架。

注:各航空公司机型配置不同,以上数据仅供参考。

一般情况下L1门船和尾部舱门船最先撤离,R1门船最后撤离,其他各船坐满人后即可撤离。为保持平衡,乘客应先坐救生船尾部再坐前部,坐在船上时双腿要伸直,背靠船舷,人多时应先坐外圈再坐里圈,需要移动要提前提醒他人,并保持爬行姿势移动。

当乘客和机组人员上船后,负责释放救生船的乘务员应马上切断与机体的连接线。使救生船尽快离开飞机。如有落水的幸存者,应立即寻找并利用船上的救生设备将他们营救到船上,对伤势严重者马上实施急救。

当离开燃油泄露去和燃烧区后,将所有船只连接在一起,抛出海锚,进行固定,取出救生包。救生船和人员尽量不要离开飞机太远,方便救援人员第一时间搜寻。一家人尽量在一起,可以带一些毛毯和保暖衣物,不能带个人行李。

第二节 应急撤离程序

一、有准备的应急撤离

有准备的应急撤离是指撤离前有充分的准备时间进行客舱准备和应急广播。一般分为陆上撤离和水上撤离两种情况。

(一)准备

1. 主任乘务长从驾驶舱获取应急迫降的信息,包括紧急情况的性质、采取的着陆方式、可供准备的时间、采取的撤离形式、采取防冲撞姿势的信号等;

2. 了解信息后,乘务长召集乘务员进行信息传达,划分负责区域,明确各区域乘务员职责(B737-800 陆地/水上撤离区域划分及乘务员职责见附录2);

3. 乘务长广播通知乘客迫降的决定;

4. 乘务员检查厕所无人后锁闭,关闭厨房电源及娱乐系统,固定厨房设备及浮动物品;

5. 乘务员对乘客进行安全检查,收直椅背,扣好小桌板,收起脚踏板,系好安全带;

6. 乘务长广播介绍脱出口位置及撤离路线,乘务员拍击乘客座椅逐排进行告知确认;

7. 乘务员选择援助者,调整乘客座位,B747 飞机可以将上舱的乘客安排在主舱的空座位;援助者安排在出口处或者需要帮助的乘客旁就座。特殊乘客安排在紧急出口的第二排中间,同一排座椅不能同时安排两个特殊乘客。担架乘客安排在客舱最后一排;

8. 乘务长告知乘客取下尖锐物品,放松衣服,存放好行李。钢笔、小刀、发夹和珠宝首饰、手表放在行李箱袋内;假牙和眼镜放在自己外衣口袋内;解下围巾和领带,放在行李箱袋内;脱下高跟鞋、皮鞋、带钉子的鞋,放入行李箱袋内,水上撤离应脱掉任何类型的鞋;不要把任何东西放在座椅背后的口袋里,将所有物品和行李袋放入座椅下或行李箱内;脱掉丝袜等尼龙制品衣物,洗净发胶或摩丝等易燃物;

9. 广播表演防冲撞姿势;

10. 救生衣演示(水上)(如图 5-15 所示);

图 5-15 水上撤离准备一救生衣演示(移动端 VR 全景视频)

11. 重新检查固定客舱、厨房设备,清理出口及通道;

12. 乘务员做好自身确认;

13. 各区域乘务员确认准备工作完毕后,报告主任乘务长,主任乘务长确认客舱准备工作完成后,报告机长"乘务组和客舱准备工作完毕";

14. 当机长广播通知"各就各位、各就各位！Attention！Attention！"或"系好安全带灯"多于两次闪烁及铃声时,乘务员必须回到执勤座位坐好并系好安全带和肩带,做防冲撞姿势,回想撤离分工。

表5-3为客舱应急撤离准备的检查项目。

表5-3　客舱应急撤离准备检查单

项目		乘务长	乘务员
通信与协调	机长通知主任乘务长应急撤离决定	完成	
	乘务长召集乘务员开会	完成	完成
	检查/固定厨房设备、松散物品,关闭厨房及娱乐系统,厕所无人锁闭		完成
对乘客简介	乘务长广播通知迫降决定	广播	
	收回餐具、调直座椅靠背、扣好小桌板、系好安全带等	广播	完成
	脱出口介绍	广播	演示
选择援助者	选择出口援助者	广播	完成
	安排乘客志愿协助者	广播	完成
	取下尖锐物品（钢笔、发夹、手表、眼镜、假牙、珠宝首饰等）、存放好行李,穿上衣服、脱下高跟鞋（水上脱下鞋子）、脱下丝袜,弄湿头发	广播	检查
	演示防冲撞姿势	广播	演示
	穿上救生衣（水上）	广播	演示
做最后检查	重新检查客舱、厨房、厕所、出口及通道	完成	完成
	介绍注意事项	广播	
	关闭客舱灯	广播	完成
乘务员个人准备		发布指令	
	穿上制服/机组救生衣	完成	完成
	取下尖锐物品、丝巾、领带、高跟鞋、丝袜	完成	完成
	弄湿头发（水上不需要）	完成	完成
	报告乘务长/机长	完成	完成
	确认手电筒等应携带物品的位置	完成	完成
	系好肩带和安全带,做防冲撞姿势	完成	完成
	回想撤离分工	完成	完成

注：广播内容详见表5-4。

（二）着陆（水）

当机长发出"着陆（水）！着陆（水）！Landing！Landing！"时,乘务员高喊"低头弯腰,紧迫用力！Bend over, brace！",连续大声喊口令直至飞机停稳。

（三）撤离

当飞机着陆（水）停稳后,机长宣布"撤离"命令,如果广播系统失效,"撤离警告鸣响"或

"应急灯亮",乘务员立即组织乘客撤离。

1. 陆地

(1) 判断飞机完全停稳后,解开安全带,确认滑梯预位,观察窗外无烟无火无障碍,打开所需要的舱门和出口(如图 5-15 所示);如果出口外"有烟有火有障碍",迅速封门,指挥乘客去其他脱出口;发现舱门卡阻迅速指挥乘客去其他舱门并尝试二次开门。

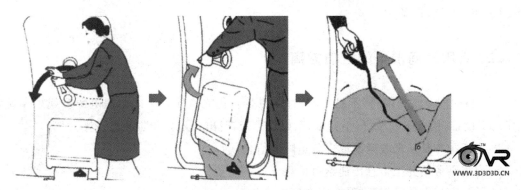

图 5-16　打开舱门释放滑梯(移动端 VR 全景视频)

(2) 开门后,拉人工充气手柄,双手抓紧门侧辅助手柄,用身体背向舱内阻挡出口,待滑梯充气完成后,侧身站在门旁,与援助者一起指挥乘客跳滑梯撤离;

(3) 乘客撤离完毕后,取出座椅下的手电,从前向后、从后向前清舱,如有特殊乘客要喊出"特殊乘客有没有撤离?"对接后一块撤离,撤离时带好必需物品。

2. 水上

(1) 判断飞机完全停稳后,解开安全带,确认滑梯预位,观察窗外无烟无火无障碍并且舱门在水位线以上,打开所需要的舱门和出口,拉人工充气手柄,抛出救生船,救生船充气安全,指导乘客撤离;

(2) 乘客撤离完毕,取出座椅下的手电,从前向后、从后向前清舱,如果有特殊乘客要喊出"特殊乘客有没有撤离?"对接后一块撤离,撤离时带好必需物品。

(3) 上船前将救生衣充气,机上人员全部上船后,切断与机体连接,向风下侧滑离燃油区和燃烧区。

(四)撤离后

1. 陆地

(1) 成功撤离后,将乘客安排在远离飞机的安全距离外;

(2) 5~10 人围成一圈,清点乘客和机组成员人数,报告机长:"乘客××人,乘务员××人,无人员伤亡";

(3) 现场组织救治伤者;

(4) 使用求救设备;

(5) 如有可能,设置一名警卫确保邮件、包裹和飞机各部分不受干扰。

2. 水上

(1) 营救落水者;

(2) 连接各船,抛海锚固定船的位置;

(3) 清点人数,进行报告;

(4) 救治伤者,照顾幸存者;

(5) 使用求救设备。

二、有限时间准备的应急撤离

当准备时间非常有限时(不足 10 分钟或更少),优先次序是关闭厨房电源及娱乐系统,固定厨房设备,检查座椅靠背,小桌板,系好安全带,脱出口划分和防冲撞姿势。

1. 主任乘务长从驾驶舱获取应急迫降的信息;

2. 召集乘务员并把信息传递给每位乘务员;

3. 关闭厨房电源及娱乐系统,固定厨房设备;

4. 广播通知乘客;

5. 收直椅背,扣好小桌板,收起脚踏板,系好安全带;

6. 介绍脱出口;

7. 广播表演防冲撞姿势;

8. 指导乘客穿好救生衣(水上);

9. 乘务员自身准备;

10. 完成准备工作后报告机长;

11. 着陆(水)刹那,高喊"弯腰低头,紧迫用力"口令,直至飞机完全停稳;

12. 执行有准备撤离着陆(水)后程序。

三、无准备的应急撤离

在无准备的应急着陆中,没有时间做准备,它通常发生在飞机起飞或着陆时没有警告的情况下,可能发生在地面或水上的应急着陆。由于没有时间对应急事件做准备,乘务员必须在出现第一个撞击迹象时做出反应。

(一) 陆地无准备撤离

1. 迅速做出判断,"500 英尺,准备冲撞!"。

2. 发出"不要动!系好安全带!Don't move! Fasten seat belt!" "低头弯腰,紧迫用力。Bend over! Brace!"口令,直至飞机完全停稳。

3. 确认应急灯亮。

4. 机长发出"撤离!撤离!"指令或者"应急撤离警告系统响",解开自身安全带,告知乘客"解开安全带！Release seat belt！"。

5. 确认滑梯预位,观察窗外无烟无火无障碍后,开门,拉人工充气手柄,封门,待滑梯安全指导乘客撤离,提醒"脱下高跟鞋！不要带任何行李！"。

6. 乘客撤离完毕后进行清舱,确认后撤离飞机。

7. 带领乘客远离飞机,执行有准备撤离后的程序。

（二）水上无准备撤离

1. 迅速做出判断,"500英尺,准备冲撞！"。

2. 发出"不要动！系好安全带！Don't move！Fasten seat belt！""低头弯腰,紧迫用力。Bend over！Brace！"口令,直至飞机完全停稳。

3. 确认应急灯亮。发出"穿上座椅下的救生衣,脱下鞋！Life vest under your seat！Put on your life vest！Shoes off！"指令。

4. 机长发出"撤离！撤离！"指令或者"应急撤离警告系统响",解开自身安全带,告知乘客"解开安全带！Release seat belt！"。

5. 确认滑梯预位,观察窗外无烟无火无障碍并且舱门在水位线以上后,开门,拉人工充气手柄,抛出救生船,救生船充气安全,指导乘客撤离；提醒"脱下鞋！救生衣充气！上船！"。

6. 乘客撤离完毕后进行清舱,确认后撤离飞机。

7. 带领乘客远离飞机,执行有准备撤离后的程序。

第三节　应急广播和指挥口令

一、应急广播

在进行撤离准备时,乘务长使用客舱广播告知信息,乘务员对乘客进行安抚及指导,在广播和演示时,打开客舱内的所有灯光,固定好窗帘,关掉娱乐系统,完成准备工作后将灯光调暗。表5-4为乘务长广播内容和对应的乘务员工作任务。

表5-4　应急广播和工作任务

广播内容	乘务员任务内容及语言参考
（1）乘务长广播:代表机长宣布迫降决定。	乘务员安抚乘客
女士们、先生们,请注意: 　　我是本次航班的乘务长,现在代表机长进行广播,由于_____故障（原因）我们决定（陆地/水上）迫降,我们全体机组人员都受过严格的训练,有信心、有能力保证你们的安全。请乘客们回到座位上,保持安静,听从乘务员的指挥。	"请大家不要惊慌,我们全体机组人员都受过严格专业的训练,我们有信心、有能力保证您的安全,请务必听从乘务员的指挥。"

续表

广播内容	乘务员任务内容及语言参考
(2)乘务长广播:客舱整理 (根据实际情况需要广播)	乘务员按广播内容整理、检查客舱及厨房。
请将您的餐盘和其他所有服务用具准备好,以便乘务员收取。 请调直座椅靠背,固定好小桌板、收起脚踏板和座位上的录像装置。	迅速检查厨房设备,厕所设备,客舱安全检查并安抚乘客。
(3)乘务长广播:脱出口介绍	乘务员工作:确认出口环境、划分乘客的撤离区域、演示出口并加以确认。

● 陆地迫降
女士们、先生们:
  现在乘务员将告诉您最近的出口位置,这个出口可能就在您的周围,请确认至少两个以上的出口。当机长发出撤离指令时,请按客舱乘务员所指的方向撤离,不要携带任何物品。在指定的门不能脱离时,请尽快转移到其他出口。
● 水上迫降
女士们、先生们:
  现在乘务员将告诉您最近的带救生船的出口位置,这个出口可能就在您的周围,请确认至少两个以上的出口。当机长发出撤离指令时,请按客舱乘务员所指的方向撤离,不要携带任何物品。在指定的门不能脱离时,请尽快转移到其他出口。
	"为了便于撤离,我们把客舱分成_____个区域。"
	"坐在这一侧的乘客请听从我的指挥,坐在另一侧的乘客请听从他的指挥。"
	"坐在这里的乘客(重复),请从这边的门撤离,如果这边的门不能使用,请从那边的门撤离(做两组说明)。"
	"请问您从哪个门撤离?如果这边的门不能使用,应从哪个门撤离?"(确认数名靠走道的乘客)。

(4)乘务长广播:选择援助者	乘务员寻找援助者并确认其任务。

女士们、先生们:
  如果您是航空公司的雇员、执法人员、消防人员或军人,请于乘务员联络,我们需要您的协助(暂停广播)。
  根据机长的要求,我们将调整一些人的座位,以更好地协助那些需要帮助的乘客,或帮助乘务员组织应急撤离。其他乘客请在原位坐好,系好安全带。
	"有没有航空公司雇员、军人、警察和消防人员?我们需要您的帮助。"
	"你们三位愿意做我的援助者么?好,请跟我来。"
	(介绍语言见第一节)
	* 在有时限的迫降中,乘务员应让紧靠出口或乘务员座位对面的乘客做援助者,在座位上向援助者作简介。

(5)乘务长广播:取下物品说明	乘务员在客舱内强调并督促完成。
女士们、先生们: 为了疏散时您的安全,请您取下随身的尖锐物品,如钢笔、手表和首饰,解下如领带和围巾这样的物品,脱下高跟鞋(水上迫降:脱下鞋子)把所有这些物品放入行李内。请不要把任何东西放在您座位前面的口袋内。请乘客把所有行李放在座位底下或行李架内。	"脱下高跟鞋放在行李架上。" "贵重物品放在外衣口袋。" "解下围巾、领带放在行李架上。" "大件行李锁到卫生间。" "座椅前方口袋不要放任何物品。" "眼镜、助听器、假牙要取下,但不是现在,听我的口令时再取下。" "撤离时不要携带任何行李。"

第五章　应急处置

续表

广播内容	乘务员任务内容及语言参考
(6)乘务长广播:防冲撞姿势说明	乘务员演示、辅导、确认。
女士们、先生们: 　　为了您的安全,现在乘务员将向您介绍两种防冲击姿势。 　　第一种:上身挺直,收紧下颌,双手用力抓住座椅扶手,两脚用力蹬地。 　　第二种:两臂伸直交叉抓紧前面座椅靠背,头俯下,两脚用力蹬地。 　　当您听到:"全身紧迫用力!"的口令时采取这种姿势,直到您听到"解开安全带"的口令为止。 　　在飞机着陆时,会有多次撞击,保持您的防冲撞姿势直到飞机完全停稳。	"看着我,跟我学。Attention! Follow me!" "第一种!……First!……第二种!……Second!……" "做好防冲击姿势我来检查!" "很好,听我喊低头弯腰,紧迫用力,bend over brace 时再做!" 特殊乘客的指导:L1/R1对第一排乘客,L4/R4对应急出口座位乘客,再指导特殊乘客(高血压,孕妇,小孩,抱小孩乘客)。
(7)乘务长广播:救生衣演示(水上迫降)	乘务员使用机组救生衣在客舱演示指导。
女士们、先生们: 　　现在乘务员将向您演示救生衣的使用方法,请乘客们随同乘务员的演示穿上救生衣,但请不要在客舱内充气,注意不要在客舱内充气。 　　救生衣在您座位底下。取出并撕开包装,将救生衣经头部穿好。将带子扣好,系紧。当您离开飞机时,拉下救生衣两侧的红色充气把手,但在客舱内请不要充气。充气不足时,可将救生衣上部的人工充气管拉出,用嘴向里吹气。(在夜间)最后请拔掉电池销。 　　现在乘务员将协助任何需要帮忙的乘客穿上救生衣。	取出座位下的救生衣(手势指出座椅下方); 演示(迅速穿好后展示红色充气开关,不要拉动); 落实:"带子系紧!不要在客舱内充气!机组救生衣是红色的!"
(8)乘务长广播:介绍安全说明书	乘务员重新检查固定客舱、厨房设备、清理出口。
在您前面的座椅口袋里有安全说明书,请仔细阅读。如果您有任何疑问请向邻座乘客或乘务员询问。	
(9)乘务长广播:注意事项提示乘客	厨房:关闭电源,固定好设备; 厕所:再次确认卫生间没有人,大件行李锁闭; 客舱:乘客安全带、小桌板、座椅靠背、遮光板、脚踏板; 行李架关闭; 取下门帘、隔帘; 门区:确认出口畅通无障碍物,确认滑梯预位系统在 armed 位。
女士们、先生们: 　　当客舱乘务员发出"全身紧迫用力"的命令时,您要做好防冲击姿势,并保持防冲击姿势直到飞机完全停稳。当您听到"解开安全带"的命令时,迅速解开安全带,听从客舱乘务员的指挥进行紧急撤离,应急撤离时,不要携带任何物品。在到达出口时,打开救生衣的充气阀门。(水上撤离) 　　现在请拿下眼镜、假牙和助听器,并将它们放在外衣口袋内。	
(10)乘务长广播:关闭客舱灯光	全体乘务员做好最后准备。
女士们、先生们,请注意: 　　为了使您的眼睛能尽快适应外部光线,我们将调暗客舱灯光。	迅速自身确认,发卡、胸牌、手表、丝袜、高跟鞋放在行李架里,打湿头发(水上撤离不需要),互检。

续表

广播内容	乘务员任务内容及语言参考
(11)乘务长广播:最后确认	最后确认。
全体乘务员做好最后准备。	坐好,做好防冲击姿势。内话报告:"L1门,客舱确认完毕,自身确认完毕。"

二、指挥口令

口令是撤离过程中非常重要的一部分,乘务员在喊出口令时应该做到:响亮、清晰、简短、积极、节奏清楚、语气坚定。

(一)陆地撤离指挥口令

下面是陆地撤离时的状态和对应的指挥口令(见表5-5)。

表5-5 陆地撤离指挥口令

状态	口令
• 500英尺,准备冲撞;	低头弯腰!紧迫用力!Bend over! Brace!(持续)
• 应急灯亮;	不要动!Remain seated!(两遍)
• 飞机停稳,机长发出"撤离!撤离!"或者"应急撤离警告系统响",乘务员解开安全带及肩带从座位上站起,观察外面状况并打开出口门后封住舱门时;	解开安全带!Open seat belt! 撤离!Evacuate!
• 出口门已经打开,滑梯充气后,一只手握着门边把手,另一只手指挥时;	到这边来!Come this way! 这边走!Come here!
• 撤离期间指挥乘客加快撤离速度时;	快点走!Move faster!
• 当乘客在充满烟雾的客舱内撤离时;	低下身,跟着灯光走,随声音来,隔着衣服呼吸!Stay down! Follow me!
• 当乘客通过出口撤离时;	一个跟着一个!跳滑!One by one! Jump and slide!
• 当门被堵住,门把手卡住,舱外有火、烟、水,乘务员面向客舱双臂封住舱门时的指挥。以及门已打开,但无滑梯的情况下,乘务员面向外双手抓住门边把手时的指挥;	此门不通,到对面去! 到前门去!到后面去! No exit, go across! Go forward! Go back!
• 遇到无计划的应急撞击时;	弯腰/趴下!Bend over! Keep head down!
• 遇到有计划的应急撞击时;	紧迫用力!Brace!
• 当飞机着陆后,机长指示不用撤离时;	坐在座位上!Stay in your seat! 保持镇静!Don't panic!
• 遇到无计划的应急撤离时;	脱掉高跟鞋!Take off shoes!

(二)水上撤离指挥口令

下面是水上撤离时的状态和对应的指挥口令(见表5-6)。

第五章　应急处置

表 5-6　水上撤离指挥口令

状态	口令
• 500 英尺，准备冲撞；	低头弯腰！紧迫用力！Bend over! Brace!（持续）
• 应急灯亮；	不要动！Remain seated!（两遍）
• 飞机停稳，机长发出"撤离！撤离！"或者"应急撤离警告系统响"，乘务员解开安全带从座位上站起，观察外面状况并打开出口门，封住舱门时；	解开安全带！Open seat belt! 撤离！Evacuate!
• 遇到无计划的应急撤离时；	穿上你座位下的救生衣！Life vest is under your seat! 脱掉高跟鞋！Take off shoes!
• 出口门已经打开，滑梯充气完毕后闪开出口，一只手握住门边把手，另一只手指挥时；	到这边来！Come this way! 这边走！Come here!
• 当乘客通过出口撤离时；	救生衣充气！Inflate life vest! 上船！Get on raft!（三遍）
• 撤离期间指挥乘客加快撤离速度时；	快点走！Move faster!
• 乘客在救生船上以及移动时；	趴下，坐下！Stay low, sit down!
• 当门被堵住，门把手卡住，舱外有火、烟、水，面向客舱双臂合十时的指挥，以及门已打开，当中大型飞机救生船充气失效时，双手抓住门边把手指挥时；	此门不通，到对面去！ 到前门去！，到后面去！ No exit, go across! Go forward! Go back!
• 遇到有计划的应急撞击时；	紧迫用力！Brace!
• 遇到无计划的应急撞击时；	弯腰/趴下！Bend over! Stay low!
• 当飞机着陆后，机长指示不用撤离时；	坐在座位上！Stay in your seat! 保持镇静！Don't panic!

本章小结

空中乘务人员的第一岗位职责是保证飞行安全，飞机的安全运行需要全体机组人员和乘客的共同努力。

应急撤离是一个时间短、人员多、环境状态复杂、影响因素众多的逃生过程。撤离速度是以"秒"计的，从行李箱内取行李耽误时间，行李脱落会砸伤人，带着行李逃生很容易堵塞逃生通道，减缓撤离速度。跳滑梯时，行李也可能会划破滑梯，致使滑梯漏气，造成更大的事故。

民航客机每架飞机上都配有灭火器、急救箱、防疫包、消防斧、救生船等几十种应急设备，每个航班执行前都需要挨个检查是否在位可用。乘务员从初始培训到每年一次复训的主要内容从来不是端茶倒水，而是灭火、急救、跳水、撤离，每次开会永远都是要制定各个空防预案，牢记今天自己执飞航班如果发生紧急情况如何处理，如何带乘客撤离，15 秒开舱门，90 秒撤离飞机等各种应急处置，每个乘务员分分秒秒都在为救人做好充分准备。

所以关键时刻，请一定要相信我们的乘务员，听从乘务员所发出的每一个指令"镇静，解开安全带,不带行李,脱下高跟鞋,到这里来,跳滑。"这其中包括"如果我受伤,舱门是这样打开的,如果乘客全部撤离完毕,最后请记得将我们带下飞机。"

综合练习

1. 飞机的救生衣中,机组救生衣是（　　）的。

   A. 红色　　　　B. 绿色　　　　C. 蓝色　　　　D. 黄色

2. 飞机撤离时间的要求中,陆地撤离（　　）秒,此时间是从飞机完全停稳到机上最后一个人撤离为止。

   A. 90秒　　　　B. 50秒　　　　C. 30秒　　　　D. 40秒

3. 面向机尾方向就座乘务员的防冲击姿势是（　　）。

   A. 双臂挺直　　　　　　　　B. 手抓座椅边缘

   C. 头靠椅背　　　　　　　　D. 两脚平放用力蹬地

4. 肥胖、孕妇、高血压及身材高大乘客的防冲击姿势是（　　）。

   A. 双手紧抓座椅扶手　　　　B. 双手抱头

   C. 同时收紧下颌　　　　　　D. 以两腿用力蹬地

5. 救生衣必须穿在所有衣服外面？Y/N

6. 水上迫降后,当你所负责区域的乘客和机组全部上船后,应立即将船与机体分离,并指挥乘客划水,远离飞机？Y/N

7. 飞机尾部拖地时,前部机门打开后,评估滑梯完全充气并没有障碍物,立即指挥乘客撤离？Y/N

【练习答案】

1. A　　2. A　　3. ABCD　　4. ABCD　　5. Y　　6. Y　　7. N

第六章

机上烟雾/火灾处置

学习目标

- 了解机上烟雾/火灾的基本知识,包括烟雾/火灾的危害、火灾种类及适用灭火器等;
- 掌握灭烟/灭火的三人小组处置程序;
- 能对典型的机上烟雾/火灾情况进行处置,做出快速反应和正确判断,使用合适的灭火设备,按程序进行灭烟/灭火,并做好乘客管理和自身保护。

导引案例

UPS(美国联合包裹运输公司)航空6号班机是从香港国际机场经迪拜国际机场飞往科隆/波恩机场的定期班机。2010年9月3日,该班机从迪拜起飞后不久即因货舱失火而坠毁。正副机长(也是机上仅有的两名机组人员)丧生。飞机在两条高速路之间的一处无人区坠毁后即燃起大火,并造成几辆汽车起火。

调查人员发现,在飞行途中,货舱中所搭载的81 000颗锂电池起火,导致飞机操作困难,机组人员只能用自动驾驶维持平衡。机长打算返回迪拜,但烟雾慢慢笼罩了驾驶舱,使机组人员看不清仪表盘。大火迅速蔓延,使得机长的氧气罩无法提供氧气,机长在摸索备用氧气罩的过程中,被浓烟呛倒,失去意识。

此时,仅剩副驾驶独自驾驶飞机,驾驶舱的烟雾太浓,使其无法更改通信频率。在飞出巴林的雷达信号后,巴林的航管员只得获取阿布扎比的航管员提供的飞行数据,然后通过另一架飞机转告。

尽管如此,飞机最后还是在迪拜的一个军事基地附近坠毁,2名机组人员死亡,但是副驾驶在最后时刻避开了迪拜的居民区,避免了更大伤亡。

本次事故导致美国政府对航空货运实行新的限制措施,并实行锂电池包装新方法。该措施包括对锂电池包装的新要求及对锂电池和电子产品运输的限制。UPS在事后不仅设计了一款全新的货柜,能够抵挡住更加剧烈的大火,而且引进了全罩式氧气面罩(单手带上只需要三秒)以及EVAS(视景增强保护系统,Enhanced Vision Assurance System,这套系统会提供一个全密闭的气囊,即使驾驶舱被浓烟笼罩也可以看清仪表及窗外)。

2010年10月,FAA(美国联邦航空管理局)发布了一份安全警告,其中对于客机携带大量锂电池产品做出了限制。同期,波音也修改了飞行员留意火灾发生的程序,这也避免了烟雾对驾驶舱的影响。

(资料来源:新华网)

第一节　烟雾/火灾基本知识

一、机上烟雾/火灾的危害

在世界航空史上,飞机因为空中火灾引起的空难至少有45起,典型和大家熟知的案例是1998年9月2日瑞士航空MD11电子舱过载失火空难、2002年5月7日MD82大连乘客纵火空难、2007年8月20日中华航空737飞机在冲绳因燃油泄漏导致飞机烧毁、2010年9月3号UPS747飞机在阿联酋着火空难(锂电)、2011年7月28日韩亚航空的747飞机在济州岛因为飞机上货物(怀疑大量锂电)着火空难……

(一)火灾

机上可燃、易燃物多,火灾发生的危险性大。现代化的飞机为了给乘客提供舒适的环境,客舱内部的生活设施一应俱全。但是,这些装修材料多为可燃、易燃物品,如客舱内密集的座椅、地板上的地毯以及其他设施等,都是可燃物。其次,乘客随身携带的行李、衣物等外来可燃物也增加了飞机内部的火灾荷载。

火势蔓延速度快,扑救困难。如果飞机在起飞或者着陆时发生火灾,扑救起来还相对容易一些,因为这时可以借助机场专职消防队的力量将火扑灭。但如果飞机在飞行过程中着火,而机组人员又没能及时在火灾发生初期将火扑灭,那么火势就会迅速蔓延,直至失去控制。这种危险性主要来自以下几个方面:飞机内空间相对狭小,可燃物较多,火灾荷载大;飞机各舱之间没有防火分隔,一舱起火,很快就会蔓延至其他机舱;飞机在飞行过程中,高空环境复杂;飞行过程中起火,地面消防力量无法参与救援。

飞机起火后容易发生爆炸。飞机内部起火,密闭而狭小的空间内温度会迅速升高,里面的气体也会迅速膨胀,极易造成爆炸。另外,高温对发动机舱也是很大的威胁,一旦发动机舱遇火燃烧,爆炸就难以避免。

火灾对飞机的危害可能主要是烧毁飞机的系统使得飞机关键操作系统失灵、失压、爆炸,解体。比如瑞士航空的MD11和UPS的B747,都是大火烧毁了飞机的控制和操纵系统,飞机失控后坠毁。

火灾还有一点是致命的,就是引发人员恐慌,导致飞机失去平衡坠毁。比如5.7大连空难,因为飞机尾部着火,所有人员都冲向前舱,导致飞机重心变化飞机失控。

为保证飞机内的人员舒适和安全,飞机在高空飞行时是增压密封状态。但是一旦发生火灾,就面临两难:旅客维持生命需要氧气!而氧气是助燃剂!只要有氧气几乎所有的可燃物在高温下都可以燃烧起来。

对于有旅客和乘务员的客舱,由于飞机上有人员协助识别火情大小,采取比较有效的针对性措施进行灭火。对于没有人员的货舱或者货运飞机,几乎不大可能去分析和判断火源和火情,飞机仅仅只能依靠携带有限的灭火剂对货舱从固定喷嘴进行灭火,很难估计货物的可燃性和持续时间,尤其当运输有锂电的危险品和一些违规的危险品冒充普通货物被装载上飞机时。

(二)烟雾

火灾对于人体的危害有几方面,包括缺氧、粉尘、高温和毒性。火灾造成的烟气毒性大,易使人窒息死亡。因为飞机内部的可燃物大多为有机物质,在燃烧过程中会产生大量的有毒气体和烟雾。飞机各舱之间互相连接,有毒气体和烟雾会很快充满机舱内部。同时,飞机的密闭性非常高,有毒气体和烟雾很难散发出去。在这种情况下,飞机内人员极易中毒身亡。

浓烟致人死亡的最主要原因是一氧化碳中毒。在一氧化碳浓度达1.3%的空气中,人呼吸两三口气就会失去知觉,呼吸13分钟就会死亡。据了解,常用的建筑材料燃烧时所产生的烟气中,一氧化碳的含量高达2.5%。此外,火灾中的烟气里还含有大量的二氧化碳。在通常的情况下,二氧化碳在空气中约占0.06%,当其浓度达到2%时,人就会感到呼吸困难,达到6%、7%时,人就会窒息死亡。另外还有一些材料,如聚氯乙烯、尼龙、羊毛、丝绸等纤维类物品燃烧时能产生剧毒气体,对人的威胁更大。在火灾发生时,烟的蔓延速度超过火的速度5倍,其产生的能量超过火5~6倍。烟气的流动方向就是火势蔓延的途径。温度极高的浓烟,在2分钟内就可形成烈火,而且对相距很远的人也能构成威胁。

除此之外,浓烟的出现,会严重影响人们的视线,使人看不清逃离的方向而陷入困境,给撤离带来难度。

飞机发生火灾时,紧急着陆后,乘客从烟火中出逃,用湿毛巾或布蒙住口鼻,减少烟气的吸入,如果烟不太浓,可俯下身子行走;如为浓烟,须匍匐行走,在贴近地面30厘米的空气层中,烟雾较为稀薄。撤离飞机后,要往上风处汇合,远离燃烧区和烟雾区。

二、烟雾/火灾的种类

在飞行过程中,不同火灾的发生都存在可能性。乘务员对不同火灾要明确区分,进行有效预防。当火灾发生后,要进行及时正确的判断,并找出最佳的处置、解决方案,这样才能及时灭火。客舱内常见的火灾种类大致分为三类:

- A类:纸、布、木、塑料、橡胶等可燃性固定物质引起的火灾;
- B类:易燃液体、油类引起的火灾;
- C类:电器引起的火灾。

下面列出了三类火灾的不同状况和适用灭火器,常发位置和预防处置(表6-1)。

表6-1 火灾种类基本知识

火灾种类	A	B	C
燃烧物	纸、布、木、塑料、橡胶等	易燃液体、油类	电器设备
烟雾	灰色/褐色,较浓重	黑色,很浓重,有汽油/润滑油气味	淡灰色/微蓝色,非常细微,可迅速散开,具有明显的酸性气味
常发位置	座椅、衣帽间、行李架、卫生间(吸烟)	机上烤箱	机上烤箱、烧水杯、卫生间内的抽水马达
适用灭火器	水/海伦灭火瓶	海伦灭火瓶	海伦灭火瓶
常见原因	乘客违规吸烟; 乘客携带易燃品上机	烤箱内残留油脂、异物; 食物加热时间过长,餐食油脂溢出; 加热食物密封不严,餐食油脂溢出; 乘客携带易燃液体上机	乘务员误操作; 电器故障; 乘客违规吸烟

续表

火灾种类	A	B	C
预防	加强易燃空间检查；监控杜绝乘客吸烟	在每次启动烤箱工作时检查空箱内有无滞留油渍；掌握正确烤温及烘烤时间；逐一检查食物密封情况；在每一次放置食物前，用小毛巾擦拭烤箱上遗留下来的异物；不得在烤箱内放置纸张、围裙、毛巾等	正确逐步操作电器，不能以粗暴的方式来中断其工作；监控杜绝乘客吸烟
处置	按处置预案灭火，及时扑灭余火，避免二次火灾。对旅客违规违法行为进行处理	按处置预案灭火，第一时间切断厨房电源和烤箱电源，关闭烤箱。对旅客违规违法行为进行处理	按处置预案灭火，第一时间切断电源，对于像烧水杯的失火类型应拔下水杯，不能将冷水倒入过热的水杯里；对旅客违规违法行为进行处理

第二节　机上烟雾/火灾处置

一、灭烟/灭火程序

在执行任何灭烟/灭火程序时都应组成三人灭烟/灭火小组，一名负责灭烟/灭火，一名负责通信联络，一名负责援助。

（一）灭烟/灭火程序

（1）寻找烟源/火源，确定烟/火的性质。
（2）拔出受影响区域的跳开关，切断电源。
（3）乘务员要注意做好自我保护，穿戴好防护式呼吸装置PBE，取用相应的灭火瓶灭火（如图6-1所示）。
（4）向机长报告，始终保持与驾驶舱的联系。必要时请求机长切断烟雾/失火区域电源。
（5）收集所有的灭火设备到达失火现场，保持灭火设备随时可用。
（6）监控情况，保证余火灭尽。

图6-1　穿戴好PBE

（二）三人小组职责

1. 灭烟/灭火者职责

（1）负责观察烟情、火情；

(2) 就近使用相应的灭火瓶和防烟面罩,立即灭火;

(3) 呼叫或发出信号给其他乘务员,通知离自己最近的乘务员来支援和报告。

【参考语言】

×××,我来灭火!你去报告!

2. 通信联络员职责

(1) 通过内话向机长通报火情,做到语言简练、信息清晰:

- 烟/火位置及物品;
- 有无异响;
- 烟的浓度、气味、颜色;
- 火势大小;
- 客舱状况;
- 乘务员预采取行动。

【参考语言】

报告机长,飞机后舱洗手间位置发现起火;初步判断是因为乘客抽烟引起,火势较大,请求切断后舱左侧洗手间区域电源,请指示!

(2) 不可离开内话器,保持不间断的与驾驶舱的联系;

(3) 立即通知乘务长和其他客舱机组人员提供援助。

3. 援助者的职责

(1) 收集其余的灭火瓶和防烟面罩;

(2) 戴上 PBE,携带灭火器做好接替灭火者工作的准备;

(3) 安抚旅客情绪,指导旅客采取防烟措施;

【参考语言】

低下头,用领口袖口捂住口鼻!

Keep low, bend over, cover your nose and mouth.

(4) 负责监视防烟面罩的使用时间;

(5) 转移火源附近的易燃、易爆物品;

(6) 关闭附近设备电源,拉出断路保护器;

(6) 转移火源附近的旅客,避免大幅度纵向调整旅客座位,保持飞机纵向的重心;

(7) 负责监视余火,保证其无复燃的可能性。

二、对乘客的保护

在执行灭烟/灭火程序时,要做好对乘客的保护工作:

(1) 调整火源区旅客座位;

(2) 指挥旅客身体放低,用手或其他布类(最好是湿的)罩住口鼻呼吸,避免吸入有毒的气体(如图 6-2 所示);

图 6-2　指导乘客掩鼻俯身

(3) 让旅客穿上长袖衣服,防止皮肤暴露;
(4) 保持乘客的情绪稳定;
(5) 根据机长指示,做好应急撤离的准备。

三、灭烟/灭火要点

在执行灭烟/灭火程序时,要注意做到:
(1) 保持驾驶舱门的关闭;
(2) 搬走火源区的易燃物(氧气瓶等);
(3) 始终保持与驾驶舱的联系;
(4) 不要放下氧气面罩,不要使用氧气设备(除 PBE 外);
(5) 条件允许时,蹲下来降低身高或利用门、隔板作为保护;
(6) 开门之前,在门板及门框处喷洒灭火剂,创造惰性气体保护环境;
(7) 灭火者利用灭火瓶挡在前面做保护(如图 6-3 所示);

图 6-3　自我保护

(8) 灭火者戴上防烟面罩,必要时穿上防火衣;
(9) 灭火时应将喷嘴对准火源的根部,由远至近、从外向里,平行移动灭火;

(10) 停止通风工作控制火情；

(11) 经常用手背测试舱门、进口板、隔板温度；

(12) 条件允许时，可使用水作临时降温阻燃物；

(13) 保持旅客的情绪稳定；

(14) 随时准备撤离旅客。

四、典型烟雾/火灾处置

（一）卫生间冒烟/失火

卫生间冒烟/失火在机上火灾中占较大比例，约 45% 左右的火灾都是发生在卫生间。失火原因主要有旅客吸烟，将未熄灭的烟头投入垃圾箱中；垃圾箱放置不当，纸巾被扔在垃圾箱附近加热管道上；或由于电器故障。

如果烟雾报警器报警，表明卫生间发生烟雾或起火，应做出以下处置：

1. 检查卫生间内是否有人。

如果是乘客吸烟引起烟雾探测器报警，应要求乘客立即熄灭香烟，开门将烟雾排出，解除警报，确认垃圾箱没有烟头或其他隐患，明确指出吸烟者行为不当，最后向机长报告。

2. 用手背感觉门的温度，如果门是凉的，乘务员应：

(1) 取出就近的灭火瓶（如图 6-4 所示）；

图 6-4　就近取用灭火瓶

(2) 小心打开卫生间门，寻找烟源/火源；

(3) 如果发现垃圾箱失火冒烟/失火，用水浇湿垃圾箱（如图 6-5 所示）；

(4) 如果电器冒烟/失火，使用海伦灭火瓶灭火。

如果感觉门是热的，乘务员应：

(1) 通知机长切断卫生间电源；

(2) 当烟雾从门四周溢出时，应用湿的毛毯将其堵住（如图 6-6 所示）；

(3) 穿戴好 PBE，取出灭火瓶（如图 6-7 所示）；

(4) 低身蹲下，利用门板做保护，将门打开小缝（如图 6-8 所示）；

第六章 机上烟雾/火灾处置

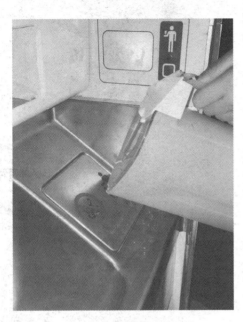

图 6-5 浇湿垃圾箱

图 6-6 堵住门缝

图 6-7 使用灭火瓶

图 6-8 开门

（5）将灭火剂从门缝喷入（如图 6-9 所示）；
（6）关闭卫生间门（如图 6-10 所示）；

137

图 6-9　短时喷射

图 6-10　关门（移动端 VR 全景视频）

（7）重复开门—喷射—关门的灭火步骤，直至火被扑灭；

（8）余火灭尽后用湿毛毯盖住失火区域。

3. 通知机长及时锁住卫生间门，派人监控该区域。

（二）衣帽间冒烟/失火

1. 有帘子的衣帽间

如果衣帽间是用帘子隔开，没有隔板，发现烟情火情，乘务员应：

（1）立即取用灭火瓶灭火；

（2）搬开未烧着的衣物或物品；

（3）检查火是否被扑灭；

（4）监视衣帽间的物品，保证余火灭尽。

2. 有门的衣帽间

有门的衣帽间如果冒烟/失火，处置程序同卫生间冒烟/失火处置程序。

（三）厨房设备冒烟/失火

电器失火要首先切断电源，关闭失火设备的开关并拔出跳开关，立即报告机长并请求切断厨房总电源；要使用海伦灭火器灭火；注意不要将水倒入过热的烧杯内。

1. 烤箱冒烟/失火

（1）切断烤箱电源，拔出相应的断路器；

（2）保持烤箱门关闭；

（3）通知机长，同时组成灭火小组，按以下步骤处置：

① 穿戴好 PBE；

② 打开烤箱门之前,在烤箱周围喷洒灭火剂,观察烟/火状况;
③ 将烤箱门打开一缝隙,仅够插进灭火器喷嘴即可;
④ 使用海伦灭火器进行短时喷射;
⑤ 迅速关闭烤箱门;
⑥ 持续观察烟火状况;
⑦ 重复③~⑥步骤直至火被扑灭;
⑧ 不要把燃烧的物品从烤箱中取出;
⑨ 不要再次接通该烤箱电源。
(4) 报告机长,派人监控该区域。

2. 烧水杯冒烟/失火

烧水杯出现冒烟/失火,第一时间应切断电源,拔下烧水杯(注意自我保护),如果火不灭,使用海伦灭火器灭火,灭火后向机长进行报告,注意不能用水灭火,不要将水倒入过热的烧杯内。

(四)"隐蔽区域"冒烟/失火

从侧壁面板、天花板、地板和通风口处冒烟,可能有"隐蔽区域"失火。乘务员应用手背沿着壁板移动,找出温度最高的区域,确定烟源/火源,立即通知机长并执行指示,将灭火设备取出备用,如果机长指示将壁板撬开,应按以下步骤处置:

1. 让乘客撤离出此区域;
2. 使用救生斧砸进壁板,撬开能够插入灭火瓶喷嘴的缝隙(不能用刀砍壁板,避免将电线和液压线砍断,如图6-11所示);

图 6-11　撬开壁板

3. 使用海伦灭火器进行灭火;
4. 灭火后报告机长,派人监控该区域。

(五)荧光灯整流器冒烟/失火

荧光灯整流器失火短暂,可自我熄灭,没有相对危险;如果长时间使用可能会过热,产生明显气味的烟雾,应通知机长并关灯。

(六)空中娱乐设备 IFE/座椅中电源冒烟/失火

如果只是冒烟,可以关闭视频控制中心 VCC 盒中的主电源,通知机长,不要再次接通相关区域电源;

如果能看见火焰,应关闭视频控制中心 VCC 盒中的主电源通知机长,通知机长,使用海伦灭火器灭火,灭火后不要再次接通相关区域电源。

(七)行李架冒烟/失火

如果发现行李架冒烟/失火,应将乘客撤出该区域,通知机长;用手背感觉行李架表面的温度,找出温度最高的区域,确定火源/烟源位置;将行李架打开一条小缝,将灭火剂喷入行李架内(如图 6-12 所示),然后关闭行李架;重复以上步骤,直至烟火扑灭,并派人监控该区域。

图 6-12 行李架灭火

(八)锂电池冒烟/失火

案例分享

2011 年 7 月 28 日韩亚航空波音 747-400 全货机(注册号 HL7604)由首尔仁川机场飞往上海浦东机场途中,报称因"机件故障"需要折返,在济州外海附近坠毁,两名机员死亡。

韩国时间上午 2 时 47 分,这班货机由首尔仁川机场起飞,前往上海浦东,货机搭载 58 公吨货物,包括大批的手提电话、锂电池、半导体、发光二极管和液晶显示器等,余下货物则有树脂、油漆和其他化学用品。

在 4 时 03 分,机长汇报指机舱发生火警,要求转飞济州并紧急降落。4 时 11 分,航管中心与飞机失去联系,飞机其后坠毁于济州岛以西 107 公里海面。机组人员与上海航管部门最后的通信内容是"机舱起火"。

当日 4 时 45 分,韩国海洋警察厅派遣队伍前往搜救。6 时 10 分,搜救队表示只找到了小量残余物如座椅、救生衣、有韩亚机身色彩的金属块和油污于海面漂浮,但飞机机体残骸仍未寻回。

大韩民国国土海洋部(MLTMA)介入调查事故起因,并全力寻回飞机飞行记录仪。8月17日,搜救队确认了包括垂直尾翼在内的39件残骸的位置约于水下80米,而垂直尾翼中可能包含了飞行记录仪和机舱对话记录器。两名遇难飞行员的遗体于10月29日寻获。机上正副机长分别52和43岁,飞行时数共达19 000小时,并有7 000小时执飞波音747的经验。

调查结果显示,火灾导致操作系统失效,起火原因为飞机上的锂电池爆炸。该空难对韩亚造成1.9亿美元损失。空难发生后,国际民航组织(ICAO)开始考虑在新的航空运输安全标准中对锂电池的运输加以限制。

(来源:民航资源网)

锂电池是指电化学体系中含有锂(包括金属锂、锂合金和锂离子、锂聚合物)的电池。主要包括锂原电池和锂离子电池两类。锂原电池里面含有锂金属单质,一般为一次性使用、不能充电。

锂电池主要应用于手表、计算器、电脑主板和一些仪器仪表,其含有金属锂。锂是一种非常活泼的金属,一旦锂金属电池在运输过程中受到撞击,电池中的锂就会发生剧烈的反应产生大量的热,从而引燃周围的物质发生火灾。因此在进行航空运输时,锂金属电池属于第9类危险品(杂项危险品,如图6-13所示),根据运输时包装情况的不同,分为三种情况:单独包装的锂金属电池货物,与设备包装在一起的锂金属电池货物和安装在设备中的锂金属电池货物。由于电动平衡车锂电池能量较大,且大多数设备锂电池能量标志不符合规定,国际上反馈各地接连发生此类平衡车内劣质锂电池起火爆炸的事件。某些航空公司已经全面禁止旅客携带或托运以锂电池为动力的电动平衡车。

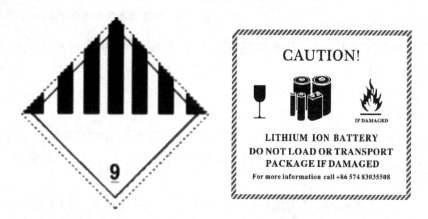

图6-13 杂项危险品标签及锂电池运输标签

2015年3月,中国民航局为提升锂金属电池货物航空运输的安全水平,规定今后除非获得国家豁免,将禁止使用客机运输单独包装的锂金属电池货物。

因为绝大多数手提电子设备中的锂电池通常不会容量超标,乘客仍可以随身携带锂电池以及包含锂电池的便携电子设备。那么,客舱乘务员应随时关注乘客,避免在客舱使用充电宝(锂电池)进行电子设备充电。发生锂电池起火,应进行快速处置,避免火势扩大。

1. 锂电池失火预防

如果在飞机推出前,乘客报告其托运行李中有备用锂电池,立即报告机长联系地面工作人员。如飞机已经推出或在空中,应立即报告机长。

2. 锂电池失火处置

(1) 断开或除去失火设备上的外接电源;

(2) 使用海伦灭火器或水灭火器灭火(如图6-14所示);

(3) 立即持续用水或其他非易燃液体浸透失火的电子设备(如图6-15所示),降低锂电池单元电池芯的温度,阻断热散佚,防止相邻电池芯失火;

图6-14 灭火　　　　　　　图6-15 用水浸透失火锂电池设备

(4) 如果该装置之前与飞机电源插座相连接,拔下其余所有电源插座上的电源,直至确认机上系统无故障;

(5) 灭火期间与驾驶舱保持不间断的联络;

(6) 如果发生溢出或渗漏,按照以下步骤处置:

① 提取机上所设应急处理箱,或寻找其他用来处理溢出物或渗漏物的物品,包括纸巾、报纸等吸水性强的纸张或织物,烤箱手套或防火手套,至少两个大的聚乙烯袋子,至少三个小一些的聚乙烯袋子;

② 戴上防火手套和PBE。为保护好自己的手,在防火手套外加一层聚乙烯袋子能起到适当的保护作用,当有浓烟和火时,应始终带着PBE;

③ 如有较浓烟雾,不能使用氧气设备,如果烟雾扩散,应立即将乘客转移至安全区域;

④ 把锂电池物品放进聚乙烯袋子。

3. 锂电池失火处置注意事项

使用水或非易燃液体浸湿含有锂电池的电子设备时,避免水溅洒在航空器系统的其他电子设备上;不要企图移动燃烧或冒烟的电子设备,以防带来更严重的人身伤害;不要使用物品覆盖电子设备或试图用冰块降低温度,此种隔绝设备的方式会导致设备超温速度加快。

本章小结

  从飞机设计本身的角度,所有关键系统都有足够的冗余度,也就是说,即使一个关键系统故障了,也会有备用的或者应急的系统作为补充,不至于因为关键系统失效导致飞机失事。唯独火灾,没有飞机能准确描述可以防止多大的火灾,尤其是客舱或者货舱着火。很多飞行员和乘务员都有一个误区,即飞机着火了,还有30分钟的可用安全时间尽快着陆。这个对于飞机系统,或者飞机设备来说,比如一个发动机着火(发动机着火可以当作设备损坏,因为发动机设计的时候有考虑过着火这样最坏的情形),可以这么估算,飞机是安全的。但是当飞机机舱或者货舱内发生火灾时,几乎很难保证飞机还有多长时间能够保证安全着陆。和紧急撤离90秒一个意义,飞机着陆后,如果发生火灾,没有任何人能保证飞机不在90秒内烧毁或者爆炸。90秒撤离飞机的要求仅仅只是对于飞机设计和运行时应急撤离能力的一个认证要求,没有所谓黄金90秒的一个说法。

  5·7大连空难中,机组报告火灾后4分钟就坠毁了。坠毁的原因不仅仅是火灾,更主要是因为旅客恐慌移动,飞机重心偏移失控。飞机发生火灾,最好的安全措施就是尽快落地或者场外迫降,因为留给你的时间不是30分钟,可能只有十几分钟,甚至几分钟。

综合练习

1. 在飞行中发现起火的乘务员应当(　　)。

 A. 报告机长再进行灭火

 B. 立即灭火,并通知附近的乘务员

 C. 立即关闭附近的通风口,并进行灭火

 D. 立即疏散火场周围旅客

2. 在客舱灭火的过程中,如果闻到煤油或汽油的味道时,应当(　　)。

 A. 打开通风口,驱散异味

 B. 立即关闭所有电器的电源

 C. 不要开关任何电器设施

 D. 马上寻找味道的来源

3. 当厕所出现烟雾警告时,乘务员则应该(　　)。

 A. 打开门将烟雾驱散

 B. 用安全斧在舱壁上劈一个洞口,并进行灭火

 C. 视为火警,立即执行烟雾和起火的处置程序

 D. 马上报告机长

4. 当塑料制品起火时,可使用哪类灭火剂(　　)。

 A. 水

 B. 水或 Halon 灭火剂

 C. Halon 灭火剂

D. 都不是

5. 飞行中客舱发生火灾，客舱充满烟雾乘务员可采取什么办法组织旅客进行防护？（　）。

A. 使用应急氧气系统

B. 报告机长

C. 使用湿毛巾，低头俯身

D. 使用手提氧气瓶

【练习答案】

1. B 2. C 3. C 4. C 5. C

第七章

释压处置

学习目标

- 了解客舱释压的分类、概念及反应；
- 掌握客舱释压的处置方法及原则。

 导引案例

1988年4月28日，一架阿罗哈航空的波音737-200型客机在飞往檀香山国际机场途中发生爆裂释压事故，导致约头等舱部位的上半部外壳完全破损，机身被撕裂18英尺，几乎折断（图7-1）。一名空乘被吸出舱外，堕海失踪，飞机最后奇迹地安全迫降在茂宜岛的卡富鲁伊机场。

图7-1 阿罗哈航空243号航班残骸

经调查，事故是由裂缝氧化导致金属疲劳引起的（飞机经常在带盐水的空气环境下操作）。该事故发生后，所有美国各大航空公司都决定淘汰老旧的客机，以防事件重演。同时规定在特定机龄，飞机必须接受额外的维修检验。美国众议院在1988年通过飞行安全研究法案（Aviation Safety Research Act），这法案提供更严谨的研究，来断定将来的空难可能发生的原因，以避免类似事件重演。

（来源：国家地理频道《空中浩劫》）

在飞行高度10 000米左右的高度，如果客舱出现快速释压的状况，一个健康状态良好的年轻人能够生存的时间仅有30秒，如果在30秒内未提供快速有效的供氧，将会失去所有的能力，甚至死亡，所以学习客舱释压的相关知识是非常有必要的。通常情况下在海拔3 000米左右的飞行高度上，乘客在不需要额外的氧气或者增压系统的帮助就可以生存下来。但是随着飞机高度的上升，飞机要依靠增压系统将外部空气转换为氧气灌入客舱及驾驶舱，这样才能让乘客不至于因为高空压力小和氧气不足而产生不舒服的感觉。如果飞机在高空中遇到机体破损或者增压系统故障发生释压的状况，机组会采取降低巡航高度或紧急提供氧气给机上全体人员来解决客舱释压的状况。

第一节 释压的类型

一、释压的类型

释压可以分为缓慢释压和快速释压两类。

（一）缓慢释压

飞行年限久远的飞机都会出现设备老化的情况，飞机的舱门或者翼上紧急出口处的密封性也会随着飞行时间而慢慢地老化，因机门或应急窗的密封泄露或因增压系统故障而导致客舱逐渐失去压力，我们将这一现象称之为缓慢释压。

（二）快速释压

飞机增压系统失效或机体严重受损导致飞机快速失去客舱压力，我们将这一现象称之为快速释压。快速释压有两种情况。

一种是在机体受到严重损害（炸弹爆炸或武器射击）等极端情况时，导致的爆炸性释压。正如我们在许多大片中看到的一样，真实的释压将会首先伴随有巨大的声响，因为座舱里的高压空气会向舱外"涌出"直至飞机内外压力一致，由巨大的"砰"的一声开始，尘土和碎片将会卷起并冲出破裂处。细小的物件会被吸出场外，并且由于座舱里的温暖空气比外界的寒冷空气含有更多的水汽，座舱里会产生潮湿、寒冷的雾（水分子快速凝结）。座舱温度会发生明显变化（在FL400外界温度为－67 ℉）。客舱内会一片混乱。这只是对空气的影响，对人的影响会如何呢？

人类肺部通常需要约0.2秒的时间来释放它们中间的空气，任何短于这个时间发生的释压都会引起肺部的快速释压以及肺部的撕裂或严重损伤，应对这种情况唯一可选择的紧急措施就是带上氧气面罩，尽快下降到安全高度。

还有一种快速释压是指发生时间长于1.5秒但短于10秒的释压情况。这种释压能在大型飞机上遇到并且更为常见些。这种释压没有很高的肺部损伤危险，但是噪声、混乱和雾都不同程度地存在。除了尽快带上氧气面罩和下降，还要有其他的紧急措施可以减少释压造成的破坏。

二、释压如何影响人体

释压最严重的后果就是因缺氧和意识丧失带来的失控。座舱快速释压导致的最显著的即时反应就是肺部的空气突然溢出，有人说可以用屏住呼吸来阻止空气溢出，这是错误的。因为释压发生的快速程度让人来不及采取防范措施，压差的快速变化也让人不可能完全屏住呼吸。波尔定律告诉我们任何气体的体积和其承受的压力成反比,即压力降低,气体就会膨胀。任何滞留在人体内的气体都将随着身体周围压力的降低而膨胀,这将引起身体各部位的不适或疼痛。

(一)缓慢释压的反应

1. 机上人员会有发困、感到疲劳的感觉;
2. 耳朵会有不舒服的感觉,并伴有排气打嗝的现象;
3. 飞机失密的地方有漏气的声响,会有轻细的物品被吸到飞机破损的地方;
4. 飞机座舱高度达到14 000英尺(4 276米)氧气面罩自动脱出;
5. 在舱门和应急窗口处可能有光线照进来;
6. 系好安全带指示灯亮;
7. 紧急用氧广播开始;
8. 失密警告灯可能亮。

(二)快速释压反应

1. 飞机结构突然发生较大的损坏,并会出现强烈的震动;
2. 有物体会在舱内飘飞;
3. 冷空气大量涌入客舱,客舱内温度下降;
4. 有很响的气流声及薄雾出现;
5. 氧气面罩脱落,飞机做大角度的紧急下降;
6. 机上人员感觉头痛,压耳疼,呼吸困难;
7. 系好安全带,指示灯亮;
8. 紧急用氧广播开始;
9. 失密警告灯亮。

(三)在不同高度机上人员出现的症状

在不同高度出现释压,人体的缺氧反应会有所不同(如表7-1所示),对身体差的人来说,缺氧反应会更加剧烈。

表7-1 缺氧反应

座舱高度	症状
10 000英尺(3 050米)	头疼,疲劳
14 000英尺(4 276米)	发困,视力减弱,指甲发紫,晕厥
18 000英尺(5 500米)	除上述动作外,记忆不清,重复同一动作
22 000英尺(6 700米)	昏迷,休克
25 000英尺(7 625米)	立即昏迷,虚脱

(四) 有效知觉时间

案例分享

某航空公司737的一名飞管部飞行员在美国FAA实验中心做了一次机组缺氧失去意识的测试,飞行员在增压舱模拟飞机缓慢释压,此飞行员身体素质很好,而且有意识的克服自己的情绪去做这次测试,当"飞机"座舱高度达到25 000英尺时,他已经完全失去意识,昏睡过去,而失能的时间只有三分钟。因为飞机是缓慢释压,每个人对缺氧的感受是不一样的,头痛或者耳鸣,他就像喝了二两酒,在兴奋中迅速失去意识,因为自己是有准备的,而在空中快速的释压,因人为紧张,也许失能的时间只有这个时间的一半。也就是说,飞机在25 000英尺高度的释压,机组的清醒时间可能只有一分多钟。而实际上,我们平时的巡航高度,是远远高于这个高度的。

(来源:中国民航资源网)

有效知觉时间是指人的大脑能够保持足够清醒并能够做出正确判断的时间。在不同高度,人在静止状态下有效的知觉时间是非常短暂的(如表7-2所示)。

表7-2 不同高度与有效知觉时间

高度	有效知觉时间
22 000英尺(6 700米)	生存5~10分钟
25 000英尺(7 625米)	生存3~5分钟
30 000英尺(9 150米)	生存1~2分钟
35 000英尺(10 675米)	生存30秒
40 000英尺(12 000米)	生存15秒

第二节 释压处置

一、驾驶舱机组人员对释压做出的直接处置

案例分享

2005年8月,一架失去联系的737飞机飞进希腊领空,空军飞机紧急起飞拦截,空军飞行员吃惊地发现,飞机风挡已经结冰,飞行员歪倒在座椅上,这架载有121人的波音737客机撞上了雅典附近艾维亚半岛的一座山,没有生还者。这架飞机就是因为飞机座舱快速(慢速)释压,飞行员没有及时保护自己而造成的灾难。

(来源:民航资源网)

现代喷气式客机被设计成可以在高空高效率地工作,当我们在高于适应的高度活动时,危险就存在,我们的身体会受到气体浓度和环境压力的影响。

中国民航《公共航空运输承运人运行合格审定规则》(121部)中第419条规定:"坐在7 600米(25 000英尺)以上高度的飞行中服务的机组成员,应当接受下列内容的教育:(1)呼吸原理;(2)生理组织缺氧;(3)高空不供氧情况下的有知觉持续时间;(4)气体膨胀;(5)气泡的形成;(6)减压的物理现象和事件。"

飞行员发现座舱释压,应当:

1. 戴上氧气面罩,尽快建立机组通信,判断座舱释压程度,只要怀疑增压有故障,都应戴上氧气面罩(图7-2);

2. 确认高度和航路,若时间允许向地面报告释压情况,迅速将飞机的飞行下降至海平面的安全高度;

3. 打开客舱中禁止吸烟和系好安全带指示灯,到达安全高度后检查机上是否有人受伤,及时和乘务组联系沟通,进行机长广播;

4. 根据乘务员汇报的客舱及乘客当时的状况给出详细处理的办法;

5. 将机上情况及下一步意图告知地面管制,准备下降或继续飞行,检查燃油是否充足。

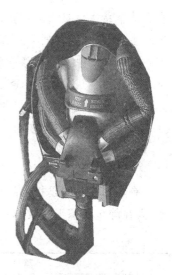

图7-2 驾驶员专用氧气面罩

二、客舱乘务员对释压做出的直接处置

 案例分享

2015年12月18日凌晨,某航空公司A330—300型客机在执行巴厘岛至北京航班时,起飞后约一个半小时出现双发引气故障,客舱释压飞机紧急下降。机上氧气面罩全部脱落,乘务员惊慌失措,机舱内混乱不堪。机组立即启动应急预案,后安全降落在马来西亚沙巴(亚庇)机场,未有乘客受伤情况。但有乘客反映部分氧气面罩无氧气,并听到当班乘务员的尖叫和哭声。

【风险评估】

(1) 当班乘务员发出哭声和尖叫

飞机遇到紧急情况,乘客必定十分惊慌。而作为乘务员,有义务有责任稳定乘客的情绪。但是,该案例中,乘务员却发出尖叫,不仅吓到了自己,更吓到了其他乘客。

客舱乘务员是受过专业训练的。在紧急情况下,乘务员应镇定、冷静地喊出"我们是经过专业训练的,请相信我们"的口令,在特情处置中表现沉着冷静、随机应变。只有乘务员表现冷静、镇定,乘客才能减少恐惧从而避免客舱混乱。

(2) 释压时乘务员口令错误

发生客舱释压时,客舱乘务员应正确指导乘客系好安全带,并戴上氧气面罩,而当班乘

第七章 释压处置

务员仅发布"系好安全带"的口令,缺少对应急情况下的口令熟练掌握能力。

（3）氧气面罩不出氧气

客舱的应急设备（如滑梯、氧气面罩等），均有定期的例行检查。航空公司应该规范客舱应急设备的检查工作，确保紧急情况下客舱应急设备可正常使用。

【案例小结】

座舱释压在客舱训练时难以模拟，客舱机组接收的大都是理论的教学，所以真正面对氧气面罩脱落，飞机急速下降的时候，难免有所慌乱。但作为一名合格的乘务员，我们要比乘客更清楚释压时，会发生什么，要注意什么。紧急情况下，我们就是乘客的救命稻草，如果连客舱乘务员都慌乱了，那么我们就会成为压死骆驼的最后一根稻草，然后紧跟着整个客舱就会如炸了锅一样的混乱。

（资料来源：长龙航空客舱部）

产生释压反应后,乘务员应当:

1. 迅速停止一切客舱服务工作,将客舱中的餐车踩好刹车;

2. 就近戴上氧气面罩,迅速坐下并系好安全带,用手势拍打座椅靠背指示乘客像自己一样戴上氧气面罩吸氧（如图 7-3 所示）;

3. 如果没有空座位,可以蹲在地上,握紧可以固定自己的设施（如图 7-4 所示）。然后迅速拿氧气面罩戴好;

图 7-3　戴上氧气面罩（移动端 VR 全景视频）　　图 7-4　抓住座椅下的行李挡杆

4. 乘务员固定住自己并开始吸氧后,用手势拍打座椅靠背指示乘客像自己一样戴上氧气面罩吸氧（如图 7-5 所示）,自己戴好面罩后再协助他人戴好面罩,成人戴好面罩后再协助儿童戴好面罩;

5. 乘务员收到机组人员给的可以在客舱内安全走动的提示后,立即携带便携式氧气瓶和灭火瓶对客舱设施及机上受伤人员进行检查并安抚乘客的情绪。

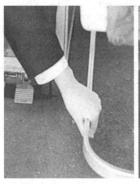   

图 7-5　佩戴氧气面罩顺序

（1）对失去知觉的乘客进行紧急救治，然后照顾其他受伤的乘客或机组人员，为需要继续吸氧的乘客提供便携式氧气瓶供氧（如图 7-6 所示）。

（2）乘务员携带灭火瓶巡舱时检查机舱是否有明火、客舱是否有破损，有破损应重新调整乘客座位，使其离开危险区域，并报告乘务长和机长（如图 7-7 所示）。

（3）提醒乘客不要将用完氧气面罩重新放回头顶的壁板内，化学氧气发生器释放热量。防止发生火灾，乘务员教乘客将同一侧的面罩捆扎在一起后应放于座椅前面的口袋内（如图 7-8 所示）。

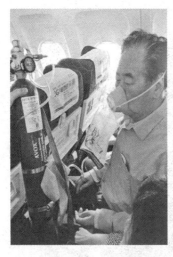  

图 7-6　为乘客供氧　　　　　图 7-7　巡舱　　　　　图 7-8　收回氧气面罩

（4）释压状态解除后，乘客们可能还处于惊慌失措的恐惧情绪中，乘务员要安抚乘客的情绪，告诉乘客"飞机释压状况已经解除，我们受过良好的训练，有能力有信心保证大家的安全"，帮助乘客消除恐慌。

三、客舱释压处置的原则

1. 释压状况发生时我们佩戴氧气面罩要遵循先乘务员戴好，再成年人戴好，最后未成

年人戴好的顺序,但最好能够同时进行;

2. 在飞机释压状况没有解除前任何人都要停止一切的活动,等待机长的指令;

3. 释压状况解除后,可能还会有小部分受伤或者昏厥的乘客需要继续吸氧,为乘客提供氧气时根据乘客的具体情况采用不同的吸氧姿势,对有知觉的乘客采取直立的坐姿,对没有知觉的乘客,我们先将乘客的座椅靠背往后调整,让乘客采取仰靠位的姿势吸氧(如图7-9所示);

4. 客舱内供氧时需准备好灭火设备,为防止意外明火引发火灾;

5. 释压的全过程、乘客的伤势及客舱的破损情况要及时向责任机长汇报,责任机长再根据当时的状况决定是否需进行紧急着陆或撤离。

图7-9 仰姿吸氧

本章小结

释压是飞机可能遇到的几乎最严重的故障,训练时按程序有序执行和事故真实发生时的情况不具有任何可比性。在真实飞行中遭遇释压和紧急下降,乘务员要想做到有条不紊,就需要在模拟演习时认真训练,尽量模仿真实条件下的真实反应。保持冷静,迅速判断,正确处置才能确保自身和乘客的生命安全,这也体现了乘务员全面的综合素质,做好一切安全工作也是乘务人员最重要的工作。

综合练习

1. 座舱高度达到( )氧气面罩自动脱出,紧急用氧广播开始。

A. 3 050 米　　　　B. 8 000 米　　　　C. 4 276 米　　　　D. 10 000 米

2. 释压时佩戴氧气面罩的顺序是( )。

A. 成年人、未成年人、乘务员　　　　B. 乘务员、成年人、未成年人

C. 未成年人、成年人、乘务员　　　　D. 乘务员、未成年人、成年人

3. 25 000 英尺(7 625 米)机上人员的生存时间是( )。

A. 1～2 分钟　　　B. 5～10 分钟　　　C. 3～5 分钟　　　D. 30 秒

【练习答案】

1. C　　2. B　　3. C

第八章

爆炸物处置

学习目标

- 熟悉爆炸物的类别。
- 熟悉爆炸物检查的区域、原则、程序,能进行客舱安全检查。

 导引案例

2001年12月,来自英国的理查德·里德曾将100克塑胶炸药藏在自己的工作靴中,试图要炸毁当时从巴黎飞往迈阿密的航班。但炸弹并未能引爆成功,据分析,有可能是因为里德的脚汗导致爆炸物失效。最终,在同机乘客及机组人员的帮助下,里德被捕且获判终身监禁。目前他在科罗拉多州监狱中服刑。

2006年,沙特爆炸物专家阿里发明出了一种家庭制作的液体炸弹,该炸弹在过海关时被误认为普通饮料,躲过审查被带上飞机。阿里将目标锁定为伦敦至三藩市、多伦多、蒙特利尔、华盛顿、纽约和芝加哥的7架航班,每架航班间隔两个半小时。最终,阿里和他手下的另外5名恐怖分子被捕,于伦敦伍尔维奇刑事法庭受审。

2009年圣诞节,奥马尔·法鲁克·阿卜杜勒·穆塔拉布将80克PETN高爆炸药绑在内裤里,试图袭击一架美国客机。但炸弹只是发热,并没有能够成功引爆。穆塔拉布被捕后,对美国联邦调查局特工供认,他过去数月在也门接受了基地组织的训练,是基地组织将这枚炸弹交给他的。

2010年,曾有恐怖分子将塑料炸药藏在喷墨打印机里,试图借此袭击两家从也门飞往美国的货机。据悉,炸弹理应在飞机飞至半空中时爆炸,让飞机变成巨大火球坠落在美国境内。沙特阿拉伯情报部门收到相关资讯,将飞机截停在莱斯特郡机场后解除了该炸弹。稍后,基地组织在阿拉伯半岛的分支承认对该事件负责。

民用航空器在空中被劫持时,民航总局将要求机组接反动机预案做如下处置:(1)争取将航空器降落在我国境内并保持在那里;(2)保持通信设备的有效使用;(3)实施适当的飞行程序;(4)采取措施,稳住劫机部情绪;(5)除非特殊情况,驾驶舱内应至少保留两名驾驶员;(6)在没有把握的情况下,不应盲目采取制服行动。

(来源:民航资源网)

第一节 机上爆炸物处置程序

一、爆炸物

(一)爆炸物的定义

指在外界作用下(如受热、受压、撞击等)能发生剧烈的化学反应,瞬时产生大量的气体和热量,使周围压力急剧上升发生爆炸,对周围环境造成破坏的物品。

(二)爆炸物的危险性

1. 爆炸破坏效应

爆炸引起的直接毁伤、破片致伤、爆炸冲击波、爆炸地冲击引起的结构震动和人员伤害、爆炸毒气、爆炸噪声对人员造成的伤害。

2. 爆炸引起的直接毁伤

爆炸物(药)在目标相对近的距离爆炸时,由爆炸冲击波、破片和飞散物对人员与设施造成的杀伤及破坏作用。破坏现象主要包括形成弹坑,混凝土结构震塌和局部破裂,结构被贯穿,甚至造成建筑物倒塌。

3. 破片致伤

破片致伤的主要作用在于以其质量高速撞击和击穿目标,破片命中目标时动能的大小是衡量破片杀伤威力的重要尺度之一。

4. 爆炸冲击波

爆炸物(药)内的绝大部分物质转化为高温气体,急剧膨胀并压缩周围的空气,导致冲击波的产生。冲击波对人员的杀伤作用:引起听觉器官损伤,内脏器官出血以及死亡。较小的冲击波引起耳膜破裂,稍大的冲击波引起肺、肝和脾等内脏器官的严重损伤。在无掩蔽的情况下,人无法承受 0.02MPa(压强单位:兆帕斯卡)以上的冲击波超压,即相当于 10.332 公斤/平方厘米的压力。

5. 爆炸地冲击

爆炸地冲击也称爆炸地震动。爆炸产生的地震动荷载作用于建筑结构,当结构的抗力不足时,结构遭到破坏;当震动量值超过人员或仪器设备的容许值时,将引起人员的伤亡和仪器设备的损坏。

(三)爆炸物的分类

爆炸物按危险程度分为 6 类(如图 8-1 所示):

第 1 类,有整体爆炸危险的物质和物品。例如,硝化甘油(丙三醇)、TNT(三硝基甲苯)。

第 2 类,有喷射危险,但无整体爆炸危险的物品和物质。例如枪弹等。

第 3 类,有燃烧危险并有局部爆炸危险或局部喷射危险或这两种危险都有,但无整体爆炸爆炸危险的物质和物品。例如烟幕弹、照明弹等。

第 4 类,不呈现重大危险的物质和物品。例如烟花、礼花弹等。在运输中万一点燃或引发时,仅出现小危险的物品和物质。其影响主要限于包装件本身,并预计射出的碎片不大,射程不远。外部的燃烧不会引起包装件几乎全部内装物的瞬间爆炸。

第 5 类,有整体爆炸危险的非常不敏感物质。例如铵油炸药等。具有整体爆炸危险性,但非常不敏感,以至在正常运输条件下引发或由燃烧转为爆炸的可能性非常小。

第6类,无整体爆炸危险的极端不敏感物品。

图 8-1　爆炸物分类标签

二、飞机上爆炸物可疑装置处置程序

(一) 处置原则

立即报告、快速反应、妥当处置、认真对待。

(二) 处置要求

高度负责、科学对待、避免蛮干、正确处置。

(三) 情况搜集

接到飞机上有爆炸物、可疑物品或接触到爆炸威胁的警告信息时,要尽快查明下列情况:

1. 爆炸物放置的位置、形状、大小、外包装性质、有无导线、绳索是否相连接;
2. 最初发现的情况或接到警告的内容,是否有人动过和发现时间等。

(四) 情况报告内容

1. 已经查明的上述内容及相关情况。
2. 飞行航线、航班号、飞机号、飞机所在空域。
3. 机上货载数量、有无危险品。
4. 机长姓名。
5. 就近机场、飞机所剩油量。
6. 机组准备采取的处置措施。

（五）报告程序

1. 由空中警察、航空安全员或其他指定人员负责查清情况，报告机长。
2. 机长接到情况后应立即向航空管制部门 ATC、运行控制中心报告。
3. 对已经查清和发现的新情况应及时续报。

（六）处置程序

1. 机组应尽最大的可能降低飞行高度并且争取在就近机场着陆；着陆后，按照地面指令将飞机滑行到机场安全处置区（飞机隔离区），紧急撤离机上人员，使乘客和机组人员尽快离开飞机和危险地带。
2. 如果发现爆炸物，飞机不能在短时间内降落，应通过航空管制部门 ATC 设备和所在公司的运行部门与爆破技术专家取得联系，获得处置措施和建议。
3. 在条件允许的情况下下降飞行高度，并尽可能地保持舱内现有的舱压，使其压差不超过（或低于）每平方英寸 1 磅的限度；即使距离安全着陆地点较远不能立即使飞机落地，也要保持舱内压差不升高，避免激活爆炸物电子装置引爆爆炸物，使飞机失控；在飞机上发现爆炸物时，在所飞地面无障碍下，应将飞机下降到 8 000 英尺（2 438 米）安全高度。
4. 机组在考虑到飞机的性能和就近机场的距离后，准备实施着陆时，应尽可能降低飞机的进近速度，保持水平状态飞行，控制操纵在最小范围内使飞机着陆，增强飞机的抗毁灭性。
5. 使用机上广播查询乘客中的爆破专家（EOD），为避免引起机上乘客恐慌，应使用缩略语进行广播，即："飞机上有 EOD 人员吗？（或有位乘客需要 EOD 人员的帮助）"，使用缩略语，可以仅使爆破专业技术人员感到有危险；在找寻到具有一定爆炸物知识的专业人员后，在处置爆炸物时要严格按规定程序进行处置，严禁违反规定盲目采取处置措施。

警告：飞机在飞行中不允许企图打开一个闭合的隐蔽的爆炸物，或者尝试进入爆炸物的内部元件，任何尝试都将可能导致爆炸；严禁剪开或掐断任何电线。

6. 客舱乘务人员应将爆炸物周围的乘客疏散到至少四排以外的座位上，并确定所有乘客在座位上坐好，系好安全带，将座椅靠背和小桌板调至垂直位置，有效保证乘客生命安全。
7. 按照当时所飞的机型规定的最小风险区爆炸物放置处（LRBL），做好将爆炸物和可疑物品转移到飞机上的指定位置的准备。
8. 及时切断通向 LRBL 附近不必要的电源，准备好适用的灭火器材。
9. 如果 LRBL 位置是在一个门上，要解除应急撤离滑梯预位，尽量栓紧充气瓶。
10. 在移动爆炸物之前必须对 LRBL 作必要的准备工作，在该处客舱地板到 LRBL 周围用行李堆放起一个平台，在平台的上方覆盖至少 25cm 淋湿的物质（软物质：坐垫或毛毯），再将薄的塑料制品（例如垃圾袋）放在上面，用来吸收爆炸时的能量和保护地板下的电子系统设备。
11. 使用一个硬质的薄型卡片（例如应急信息卡、安全须知卡）缓慢放置在爆炸物的底下缓慢滑动，如果没有阻碍，将卡片保留在爆炸物的底部，这样可确认爆炸物底部没有连接引爆开关的引线。

警告：倘若爆炸物底部有连接引爆装置，不得将卡片留在爆炸物底部。

注意：如发现爆炸物不能转移到LRBL，最好的处置方法是使爆炸物保持在原位置，实施一套临时修正位置的LRBL包装程序，重新制定适用的应急措施，对爆炸物进行覆盖（先在爆炸物上覆盖一层塑料薄膜，至少25cm厚软组织物）。

12. 在爆炸物可以重新安置的情况下，将爆炸物移动到已经准备妥当的LRBL位置。特别注意移动前确认底部有卡片标志（证明可移动）。

13. 当爆炸物被安置在LRBL时，在爆炸物上方再覆盖一层薄薄的塑料制品，然后小心地用至少25mL的水或其他任何不易燃烧液体淋湿的柔软防爆物质覆盖爆炸物；并将LRBL使用的其他空余地方上至头顶，外至走廊填满柔软防爆物质；如果LRBL在飞机尾翼锥上，可以用柔软防爆物质填充尾翼至爆炸物的前部，防止爆炸冲击波、烟雾、炸弹碎片向外扩散、冲击客舱。

14. 当爆炸物放好后，可以使用安全带、领带或其他适合的材料固定LRBL的堆放物，使其在剩余的飞行时间内稳固可靠，确保安全（注意不能太用力和捆得太紧）。

15. 将LRBL周围的乘客疏散到至少四排以外的座位上坐好。将座椅靠背和小桌板调整垂直，可起到辅助保护作用。

16. 机组应尽最大的可能将飞机及早着陆，着陆后应将飞机滑到机场的安全处置区，紧急撤离机上人员，尽量避免使用飞机LRBL一侧和靠近LRBL的紧急出口，地面人员应迅速组成临时处置小组，详细了解爆炸物的具体情况和机组的处置措施，准备救援工作，努力减少乘客和机组人员的生命财产损失。

三、飞机在地面发现或被警告有爆炸物

（一）处置

1. 当机组被警告飞机上有爆炸物时，应立即报告机长，由机长将此情况报告空管或航行签派。

2. 条件允许的情况下，应实施对机上乘客和机组人员的撤离，撤离时任何人不得携带或提取任何物品。

3. 如果需要可将飞机拖至或滑行到安全处置区域。

4. 在允许机上人员撤离时，现场应保留少数安全检查人员、警察及安全人员，实施对飞机的搜查或监控。

5. 经过专职人员检查没有发现爆炸物，应将机上全部物品卸下，并重新经过安全技术检查后方可重新装机。

6. 经过撤离飞机人员和乘客进行技术检查，未发现任何爆炸物，机组应与地面人员办理有关手续。

7. 机组返回基地后，机长、航空安全员、乘务长，应联合向公司领导或保卫部门写出发

现和处置爆炸物过程的情况报告。

(二) 安全处置区(飞机应急隔离区)

机场安全处置区(飞行隔离区)的用途,主要是应付和处置所发生的飞机紧急事件或执行特殊任务飞机临时停放的区域。

安全处置区的设置地点必须远离候机楼,其他建筑物、航油储存区、货物装载区、跑道、主要滑行道、其他飞机停放区,安全处置区的地下不能有油气管道,电力、通信管网。

四、在登机前声称截机、有爆炸物

(一) 进入机场后、未登机前

在候机楼、机坪、摆渡车、登机廊桥等处声称要劫机、有爆炸物的非法干扰,首先应辨明真伪。如果行为人确有劫持、炸机等破坏行为,或者情况难以辨明时,依照公司反劫、炸机预案进行处置。

(二) 行为过激时

系因对航班延误、民航服务等原因发泄不满而语言过激,根据下列程序处置:

1. 现场工作人员要采取措施控制行为人及其行李物品,同时立即报告公司总签派室和保卫部;
2. 在确定无危险物品后,由机场公安人员尽快将声称者及其行李带离现场,视情况终止其航行或改签。

五、在客舱内声称劫机或有爆炸物

机组或其他工作人员遇有客舱内有人声称要劫机或有爆炸物时,应辨明真伪。如行为人确有劫机、炸机等破坏行为,或情况难以辨明时,依照处置反劫机工作预案进行处置。

如行为人显系因对航班延误、民航服务等原因发泄不满而语言过激,根据以下程序处置。

(一) 起飞前

1. 机组、航空安全员应对行为人及其行李物品予以监控;如果行为人有随行者,同时注意监控。
2. 立即报告机场公安机关,由公安人员登记处理。
3. 对周围乘客讲明情况,稳定乘客情绪,防止事态扩大。
4. 动员知情乘客积极配合公安机关调查取证,或请乘客提供亲笔证词。

(二) 起飞后

1. 如行为人有其他过激行为,机组、航空安全员应予以约束,待飞机着陆后,办理移交手续,交由机场公安机关处理。

2. 如行为人有其他过激行为,可在飞行途中安排专人控制,待飞机降落目的地后,办理移交手续,交由机场公安机关处理,并对其座位及其行李舱进行安全检查。如有同行人员,机组应向公安人员说明,由公安人员决定是否一并带离。其交运行李应从机上卸下,一并由公安机关扣留,如航空器尚未起飞或中途降落,在采取上述措施后,一般可不再对其他乘客及行李重新进行安全检查。

六、处理爆炸装置的应急措施

(一) 发现

发现爆炸(可疑)装置应立即报告(爆炸装置描述、部位及处置意见),并根据地面指挥员指令和在有关专家的指点下慎重行动。

(二) 移动

由"高危险"区域(驾驶舱或有基本设施的区域)移动到 LRBL 前必须注意以下几点:

1. 采取行动前要经过专家的指点和地面指挥员的批准;
2. 检查反增升启动装置,不要阶段绷紧的弦或带子;
3. 不要打开可疑的容器;
4. 计划位置和路线安全保卫,并制定移动时的分工配合工作;
5. 移动时要慢,要小心,注意保持可疑装置的原状。

(三) 疏散

当可疑装置无法从发现的地方移开时,或在 LRBL 区域发现,或已经转移到 LRBL 区域时,注意以下几点:

1. 将乘客有序地撤离该区域;
2. 切断改区域的基本电源;
3. 保证该装置的稳固;
4. 为减少爆炸冲击波和碎片,应使用干燥、柔软的物品将可疑装置包起来,最后盖上潮湿的毯子;
5. 准备好灭火器和防护式呼吸装置。

(四) 航空器着陆前后

航空器着陆前后机组应注意以下事项:

1. 明确指定疏散区域位置,要求机场提供客梯及地面支援设备;
2. 通知乘客,有课题时带上所有手提行李,用紧急滑梯时将手提行李留下,并明确集合地点(离航空器至少 100 米外);

3. 通知乘务员将使用的舱门和采取的行动;
4. 飞机滑行至指定区域,并适时下达撤离指令;
5. 根据地面指令,完成关车程序和紧急撤离程序,迅速撤离航空器;
6. 报告地面指挥员(管制员)情况,并协助工作,噢诶和有关部门做好乘客工作,禁止乘客再次登上航空器。

第二节　爆炸物清舱检查

 案例分享

4月10日中午11点25分,国航某航班从温州飞往北京,在登机过程中工作人员报警:有一顾客自报行李中有炸弹。接到该警报后,机场方面启动了应急预案,对飞机进行清舱,所有乘客返回候机厅。中午11点49分,机组报告清舱完毕,没有发现爆炸物,一切正常。中午12点30分,乘客经过再次安检后重新登机。下午1点08分,该航班起飞。嫌疑人张某处以行政拘留。

(资料来源:钱江晚报)

清舱,也称航空器清舱或飞机清舱,指对航空器客、货舱内可藏匿物品和人的部位进行清理、检查。包括飞行前例行清舱、乘客原因清舱和受到其他安全威胁时的清舱。乘客在旅行中最常见的清舱是乘客原因清舱,主要是由于乘客临时下机中止行程所致。清舱是航空公司的安保要求,最根本的目的是为了确保飞机和乘客生命财产的绝对安全。清舱操作又分为局部清舱和全部清舱,由当班责任机长负责决策。机长会根据具体的情况,决定清舱方式。一般来说,因航班延误造成的乘客中途退乘,可以进行局部清舱;而乘客自行下飞机并且未向当班机组申明或是飞机受到安全威胁时,则要进行全部清舱。

一、清舱分类

(一)正常清舱

对执行国内航班的航空器在乘客登机前和下机后以及装载货物前,根据航空器保卫搜查单对航空器客、货舱内可藏匿物品和人的部位进行清理、检查。

(二)特殊情况的清舱

按照《航空保安爆炸物搜查单》进行;
在实施航班任务前,怀疑航空器上存在安全隐患或其他非法干扰事件可能对航空器和人员造成危害的情形下,对人、机、物(货邮行)等进行全面或部分清理及检查;

乘客与行李不符时;现场人员应协调警方和机场相关单位进行清舱并需要查明该名乘客终止旅行的原因。同时,要对该乘客的人身、行李物品、座位附近区域进行安全检查;

怀疑漏检时;航班受威胁程度加大时。

(三) 遇到非法干扰行为的清舱

按照《航空保安爆炸物搜查单》进行;

乘客登机后,客舱内有人声称劫机或有爆炸物;

起飞前打匿名电话称某航班存在劫机或爆炸物威胁;

乘客登机后发现管制刀具、武器、易燃、易爆等危险品;

其他类似的较严重的非法干扰行为。

(四) 必须进行清舱的情况

乘客在行李交运后未登上飞机;

联程乘客中途终止旅行或乘客登机后因故终止旅行;

乘客登机后公安、安检怀疑存在漏检情况;

乘客登机后机组人员对乘客的安检质量产生怀疑;

未经安全检查的人员和物品进入航空器;

其他可能危及安全的情况。

二、清舱分工

飞机驾驶舱、客舱正常清舱由飞行机组分工负责。

货舱正常清舱由地面装卸人员负责检查;航空器在外站时,货舱的清舱由公司委托在外站的货运代理、驻场代表或按双方签订的服务代理协议实施。

特殊情况清舱由机场公安当局联合安检、飞行机组、机务等单位负责实施。

对受爆炸物威胁的航空器进行清舱检查,受威胁航空公司应该提供搜查内容及范围,检查人员应由机长、机务、公安、安检人员组成。

三、客舱清舱

机组成员登机后,机长组织分工对飞机驾驶舱和客舱各部位进行安全检查,检查的重点是飞机客舱内的厕所、衣帽间、服务舱,行李架、座椅、工具资料、物品放置处箱柜,以及应急设备是否完好,有无损坏、缺少。

安全检查的程序是由前往后,由上到下,由左到右。检查的方法是眼到手到,不留任何死角。

检查的要求是认真仔细检查每个部位,不放过一件可疑物品,可疑现象及可疑人员。

检查的目的是杜绝枪支、弹药、易燃、易爆等危险物品上飞机;防止无关人员或不明物品滞留在飞机内;检验设备是否被人破坏,应急设备是否处于良好状态。

在检查中发现的无关可疑人员或可疑的不明物体及现象,必须认真排查,并视情况报告地面或交警方处理。

对不完好的缺少的应急设备,应请地面维修部门及时修复或配齐。

一般情况下不准机组人员帮助他人携带物品。对于必须携带的一切物品应经安全检查。对于危险违禁物品应交警方处理。

在检查中发现属乘客乘机时遗失的物品(危险品除外),应进行登记。记载航班、飞机号发现物品时间、位置、品名、大小和数量后移交地面有关部门,并办理移交手续。

清舱检查结束后,机组其他成员应及时向机长报告,空中保卫人员要对客舱进行监护,防止无关人员登机。

四、货舱清舱

货运部门或运输服务部门的装卸人员在飞机装货前或卸货后必须对飞机货舱进行清理,防止外来物或可疑爆炸物等滞留在飞机内。

飞机货舱的范围是指对执行国际国内(地区)航班的飞机,在装载货物前对飞机货舱内可藏匿物品和人的部位进行清理检查。

清舱人员应对货舱内可藏匿物品和人的所有部位进行认真检查清理。

清舱的重点是检查舱内是否藏有武器、凶器、弹药、易燃、易爆物品,毒品,放射性物质,以及其他危害飞机、乘客安全的违禁物品。

对清舱中发现的可疑人员和无登机通行证人员交由警方或有关部门处理。

对清舱过程中发现的外来物品应进行逐项登记清理并移交公安机关处理。

对于清舱中发现的武器、凶器、易燃、易爆物品、毒品、放射性物质,应保护好现场,及时报告警方或保卫处进行处理。

对于清舱中发现的漏卸货物行李,应及时与现场值班人员联系,卸下飞机交地面运输或货运部门处理。

监装监卸人员将行李货物全部装入飞机后,应及时关好舱门,并负责锁闭,及时报告机长。

五、爆炸物清舱检查区域

进行爆炸物处置或怀疑飞机上有可疑装置,保卫员、乘务员要根据飞行客舱检查表(见表 8-1)重点清查以下区域:

- 舱门区域
- 驾驶舱通道
- 头等舱,公务舱和衣帽间
- 前后厨房

- 客舱
- 前后厕所
- 飞机机体
- 货舱

表 8-1　飞行客舱检查表

检查项目	分工	签名
一、客舱部分		
1. 行李架	保卫员	
2. 底部及救生衣袋	保卫员、乘务员	
3. 储藏柜	乘务员	
4. 衣帽间	乘务员	
5. 机组休息区	保卫员	
6. 急救物品放置区	乘务员	
7. 座位后面口袋	保卫员、乘务员	
8. 其他可存放物品的地方	保卫员、乘务员	
客舱检查完毕，无异常物品		
二、服务台部分		
1. 储藏架	乘务员	
2. 垃圾箱	乘务员	
服务台检查完毕，无异常物品		
三、厕所部分		
1. 水斗下方的储藏柜	保卫员	
2. 纸巾存放架	保卫员	
3. 婴儿尿片存放架	保卫员	
4. 热水器区域	保卫员	
5. 废纸箱	保卫员	
6. 马桶周围	保卫员	
7. 其他角落	保卫员	
厕所检查完毕，无异常物品		

本章小结

处置民航飞机或者民航设施内发生的恐怖袭击事件，要比处置其他条件下的恐怖事件棘手得多。与地面目标相比，恐怖分子更愿意在天上动手。袭击地面目标，即便使用大量炸药，往往也很难造成巨大伤亡，但波音 737 这种小型客机一次空难，就能造成上百人罹难，波音 747 或者空客 A380 载客量甚至超过 400 人。

伦敦发生"8·11"事件后，担心液体炸药被带上飞机，各国民航都对随行携带液态物品做出了严格的限制，中国民航紧急在全国所有机场普及了痕量爆炸物探测器，毫米波和 X 光

"裸检"设备也进入机场,给民航业增加了反恐手段。但最重要的问题还是人的问题,包括素质和意识两个方面。空防意识不仅涉及民航工作人员,还涉及全社会,提高全社会对空防安全的认知,在我们的工作中才能得到各方面的配合。

综合练习

1. 如果在飞行中航空器内发现可疑爆炸物,机组人员可以试图去拆除可疑物品,以保证飞机的安全。Y/N

2. 最低风险爆炸区只能提供最低限度的爆炸防护,因此,必须尽量让旅客远离该区,并且在爆炸物周围覆盖尽可能多的缓冲物。在座椅靠背水平面以上,只能堆放软性缓冲物。Y/N

3. 乘坐国际、地区航班的旅客应将携带的液态物品盛放在容积不超过(　　)毫升的容器内携带。

　　A. 100/100　　　　B. 200/200　　　　C. 300/300　　　　D. 400/400

4. 乘坐国际、地区航班的旅客:盛放液态物品的容器应宽松地置放于最大容积不超过(　　)升、可重新封口的透明所料袋内,塑料袋应完全封好,每名旅客每次只允许携带(　　)个透明塑料袋。

　　A. 1　1.5　　　　B. 1.5　1　　　　C. 2　2　　　　D. 3　2

【练习答案】

1. N　　2. Y　　3. A　　4. A

第九章

野外生存

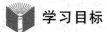 **学习目标**

- 熟悉陆地生存的要点,包括撤离后的准备、如何获取联络信号、食品和水源等;
- 熟悉水上求生的要点,掌握水中保暖的基本方法等;
- 了解森林求生、极地求生和沙漠求生的基本方法。

 导引案例

一些世界著名小说,如英国笛福的《鲁滨孙漂流记》、斯科特·奥代尔的《海岛孤女》、法国儒勒·凡尔纳的《神秘岛》、美国杰史·伦敦的《热爱生命》等,书中的主人公失落在没有人烟的荒野上,食宿无着,但他们以丰富的野外生存知识和顽强的毅力战胜了种种艰难险阻,摆脱了困境。

在实际生活中,也有这样真实的事例。1971年圣诞节的前夕,一架美国洛克希德飞机在秘鲁上空失事,乘客中只有一位十六岁的德国姑娘朱利安妮活了下来。朱利安妮遇难之后,孤身一人失落在茫茫的热带丛林中。由于朱利安妮在十四岁至十五岁时,曾和父母同住在南美一个研究站里,在那两年中,学到许多如何在热带丛林里求生的宝贵知识:她知道森林中哪些野果可食哪些是有毒的;知道哪里的蜘蛛、苍蝇、蚊子和蚂蚁非常多,对人来说都和美洲虎一样危险;还知道能够逃生的办法就是找到一条河,顺着河流便可以到达安全地带。朱利安妮全部的食品就是一袋饼干和一块被雨淋湿了的圣诞节蛋糕。她在许多人丧生的热带丛林中奇迹般地度过十天,在丛林中跋涉了25公里,终于活了下来。

第一节 陆地求生

一、撤离后的组织

当陆地撤离发生在偏僻和荒凉地区时,救援人员不能马上赶到之前,幸存者应做陆地求生的准备。

1. 首先远离飞机,避免火侵害;
2. 当发动机冷却,燃油蒸发,火已熄灭时,设法返回飞机;
3. 对受伤人员施救,并寻找乘客中的医务人员对受伤人员提供援助;
4. 集合并清点幸存人数,将其分为几个小组,每组人数约4~25人;
5. 每组指定一名组长负责管理,总任务由机组人员下达,具体任务由组长分配给每一个人;
6. 利用就地材料搭设临时避难所;
7. 准备好发出求救信号的设备。

二、建立避难所

（一）天然避难所

1. 山区和岩岸边的山洞；
2. 凸出的大岩石下边；
3. 树和树枝及雪堆。

（二）飞机避难所

1. 完整的机身；
2. 机翼和机尾；
3. 机舱内的塑料板。

（三）修建避难所时要注意的问题

1. 山洞作为避难所时，要注意里面可能会很潮湿，同时可能会有其他生物存在；
2. 冬季时，不宜依靠机身修建避难所，因金属散热过快；
3. 避免在低洼潮湿的溪谷处修建避难所，防止让洪水冲走；
4. 在倒下的死树及树之间不宜修建避难所；
5. 不宜在茂密及人深的草木丛林中修建避难所。

三、信号与联络

（一）可用资源

1. 飞机残骸

坠机后可找到如燃油、轮胎及一些可燃或绝缘材料作为有用的信号源，燃烧他们可形成大火或浓烟。

2. 天然材料

干的树枝、树皮、树叶都是很好的燃料，而湿的材料燃烧时会形成浓烟。

3. 应急发报机

4. 手电筒

在夜间可以利用手电筒作为信号，很远的地方可以看到，国际通用的 SOS 求救信号是三次短闪，三次长闪，三次短闪。

（二）信号方式

1. 火光信号

火在白天和夜间都可作为信号，三堆火组成的三角信号是国际上的一种遇难信号。

2. 浓烟

当在晴朗无风的日子里或是白雪覆盖时,可用白色、黑色烟雾作为信号。三个烟柱组成的三角形是一种国际遇难信号。蓝天为白烟,雪地、阴天为黑烟。

3. 地对空求援信号

(1) 利用树丛、树叶、石头、雪等天然材料堆成各种求援符号,以吸引来自空中的救援人员的注意。

(2) 国际公认的求援符号有 5 种:

- "V"字表示求援者需要帮助;
- "箭头"表示求援者行进的方向;
- "X"表示幸存者需要医疗救护;
- "Y"或"N"分别代表"是"或"不是";
- "SOS"表示请求援助我们。

(三) 发信号时应注意的问题

(1) 做好发信号的一切准备,并保证其有效性。

(2) 应保证铺设的信号在 24 小时内都有效,因为信号在昼间大部分时间内都有阴影,所以铺设方向应为东西方向。其线条宽度为 3 英尺,长度不短于 18 英尺,并定时检查。

(3) 所有信号的发出和铺设应在开阔地带,可能的情况下多准备几种信号。

(4) 用火作为信号时,应选择离其他树较远的孤立稠密的常青树,避免引燃森林火灾。

(5) 保护好信号材料不受冷、不受潮。

(6) 烟雾和反光镜是仅次于无线电的最佳联络手段。

(7) 任何异常的标志和颜色之间的差异在空中都能被发现。

四、饮水

在生存中,水比食物更为重要,水是人生存的必需品。

(一) 水源

(1) 当从飞机上撤离下来时,应尽可能地带水、饮料;

(2) 附近的河流、湖泊、池塘、山泉等;

(3) 沙丘之间凹处进行挖掘可能有水;

(4) 干枯河床下面常常有水;

(5) 雨水和露水;

(6) 热带丛林的植物也富含水分;

(7) 寒冷地带,融化后的纯净冰和雪;

(8) 鸟群经常在水坑上飞翔;

(9) 顺着动物的足迹和粪便等寻找水源,在沙漠区也是如此;

(10) 凝结水汽取水:将塑料袋套在嫩枝上,让叶面蒸腾,获取凝结水;

(11) 日光蒸馏取水:挖一大坑,坑底放一个收集器皿,坑顶覆上塑料布周边压实,塑料布中央放一块石头(此法用于蒸馏有毒的水、海水、尿液等)。

(二) 饮水时要注意的问题

(1) 不干净的水最少煮 10 分钟后才可饮用;

(2) 河流、湖泊、池塘、山泉等水源,需消毒后饮用;

(3) 不要直接食用冰和雪解渴,因为冰和雪能降低体温,造成更严重的脱水;

(4) 丛林植物中的乳汁状的汁液不能喝,可能有毒;

(5) 不要饮用尿液,那样会觉得恶心,并且对身体有害;

(6) 减少活动避免体液损失;

(7) 飞机上带下的水和应急水应放在最后使用;

(8) 合理分配用水量,缺乏饮用水时,饮用水应定量供应;

(9) 沙漠中的湖泊和水坑的水,如含有盐碱味,不要饮用。

五、食品

在野外生存中,食物与水相比并不是最重要的。一个幸存者不吃东西,光靠水和本身脂肪也能生存一段时间,当你需要吃食物时,可以从你周围的环境中获取。

(一) 食物的来源

(1) 在不影响撤离速度的情况下,尽可能从飞机上带下可用食品;

(2) 从昆虫身上获取食物;

(3) 猎捕野兽和鸟类作为补充食物;

(4) 捕食鱼类;

(5) 采摘野生藤本植物;

(6) 捕捉爬行动物;

(7) 飞机货舱内可食用的货物。

(二) 进食时要注意的问题

(1) 应急食品,不易腐烂的食品要放在迫不得已时再食用(应急食品所含的碳水化合物越高越好)。

(2) 昆虫除蝗虫外,都可生吃,但烧烤后味道更好,吃时要去掉胸腔、翅膀和腿,但不要食用蜈蚣、蝎子、蜘蛛、苍蝇、蚊子和虱子。

(3) 食用鸟类及兽类之前,应先放血,去皮取内脏,然后经烧烤后食用,在取内脏时不要碰破胆囊,并将多余的肉存储。

（4）淡水鱼一定要煮熟后食用。

（5）野生藤本植物作为最后的求生食品时，一要熟悉其属性，二要在食用前分辨一下是否有毒：

- 若植物茎和叶上附着蛆或者其他蠕虫时不能食用；
- 切下一小块，若有其他难闻的苦杏仁或桃树皮味，应立即扔掉；
- 稍挤榨一些汁液在体表敏感处如肘部与腋下间的前上臂，如有不适，起疹或肿胀，则立即扔掉；
- 若以上步骤进行完后无任何不适症，则进行下列程序（之间相互间隔不少于5秒，每次尝试取少量植物材料）：触动唇部，触动口角，舌间舔尝，咀嚼少量。若有任何不适，如喉咙痛痒，强烈的灼伤感，刺激性疼痛立即扔掉；
- 吞咽少量植物，耐心等待5小时，期间不得饮用其他任何食物；
- 若无口部痛痒，不停打嗝、恶心、发虚、胃痛、下腹绞痛以及其他任何不适症状，则可认为该植物是可食用的；

（6）进食应有规律，尽量减少进餐数，每日两餐即可。

六、野外取火

（一）火是野外生存最基本的条件之一，有取暖、做饭、烘衣服、防止野兽袭击、联络信号等作用

（二）生火的必备条件

生火的一般顺序是从火花到引火物，再到燃料。

1. 火花源

（1）火柴；

（2）打火机；

（3）火石和小件钢制品；

（4）信号弹是最佳火种，也是最后的手段；

（5）电瓶，但不要在飞机附近进行放大镜。

2. 引火物

作为引火物的材料应细些，保持干燥和高度易燃。

（1）棉绒；

（2）纸绒；

（3）脱脂棉；

（4）蘸过汽油的抹布；

（5）干枯的草。

3. 燃料

凡是可以燃烧的东西都可以作为燃料,并可以混合在一起使用,在准备燃料时一定要尽可能地使之充足够用。

(1) 干燥的树枝和枯枝;
(2) 灌木;
(3) 成束的干草;
(4) 干燥的动物粪便;
(5) 地面裸露的煤块;
(6) 飞机上的汽油和滑油。

(三) 火场的设置

火场最好设置在沙土地和坚硬的岩石上。如果要在丛林中生火,要尽可能选择在丛中的空地上,同时要清除周围地面上的一切可燃物,如树枝、树叶、枯草等,还要在近处准备好水、沙子或干土,以防引起森林大火。如果是在雪地、湿地或冰面上生火,可用木头或石块搭一个生火的平台,作为取暖用的火,可利用天然的沟坎或先用原木垒成墙,以利于将热量反射到隐蔽所中。

(四) 成功取火的条件

1. 保持足够的火花并使其始终干燥;
2. 要为第二天准备足够的引火物和燃料,并用干燥的东西将其盖好;
3. 点火时火种应在引火堆的下风向。

七、陆地生存要点

(1) 充分休息,保存体力,每晚应保证 7~8 小时;
(2) 保持避难所的清洁,肮脏物应存放在离住处较远的地方;
(3) 尽可能保持自身清洁,以使自身处于良好的精神状态;
(4) 沙漠中生存应尽可能躲避太阳的辐射,以减少体内水分蒸发,寻找水源和食物的工作最好在傍晚、清晨和夜间进行;
(5) 在阴冷的天气里,尽可能保持身体干燥和温暖;
(6) 在身体条件允许的情况下,适当锻炼身体,但不要超量;
(7) 除了必须转移到安全干燥地区以外,幸存者应留在遇险地区等待救援;
(8) 人员要集中,避免走散,随时清点人数。

第二节 水上求生

约 80% 的地球表面被水覆盖,在所有求生环境中,由于人们对海洋环境知识的缺乏,海上求生就变得非常可怕,难以求活,在寒冷的海水中体温会迅速下降,所以我们必须设法尽快登上陆地或救生船。

一、海上生存特点

1. 海上缺乏参照物,难辨别方向,不易发现目标,生存人员很难判断所处的位置;
2. 风大浪高,平均风力 3~4 级,大风时可达 10 级以上;
3. 缺乏淡水;
4. 水温低,表面平均水温不超过 20℃,有 13% 的水表温度为 -4℃ 左右;
5. 海洋生物对人的伤害大。

二、水中保暖

1. 在冷水中尽量减少活动,保存体力,减少热量的散发;
2. 减少冷水与人体的接触面,保持体温度,以减少热量的损失;
3. 几个人为小组的聚集保暖法:
几人组成一个面向中心圆圈,手臂相搭,身体的侧面相接触,紧紧地围成一个团儿;
4. 单人保暖休息法:
双腿向腹部弯曲,两手交叉抱住双膝于胸前;
5. 不要在水中脱弃衣服及鞋袜;
6. 身着薄衣的成人在 10℃ 的水温中生存时间见表 9-1。

表 9-1 水中生存时间

条件	姿态	生存时间
无救生衣	踩水	2 小时
救生衣	游泳	2 小时
救生衣	保护姿势	4 小时

三、饮水

淡水是生存中至关重要的必需品,有了水,才能保证身体的正常代谢,没有水人只能活几天。所以,幸存者感到干渴时,应尽量饮水以保证身体的正常需要。

(一)海水

海水是海上生存者最大的水源,然而海水不能直接饮用,即便加入部分淡水也不能饮用,否则就会出现脱水现象,对人体组织产生破坏,引起许多器官和系统的严重损伤。因此,在海上生存中禁止直接饮用海水。

（二）淡水源

在海上生存时,如何确保淡水供应是一个大问题,解决这个问题的方法有很多种:

1. 离机前,尽量收集机上饮料带到船上;
2. 收集雨水,利用船上的设备存储雨水;
3. 收集金属表面的露水;
4. 北半球海域冰山是淡水的来源,但靠近冰山要特别小心,否则冰山翻转会有危险;
5. 利用海水淡化剂淡化海水使其成为可饮用淡水。

（三）饮水时要注意的问题

1. 先使用已有的淡水,再进行海水淡化;
2. 除非特别渴,否则在救生船上的第一个 24 小时内不要喝水(婴儿和重伤员可适当分配)。以后的时间,如果水量有限,每天 16 盎司水。当雨水充足或 16 盎司不能满足需要时,每天可以喝 24 盎司或更多;
3. 当淡水很少时,在下雨前只能用水湿润嘴巴和呷一点水;
4. 为减少渴的欲望,可在口中含一个纽扣或口香糖,增加唾液;
5. 不能抽烟,不能饮用酒类及咖啡因制品,避免体内水分的散发,酒可以留下用于外伤消毒止痛;
6. 尽量少动,多休息,减少体内水分的消耗。

四、食品

（一）食物来源

1. 在离开飞机前,尽可能收集机上食品以备带上船使用;
2. 飞机断裂后货舱内散落在外漂浮在水面上的可食用的货物;
3. 海里的鱼类及海面上飞着的鸟;
4. 救命包内的应急口粮。

（二）进食时要注意的问题

1. 水量多时,先吃蛋白质食物,水量少时,先吃碳水化合物;
2. 鱼类是海上生存最大的食物来源,但不熟悉的鱼类不要随意食用。

五、发现陆地

（一）确定陆地海岛的位置

1. 在晴朗的天空,远处有积云或其他云聚集在那里,积云下面可能有陆地或岛屿;

2. 黎明鸟群飞出的方向,黄昏鸟群飞回的方向,可能是陆地岛屿;

3. 通常情况下,白天风吹向陆地,晚上风吹回海岸;

4. 在热带海域,天空或云底的浅绿色,通常是由珊瑚礁或暗礁所反射成的;

5. 漂浮的树木或植物意味着附近有陆地;

6. 不要被海市蜃楼所迷惑,在船上改变坐的高度时,海市蜃楼不是消失就是改变形状。

(二)登陆

登陆是海上生存的最后环节,要想顺利成功地实施登陆,切记注意以下几点:

1. 选择最佳登陆点,尽力向其靠近;

2. 穿好救生衣并充气;

3. 穿好所有的衣服鞋帽;

4. 靠岸边时,尽量放长海锚绳,降低向登岸点的接近速度以保证安全;

5. 救生船在海滩上着陆前,不能爬出救生衣;

6. 救生船一旦登陆,迅速下船并立即设法将船拖上海滩。

(三)获救

当救援船驶到救生船边上时,不要认为你可以很容易地登上救援船。如果你已经在海上等了很久,你的身体已经很虚弱,一定要静坐船上等待救援人员来救,不要急于离开救生船。切记当直升机来救援时,一个吊篮只能容纳一个人。

第三节　其他环境求生

一、森林求生

(一)概述

由于丛林里有丰富的食物和水,因此丛林求生是最容易的,这里最大的危机是惊慌失措和昆虫及植物引起的疾病等。

(二)处理方法

1. 带上救生衣以在任何空地显出对比色彩;

2. 卸下并带上所有的滑梯救生艇(最好能在空旷的地方展开,架好帐篷,作为住所);

3. 启动紧急求救发射机;

4. 熟悉救生包的物品:

- 取出发射信号设备
- 其余物品留在储存袋里实际用时再取出

5. 当发现搜救的人员设备时(飞机、直升机、车、马、人员等),白天使用烟雾信号和反光镜,夜间使用火炬或信号弹,使用烟雾信号和火炬时一定对下风边烧放。

二、极地/冬季求生

(一)概述

冬季气温通常在零点以下,且伴有大风,尤其在极地地区,冬季气温在-50℃到60℃左右,风速有时候会在40公里/小时以上,大风会导致实际气温远低于温度计显示的温度。当人体发生颤抖时,表明体温已开始下降,体温低于30℃对身体是有害的。当处于任何低温强风和冰雪覆盖的地区对于不同季节都必须应用冬季求生原则。

(二)处理方法

1. 携带救生衣做御寒之用;
2. 带上所有滑梯、救生艇(滑梯、救生艇应充气架设好作为掩体,尽快让乘客进入避寒);
3. 启动应急求救发射机;
4. 在可能条件下,收集飞机上的枕头和毛毯分配给乘客,让乘客尽量坐好以保持体温并松开紧身衣服;
5. 熟悉救生包的物品:
- 取出发射信号设备
- 其余物品留在储存袋里实际用时再取出
- 查看救生包里各种救生指导小手册
6. 指挥乘客做温和的运动,例如坐着屈伸腿部,运动手指和脚趾;
7. 避免饮用酒类饮料,以免体温散发;
8. 由于内部的二氧化碳含量增大会造成危害,所以必须经常放进一些新鲜空气到掩体里面;
9. 不要让乘客同时睡着,应安排乘客日夜轮流守望工作;
10. 不要试图在暴风雨来临时迁移;
11. 在冰雪融化的季节里,注意避开浮水,避免陷入沼泽;
12. 防止跌入冰水中;
13. 发现搜救者时,白天使用烟雾信号和反光镜,夜间使用火炬和信号弹,使用烟雾信号和火炬时一定对下风边烧放。

三、沙漠求生

沙漠地区通常日夜温差较大,所以在沙漠求生时,需注意以下几点:
1. 携带救生衣以备夜间御寒用;
2. 卸下并带上所有的滑梯救生艇(滑梯、救生艇应充气架设好作为掩体,尽快让乘客进入里面);

3. 启动应急求救发射机；

4. 熟悉救生包的物品：

- 取出发射信号设备
- 其余物品留在储存袋里实际用时再取出
- 查看救生包里各种救生指导小手册

5. 将现有的饮水保留给失血者、呕吐者、严重腹泻者等；

6. 减少日间的活动；

7. 寻找水源：

- 设法从绿洲、干涸河床底部的水洞,坎儿井中获取
- 仙人掌类植物中
- 昼夜温差大时,凝结水蒸气提取

8. 发现搜救者时,白天使用烟雾信号和反光镜,夜间使用火炬和信号弹,使用烟雾信号和火炬时一定对下风边烧放。

本章小结

野外生存技能是客舱乘务员必备的技能之一,无论陆地、水上还是其他环境下,都要求乘务员具有良好的心理素质和扎实的业务知识。灾难降临时,只有积极行动起来才能拯救自己,拯救整个机组和乘客。

综合练习

1. 在野外寻找水源时,不干净的水至少需要煮的时间是( )。

A. 3 分钟　　　　B. 5 分钟　　　　C. 10 分钟　　　　D. 20 分钟

2. 国际公认的求援符号"SOS"表示( )。

A. 求援者需要医疗救护　　　　B. 请求援助我们

C. 求援者前进的方向　　　　　D. 幸存者需要帮助

3. 由于丛林里有丰富的食物和水,因此丛林求生是最容易的。下列关于森林求生的处理方法哪项正确？( )。

A. 带上救生衣以在任何空地显出对比色彩

B. 启动紧急求救发射机

C. 熟悉救生包里的物品,查看救生包里各种救生指导小手册

D. 当发现搜救的人员设备时,白天使用烟雾信号和反光镜,夜间使用火炬或信号弹,使用烟雾信号和火炬时一定对下风边烧放

E. 卸下并带上所有的滑梯救生艇

【练习答案】

1. C　　2. B　　3. ABCD

第十章

安全特情处置

学习目标

- 学习颠簸的处置,学会防范烫伤、夹伤,学会处置因乘客原因造成的其他乘客受伤;
- 了解不安全行为对飞行造成的影响,掌握和乘客的沟通方式和方法;
- 学会应对和灵活处置冲击驾驶舱、机上盗窃、乘客遗失物品等突发事件。

 导引案例

我们经常会遇到航班延误的情况,不论是天气原因还是航空管制原因。乘客以此不满对乘务组大发雷霆,不听你任何解释;机上餐食质量不佳、娱乐节目不丰富、座椅空间不够、机型老旧设备故障等乘务员现场很难改变的情况,乘客心里也知道与你乘务员关系不大,但还是会对你大发脾气。

为什么会这样呢,是乘客无理取闹吗?是乘客刻意为难吗?原因是乘客心中的不满需要发泄。遇上这种情况,乘务员怎么去面对,怎么去化解呢?作为机上带班乘务长,更要有高超的现场特情处置能力,稍有不慎,会将场面弄得更糟。

《资治通鉴》第194卷记载:"上或以非罪谴怒宫人,后亦阳怒,请自推鞫,因命囚系,俟上怒息,徐为申理,由是宫壶之中,刑无枉滥"。意思是,皇上有一次因事迁怒一个没有过失的宫女身上,要治她的罪,长孙皇后也装着对这个宫女发怒,请求皇上让她来处理这个宫女,皇帝许可,长孙皇后命人把这个宫女先关起来,等到皇上的怒气消退了,再慢慢向皇上陈明道理,因此,内宫里边没有冤案和滥用刑罚的事情发生。长孙皇后的处事方法,对我们的机上服务很有启迪意义。

人都是有情绪的,再理性的人也有发脾气的时候,乘客在情绪激动的状态下做出非理性的行为,是航班中常见的状况。作为带班乘务长,如何在不伤及乘客的尊严的前提下,又能够保护无辜的组员,还能让自己不牵扯其中或是被认为是冷漠的观望,双方平衡和保护自己的利益不受影响,这都是核心难题。

长孙皇后是怎么做到的呢?她采用了三步策略。长孙皇后首先和皇上的情绪调到了一个频道,其次长孙皇后立即请求自己来处置宫女,这是关键点,长孙皇后请求让她来处理这个宫女,这是控制了事态的发展,同时也是为皇上分忧,皇上没理由不答应。然后长孙皇后就是等皇上冷静后慢慢来解释,消除了皇上的误会,加上长孙皇后高超的语言技巧,为人处世的能力,突出让人感受到皇上英明,宫女自是感恩戴德,双方皆大欢喜。

航班中也一样,任何人发火的时候,对抗都会激化矛盾,只有和他情绪调到一个频道,才能够最大程度的缓解对方的情绪,此时对抗辩解不可能解决问题。要把事情发展的节奏掌握在自己手里,否则就会失控,这是带班乘务长现场处置要掌握的原则。

(资料来源:民航资源网)

第一节 防意外伤害

一、颠簸

飞机颠簸是指飞机飞行中突然出现的忽上忽下、左右摇晃及机身震颤等现象。产生飞机颠簸的基本原因,是由于大气中存在乱流。

飞机颠簸存在不同的分类标准。

从颠簸强度可分类为轻度颠簸,中度颠簸,重度颠簸。轻度颠簸主要表现为在座位上的人员可能感觉到安全带或者肩带轻微受力,未固定的物体可能被稍微移动,行走几乎没有困难,不影响客舱服务。中度颠簸主要表现为在座位上的人员能感到安全带或肩带的受力,八成满的饮料从杯中溅泼出来,客舱服务受到影响,客舱内走动困难,未固定的物体被移动。重度颠簸主要表现为在座位上的人员感到安全带或肩带猛烈受力,未固定的物体前后左右摆动,抛起,无法进行客舱服务(如图10-1所示)。

图 10-1 飞机颠簸(移动端 VR 全景视频)

从处置方式分类可分为可预知性颠簸,突发性颠簸等。

 案例分享

案例1 7月12日某航班颠簸事件

7月12日,某航空公司执行三亚至长沙的航班,航班计划起飞时间为15:50。航前准备时,乘务组与机组就颠簸信号进行了协同,机组告知乘务组航路平稳。17:05,在航班落地前约40分钟,飞机突然有一次明显的颠簸,机身晃动明显。驾驶舱打了两声"系好安全带"铃,头等舱乘务员随即进行了颠簸广播(包含使用卫生间的乘客抓好扶手),见习乘务长也在后

舱大声提示上洗手间的乘客抓好扶手。颠簸发生时,乘务长正在打扫前舱卫生间,撞到坐便器;4号乘务员在服务间整理服务用品,腰部撞到餐车,导致扭伤;5号乘务员正在客舱里巡舱,发生颠簸后急忙抓住扶手并坐在地上。

17:06,颠簸结束,见习乘务长立即进行巡舱,了解客舱情况。24D乘客反映,颠簸发生时,她正打开洗手间的门准备出来,颠簸造成其头部撞到门框上,现在感觉有点头晕。见习乘务长立即向乘务长进行汇报。乘务长在向乘客了解情况后,征得乘客同意进行广播找医生,并向机长报告该情况。由于机上没医生,乘务长向乘客作了解释并说明航班降落后我公司地面人员会陪同她就诊。乘客表示认可。

17:46,航班到达长沙。落地后,地面服务人员陪同乘客就诊,经CT检查,医生诊断未见异常,仅有外部的软组织挫伤。

案例2　7月21日某航空公司颠簸事件

7月21日,某航空公司执行长沙至北京的航班,预计起飞时间为11:45。航前协同期间,机组告知航路上会有颠簸,但是无具体时间和航段,会按照公司标准对乘务组进行提示。

在航班下降前35分钟,驾驶舱给出一声"安全带信号灯"铃声,紧接着就要发生严重颠簸,持续几秒钟。客舱经理立即进行了客舱安全广播。颠簸发生期间,R4门洗手间一小女孩正要从洗手间内出来,7号乘务员立即提示其迅速原地坐下。

重度颠簸后,又持续了轻度颠簸约3分钟。7号乘务员将小女孩送回12J座位。经询问,小女孩反映其头部在颠簸时碰撞到洗手间。

颠簸结束后,区域乘务长进行客舱检查,并向客舱经理汇报后舱4名乘务员有不同形式的碰撞受伤:2号乘务员被抛起后,膝盖着地,膝盖受到轻微擦伤;6号乘务员下巴磕到服务台上,被轻微划伤,脚被餐车压到;7号乘务员小腿上有轻伤;11号乘务员的左小腿被餐车压到,受到轻伤。

在完成下降安全检查后,7号乘务员再次询问女孩状况,其母亲反映,小女孩感觉有点头晕,希望落地后去医院检查。客舱经理向机长进行了汇报了乘客的要求并由驾驶舱通知地面人员。

16:06,飞机抵达北京,客舱经理与地面人员就小女孩的情况进行了交接。乘客下机后在机场医院就诊,拍片无问题,乘客就诊后直接回家,未有异议。

【风险分析】

这两起颠簸发生时间均在下降期间,均为落地前35~40分钟。案例1属于突发性中度颠簸,案例2属于突发性重度颠簸。

下降期间,飞机穿越云层,受各个层级的空气对流影响,容易发生颠簸。另下降期间属于乘务员的工作小高峰,如对客舱进行巡视,对服务间进行清理等,乘客也属于活动的小高峰,如频繁使用厕所。

基于上述情况,此阶段发生的颠簸容易造成较大的安全后果,如乘客及乘务员受伤,客舱设备受损等。乘务员由于需要完成客舱服务工作,不能随时固定自己,颠簸无法预知,防护意识比处置更加重要。

第十章 安全特情处置

（一）颠簸的处置

根据颠簸是否可预知和颠簸严重程度，将处置要点归纳如下（表 10-1）：

表 10-1 颠簸的类型和处置

颠簸类型		处置
可预知颠簸	轻度颠簸	乘务长与飞行机组确认颠簸的开始时间、持续时间。了解预期强度及其他特别指示。 乘务员 1. 及时对客舱进行颠簸广播提示，并检查乘客安全带是否系好。 2. 整理并固定厨房用品，先处理大件设备：如餐车等。 3. 可持续进行服务，但不提供热饮，防止烫伤乘客
	中度及严重颠簸	4. 停止一切客舱服务及时对客舱进行颠簸广播提示。 5. 确保客舱通道畅通，所有餐车推回服务间并固定。 6. 检查乘客安全带是否系好。 7. 婴儿必须在成人系好安全带后方可包妥，如果时间允许，乘务员最好取下婴儿摇篮并取回固定。 8. 暂停洗手间的使用，并确认每个洗手间内无乘客。 9. 发生颠簸，乘务员应做好自身防护工作，乘务员完成所有检查后，应立即回到服务间就座，并系好安全带
突发性颠簸	轻度颠簸	1. 及时对客舱进行颠簸广播提示。 2. 同时及时与机组沟通，若"安全带信号灯"未亮起，则提示机组立即打开"安全带信号灯"
	中度及严重颠簸	1. 立即就近坐好，并系好安全带，若无法就座时，立即蹲下以降低重心稳住自身，并用手臂环扣座椅扶手或抓紧座椅下方的坚固部位，以免身体被抛而受伤。 2. 乘务员及时对客舱进行安全广播提示或大声示意乘客坐下，系好安全带。 3. 靠近洗手间的乘务员应敲门要求乘客抓紧扶手，或立即离开洗手间就地坐下，并系好安全带。 4. 如果正在进行餐饮服务，则需要： （1）立即踩下刹车固定，热饮壶、酒瓶等物品应放到地上或餐车内，如有需要可以用毛毯覆盖； （2）要求附近的乘客系好安全带，并稳抓住手中的餐盘或水杯； （3）餐饮车、垃圾车、免税品销售车等尽可能推回厨房固定好； （4）收妥厨房内散放的物品并固定

（二）颠簸后措施

乘务组应做好应急预案及机上急救准备，检查洗手间内有无乘客受伤，确保乘客、机组成员受伤时及时得到医疗护理及救治。

乘务长巡视客舱，检查各舱位设施设备受损情况，将乘客受伤及客舱状况报告给飞行组，并记录 CLB。

主动联络飞行组，请示继续进行服务工作是否安全。

如遇到强烈颠簸时，乘务员根据机上受伤人员状况，有责任向机长提出改航、返航和地面医疗急救的类型和要求：

如遇有中度以上（含中度）颠簸且造成一定后果的情况，乘务长须按照重大事件报告程序进行汇报。

二、烫伤

 案例分享

案例1：8月1日，某航空公司航班，在航班延误地面等待期间，一名10岁男童无端被飞机上的"一杯热水"烫到了大腿根部和生殖器官，经诊断为"二度烫伤"。一次意外的烫伤可能使他终身留下难看的疤痕，一次意外的烫伤让他本来丰富多彩的暑假计划化为泡影，家人的痛苦，公司的损失等一系列问题接踵而来。

案例2：1月22日，某航空公司执行西安至长沙的航班，在提供餐饮服务的过程中，乘务员黄某在为7排ABC乘客提供服务时，突遇气流影响，飞机出现颠簸，不慎将咖啡壶倒在了7D乘客身上。事后乘务员第一时间将该乘客请到头等舱进行处理，乘客感觉左手臂有轻微疼痛，因乘务员在冲泡咖啡时严格按照《关于细化热饮服务标准的通告》执行，咖啡温度适中，因此乘客没有红肿起泡的症状。乘务员立即为该乘客涂抹烫伤药膏，全程对该乘客进行细微服务照顾至飞机落地。落地后，乘务组积极和乘客沟通，乘客情绪平和，乘客描述手臂也没有疼痛的感觉了。因此航班还要继续执行后续航班，因此委托长沙站的同仁继续处理，该乘客也表示认同。因为乘客的衣服湿了，所以乘务组送给乘客一条毛毯，让乘客包裹。后了解乘客经长沙机场医生处理后自行离开，无异议。

（一）避免烫伤的方法

1. 严格遵循热饮服务的原则

为乘客提供热饮服务时，应遵循安全第一的原则，任何情况下须对热饮进行降温处理并向乘客做出必要的提示后再供应，在确认乘客将热饮完全接好后乘务员才能松手，杜绝出现烫伤乘客的情况。

乘务员应判断乘客，特别是怀抱婴儿乘客、儿童乘客及老人乘客是否有保护自己避免烫伤的能力，为不具备此项能力的乘客提供热饮时，乘务员应先将热饮递到其陪同家人或监护人手中，询问温度是否合适，由其陪同家人或监护人递交热饮给该乘客。

在给乘客提供热饮服务时，除遵循以上原则外，须同时提醒乘客不要将热饮放置在婴幼儿可能触及的范围内，以免颠簸期间或婴幼儿碰撞导致的烫伤事件。

每一名乘务员都应该确认每一杯热饮的温度；乘务长负管理责任。

2. 提供热开水的具体操作

经过实际操作和测试，当热饮温度为64℃左右时，能够在确保口感的同时又不会存在人体被烫伤的风险。在进行热饮温度降温处理时，乘务员必须按照3∶1，即3分热水、1分冷水的比例进行降温处理,已达到热饮的温度经过处理后降到64℃为宜。

具体操作如下:

(1) 试用纸水杯盛装热开水提供给乘客前,须兑入约三分之一矿泉水再提供给乘客;

(2) 乘客自带水杯,亦须按照以上比例兑入适量的矿泉水,并将瓶盖拧好后再递给乘客;

(3) 提供前必须提示乘客小心拿好,确认放置好或乘客接好后方可松手。

在飞行中,如有乘客提出乘务员为其进行食品的加工(如方便面),乘务员要婉言拒绝,做好解释工作。在讲明原因乘客还在坚持的情况下,乘务员在为乘客冲泡时方便面时,一定先把方便面放在服务间冷却至温度适中(以不烫手为准),或提前与乘客协商好,待方便面泡好后,乘务员将热水在服务间倒掉,方可为乘客提供。

(二) 烫伤的处置办法

1. 首先,乘务员应立刻采取救治行动,避免耽误最佳救治时间。同时将具体情况汇报给乘务长以及机长;

2. 如果在地面等待期间发生烫伤事件,应及时报告给乘务长和机长,根据烫伤程度判断是否需要下机处理,并由乘务长将事情的详细经过电话汇报给所属乘务队的经理;

3. 如在空中发生烫伤事件,应及时处理乘客伤口(表10-2),必要时向周围乘客做好事情经过的取证;

4. 如果烫伤情况较严重,乘务员无法处理时。应广播寻找医生;

5. 所有烫伤事件,在航班落地后由乘务长第一时间将事情经过汇报给所在乘务队中的经理,若烫伤情况较为严重,还必须电话汇报给乘务调度席,以及进行不安全事件的SMS备案。

表10-2 烫伤处置

烫伤程度	症状	处置
一度烫伤	40~50℃的热水都有可能将皮肤烫伤的。皮肤发红、痛,有灼热感觉	1. 用凉水冲或用清洁袋装上冰块对伤部进行冰敷以减轻损伤和止痛; 2. 擦干患部后,敷上烧伤药; 3. 需要的话,轻轻地绑上绷带
二度烫伤	51~80℃的水能烫烂皮肤。深达真皮,局部出现水泡。同时二度烫伤又分为:浅三度仅伤及真皮浅层,一部分生发层健存。因渗出较多,水泡较饱满,破裂后渗液较明显;创底肿胀发红,有剧痛的感觉和过敏,皮温增高,易感染和并发症。深二度伤及真皮深层,尚残留皮肤附件,因变质的表层组织稍厚,水泡较小或扁薄,感觉稍迟顿,皮温也可稍低	1. 如出现未破的水泡,泼上冷水直至疼痛消失,用湿的绷带轻轻绑扎; 2. 如果水泡已破,不要在泼的水泡上加水,用干的消毒绷带包扎,将烧伤肢体轻轻抬起; 3. 为防止脱水要经常口服含盐水分、水或饮料
三度烫伤	80℃以上的热水(烫至5分钟),伤及皮肤全层,甚至可深达皮下,肌肉,骨等。皮肤坏死、脱水后可形成焦痂,创面无水泡,蜡白或焦黄,触之如皮革,甚至已碳化,感觉消失	1. 不可用水或任何冰敷; 2. 不要试图去除伤部的感染物,用干的消毒敷布敷在伤部并加以包扎; 3. 为休克的病人提供吸氧等急救

三、夹伤

【情景】

座椅扶手是抬起的状态,一位抱孩子的大人入座在位置上,乘务员在安检时,提示乘客放下扶手,乘客很配合应声而动,立即转头将座椅扶手放下……接下来也许会发生什么?孩子藏在家长腋下的那只手正好在座椅扶手位置,放下扶手的瞬间,孩子的手会被夹伤。

【处置】

防患于未然比事后处置更加重要。如果事情已经发生,应该道歉同时立即观察被夹的受伤处有无出血,有出血立即止血并包扎,伤口小用创可贴即可,伤口严重需要启动机上急救药箱。如果没有出血应该考虑是否需要用冰块冰敷镇痛消肿。应该第一时间汇报乘务长,后续应该持续关注,进一步观察,如果乘客无法活动受伤处关节,或是持续产生严重疼痛,可根据乘客需求考虑到达场站就医治疗,联系机长,请地面人员协助处理。

四、机上常见乘客原因造成其他乘客受伤或损失的情况

(一)引发原因

1. 由于乘客开启行李架拿取行李导致行李掉落砸伤其他乘客;
2. 由于乘客自身原因导致意外受伤,包括砸伤、烫伤等情况;
3. 抢占行李架、座椅等发生肢体碰撞造成人员受伤等情况;
4. 不限于以上几种情况,但其他情况必须符合范围要求。

(二)机上处置程序

机上处置应该遵循安全第一、服务第二的原则。由于乘客的原因造成的不安全事件,优先救助受伤乘客,化解矛盾,事件中涉及的利益和责任由乘客自行协商解决。

1. 如果发生乘客受伤事件,无论乘客原因还是公司原因,乘务组应做好应急预案及机上急救准备,确保受伤乘客及时得到医疗护理及救助;
2. 及时安抚双方乘客,必要时寻求安全员的帮助;为了避免双方矛盾升级,根据实际情况将双方隔离,并尽快稳定客舱秩序;
3. 由于乘客的利益受到损失,乘务员应按照相关处理程序进行处理,报告乘务长,由乘务长出面与双方乘客协调后续事宜;
4. 乘务长应以调解员的身份平息事件,事件中涉及的利益和责任由乘客自行协商解决;
5. 请周围的乘客提供书面证明时,尽量回避当事人,设法留下乘客基本资料、乘客证词,当事乘客有责任的,书面材料中可按照证人看到或听到的事实、事发的过程、看到的结果来简练描述,在书面材料中提及乘客责任,并留下周围乘客的联系电话;

6. 对于不听乘务员劝阻,争执行为过激引发打架斗殴的乘客,并且经过乘务员口头提醒或上前劝阻、制止等措施均无效时,乘务员应向乘客说明有关规定并请空警/专职安全员予以协助,及时报告机长,清洁严重或造成一定后果的可按照非法干扰处置程序进行处置;由机长决定是否需要地面公安人员协助,乘客是否可以继续旅行。

【沟通技巧】

以询问的方式进行沟通,向乘客逐步了解事件发生的经过,例如:"您哪里不舒服吗?""需要帮助吗?""是您打开的行李架吗?""是×××东西掉下来,砸到了这位先生吗?"等,并遵循"先救治后解决"的处事原则进行调解;

现场进行调解时,乘务员应注意自身的语言技巧和态度,说话语气坚定有力。避免模棱两可的用语,应使自己处于调解员的位置,同时有助于引导周边乘客协助作证;

沟通过程中不得以非公司原因任由事态蔓延,导致事件升级。

第二节 防不安全行为

因在出行安全方面的意识不够,有许多乘客在飞行关键阶段向乘务员提出服务要求或者有不安全行为,我们要充分理解乘客,但也要把握安全原则,随着航空安全知识在民众中的慢慢普及,乘客在乘机时的安全意识会越来越强,那么出现这些情况乘务员该如何处理呢?

一、飞行关键阶段乘客需要服务或进行不安全行为

根据《飞行各阶段安全意识》的规定,在飞机滑行、起飞、起飞后 20 分钟内或平飞前、着陆、着陆前 30 分钟,不从事与安全无关的工作,只履行安全职责。

(一)飞机起飞前,乘客要毛毯、水或者其他服务需求

乘务员可语气委婉告知不能提供的原因,说明什么时候可以提供,避免乘客因等待时间过长而造成误解,并对乘客的理解表示感谢。同时用便签记录下乘客的服务要求,避免遗忘。

【建议语言】

女士/先生,飞机正在滑行,我们现在正在进行安全检查。飞机马上就要起飞了,等飞机平飞后马上给您送过来,感谢您的配合。

(二)飞机下降时,乘客要求水、休息或用餐

案例分享

某航班,乘客按呼唤铃,向乘务员索要一杯温水,此时飞机遇有持续性颠簸,并且乘务长已进行下降前 30 分钟的广播,乘务员告知乘客飞机目前遇有颠簸,并且正在处于下降安检

阶段,待飞机落地后会第一时间提供服务,或乘客在下机时向前舱乘务长提出需求,也可以为其提供服务,乘客当场未提出异议。

不要害怕乘客生气投诉而违反安全规定去提供服务,要注意说话方式,考虑乘客是否能接受,将不能提供的原因解释清楚,善于观察,并在微笑、语言和态度上做到无可挑剔。可在下降前5分钟叫醒休息乘客,询问是否需要用餐,同时要注意自己的音量和行为,避免突兀以防引起乘客的不满。当乘客真的有服务需要时,向乘客表达歉意,告知乘客飞机正在下降,处于飞行的关键阶段,我们已停止客舱服务工作,向乘客表示会请前舱乘务员准备好饮用水,乘客在下机时,可向前舱乘务员提出。下降广播至落地前30分钟,乘客饮用水的需要可以视情况满足乘客。如果休息乘客要在此时用餐,同样表示歉意,解释不能提供的原因,可询问乘客是否愿意将餐食打包带下飞机。当然,如果乘客下机时需要我们落地后提供餐饮服务,一定要和机组做好沟通和确认,避免遗忘或错给造成乘客不满。

【建议语言】

您好!先生,您一直在休息,所以在餐饮服务时没有打扰您,现在飞机已经开始下降阶段了,我们的客舱服务工作已经暂停,如果您需要用餐,我可以给您打包,您下飞机前舱乘务员会把打包好的餐给您。

(三)飞机爬升阶段和落地滑行时乘客离座

乘务员可以通过手势,语言,广播等方式制止在客舱站立的乘客,但不要斥责乘客,让其立即回到座位上坐好,并系好安全带,注意身边有乘务员广播时,音量要适当控制。在提示无效的情况下,乘务员可以出舱,但语言要简单明了。提醒完毕后,乘务员立即回到自己座位上坐好,并系好安全带。

【建议语言】

女士/先生,飞机正在上升阶段/飞机还在滑行,请您在座位上坐好并系好安全带。

二、紧急出口座位资格确认

紧急出口对年龄要求是15岁以上人员均可以就座,对年龄的上限是没有明确要求的,需要根据就座乘客的身体状况和语言表达能力来判断。

对业内人士就座紧急出口,必须介绍的是:紧急情况下的职责和就座意愿,其余的可以根据情况进行调整。

当机上的乘客数量达到飞机可运载乘客数量的1/4时,在不影响配载平衡的前提下,每个紧急出口座位必须至少安排一名有协助能力的乘客就座。

调整紧急出口乘客座位需要咨询乘客是否有随从人员,如果有的话需要一起调整,包括乘客安放在行李架内的行李。

紧急出口的监控不是最低号位的工作,飞行全程中乘务员都有职责去监控紧急出口,发现紧急出口就座人员发生变化要第一时间介绍并通报整个乘务组。

如果有不符合紧急出口要求的乘客就座,沟通上不应回避紧急出口的安全要求,而一味强调紧急出口座位的限制要求,可将为乘客选择其他位置的舒适度作为服务上的弥补。

【建议语言】

先生,您好!当飞机发生紧急情况时,您必须充当我们的援助者,帮助乘务员打开紧急出口,并协助其他的乘客迅速地撤离飞机,希望您能够谅解和积极地配合。

对不起,打扰一下,因为这里是紧急出口的座位,按照民航法的安全规定,您不方便坐在这里,我需要为您调换一下座位。

三、安全检查

起飞下降时属于飞行关键阶段,乘客身上抱着的随身行李应放置在行李架内或者前排座椅下方的挡杆内,不可以放在腿上抱着,原因是如果发生紧急情况,行李会成为障碍物,影响其本人或是其他乘客顺利撤离。

【情景】

情景一:执行安全检查时,乘客不按要求进行操作且态度不好,抱怨"就你们公司要求多……"

情景二:执行安全检查时,乘客不按要求进行操作,质疑"如果东西放在行李架上丢了怎么办?"

情景三:执行安全检查时,乘客抱着自己的包不愿意放。

【处置】

1. 首先要了解乘客心理,不愿意放置行李的乘客以女士居多,因为飞行中随时要取用物品,包放在身上比较方便。这种情况可告知乘客放在前排座椅下方的挡杆内,取用起来比较方便,也不影响安全。

2. 如果包内有贵重物品或大量现金,害怕遗失或被盗。这种情况同样可告知乘客放在前排座椅下方的挡杆内,方便照看。

3. 如果乘客的包比较名贵,放在行李架上怕挤压,放在地上嫌脏,可以拿一个毛毯袋或者一次性头片垫在包的下方,注意轻拿轻放。

4. 还有就是嫌麻烦的心理,因为乘坐其他航空公司时从没有过这样的要求,这种情况需要跟乘客耐心解释安全的重要性,告知原因,注意语气委婉,切忌机械无解释,语言态度生硬。

【建议语言】

您好!女士!飞机马上就要起飞了,请您把包放在前排座椅下方,或者我帮您放在头顶上方的行李架内,如您需要使用的话,可以在飞机平飞后取用,有需要帮助的地方请在第一时间联系我,我很乐意为您服务。

您好!女士!您的包放在通道/抱在身上在紧急情况下会影响您和他人的安全,请您将包放在前排座椅下方或者我帮您放在前排座椅下方。

您好!女士!我们更加严格的安检要求也是为了您的安全,请您配合我们的工作,谢谢您对我们工作的理解。

四、电子设备使用

根据民航法的规定,在飞机关闭舱门之后,和打开舱门之前的整个过程中,乘客的手机包括手机的飞行模式都必须处于关闭的状态。充电宝锂电池一旦着火不易扑灭,有火灾隐患,机上全程禁止使用充电宝。

【处置】

委婉提示电子设备使用时间,如果乘客配合,则表示感谢;如果态度强硬,不配合工作,则报告乘务长和安全员,由安全员处理。

有部分国外航空公司飞行模式是许可的,因此跟乘客解释关闭电源的原因避免提到"干扰通信导航系统"这样的语言,我们要求乘客关闭电子设备的原因是中国民航法规的要求。

飞机落地以后滑行期间乘客开手机的现象比较普遍,如果在此阶段发现乘客使用手机,口头提示一次即可,不用广播。

航班延误或在起飞滑行期间乘客真的有比较紧急的事情需要处理,可以视情况给乘客一点时间关机,不要频繁催促或站在一旁监督乘客关机,以免造成乘客不满。

【建议语言】

先生/女士,您好!根据中国民航法规定,在飞机关闭舱门之后,和打开舱门之前的整个过程中,手机(包括手机的飞行模式)都必须处于关闭的状态,请将您的手机电源关闭,谢谢。

如乘客对手机的飞行模式为何不能使用提出疑问。

先生/女士,您好!飞行模式目前还未被中国民航局认可,请将手机电源关闭。

先生/女士,您好!飞机已经开始下降了,根据中国民航法规定手提电脑/MP3,手机在飞机平飞的过程中可以正常使用,但是在飞机起飞和下降的过程中必须关闭,谢谢您配合。

五、机上吸烟(使用电子香烟、质疑机上有烟灰缸)

【处置】

首先要找到烟头,消除火灾隐患比找到责任人更重要。

尽量当场解决,不要让乘客回到座位上,因为一旦回到座位,乘客拒不承认也没有很好的处置办法。首先不要责怪乘客,应征询乘客烟头扔到什么位置。其次如果乘客将烟头扔到废纸箱里,应立即检查有无火情。最后用水将废纸箱打湿,并将情况及时报告安全员,让安全员来处理。如乘客使用电子香烟,乘务员也要制止,并做好解释工作。

【建议语言】

飞机是波音/空客公司出厂的,针对的是全球的航空公司,有的公司是允许机上吸烟的,因此有烟灰缸的设计。另外,如果机上真的有乘客违规吸烟,把烟头放在烟灰缸也要避免火灾隐患;

您好,先生!电子香烟在机上是不允许使用的,它虽然没有明火,但它的原理是电子雾化器,使用时会产生电磁波,会对驾驶舱的通信导航设备产生干扰,也容易使其他乘客产生误会。

六、无病乘客要求吸氧

首先应从关心的角度出发,应先询问乘客有什么不舒服的地方,并帮助其打开通风口,解开紧扣的领带、腰带,尽量不要让乘客在飞机上吸氧,告知乘客飞机上配备氧气瓶的数量很少,是预备突发紧急情况时使用的。在条件允许情况下,可以帮助他调整座位。

此时可采取一些相应的弥补服务,如送杯饮料等。如果乘客坚持,可告知乘客如果他身体不适我们的飞机可以备降,但费用由乘客自理。如果在地面发生这种情况,先询问乘客有什么地方不舒服,尽量使其舒适,如果这名乘客仍坚持要吸氧,应委婉地告诉他,我公司不承运预知吸氧的乘客,并报告机长/乘务长,如果有必要通知地面急救中心。

七、乘客之间发生争执

乘客之间发生争执的原因多为行李架被占用、用餐时座椅靠背未调节等。为避免事态在航班上扩大,尽可能将争执的乘客调换到相邻较远的位置就座,同时乘务长和安全员对乘客进行情绪的安抚,避免事态在飞行过程中扩大。如果对事情的起因有争议的话,将当事人分开了解情况,调开争执乘客座位,分别进行安抚,同时询问周围乘客事情真相,留好证言证词。

第三节　防飞行突发事件

一、冲击驾驶舱情况处置、询问机长姓名、进驾驶舱参观等

当航班长时间延误,乘客得不到准确的起飞时间的时候,最容易出现乘客提出要见机长,而情绪激动的乘客有可能出现:在前服务间聚集逗留;叫喊着要见机长;直接拉驾驶舱门等情况,这时乘务员要冷静处理,避免事态进一步恶化。

(一)当乘客提出要见机长时

此时如果方便对乘客的要求加以重视认真对待,便可大大减少后续乘客情绪激动的可能性,因此这是事件处理的黄金时期。需认真听取乘客意见;如果时机允许诚恳向乘客道歉;向乘务长汇报此事;建议机长进行广播。

【建议语言】
好的,先生,您的需求我知道了,我立刻和机长联系。
您好!先生!机长正在和塔台进行通信联络,稍后会有广播通报航班最新的情况。

（二）当乘客询问机长姓名或想进驾驶舱参观时

首先要明确机长姓名是不能随意告知乘客的，当然也有可能真的是机长的朋友，也不能去欺骗乘客。因此需要问清楚乘客的目的，回复乘客要注意自己的措辞。

【建议语言】

你好！先生！你认识的机长是哪位？我看下是否是我们航班的机长。

非常抱歉！我们今天的机长不是您认识的，请您再确认一下。

（三）当乘客长时间在服务间逗留时

前服务间距离驾驶舱非常近，驾驶员出驾驶舱去洗手间会打开驾驶舱门，如果乘客长时间在前服务间逗留对客舱安全十分不利。后服务间虽然离驾驶舱较远，但在延误期间乘务员需要去客舱进行服务工作，后服务间有许多电气设备十分危险且舱门很有可能处于预位状态，如果乘客误碰有可能出现危险。因此对于聚集在服务间的乘客乘务员要对其劝散，注意用语要婉转，切不可用命令式语气对乘客提出此项要求。

【建议语言】

您好！先生，前舱有很多热水器和烤箱，这些设备容易烫伤您，请回到您的座位就座。

您好！先生！飞行中容易出现一些突发性颠簸，请您回座位系好安全带。

（四）当乘客情绪激动叫喊着要见机长时

此时乘客的情绪已经十分激动，控制乘客情绪为首要事务，立刻将此事汇报给乘务长。

【建议语言】

我会马上把您的意思向机长汇报。

（五）当乘客直接拉动驾驶舱门时

如果遇此种情况要立即阻止乘客的行为，叫附近其他乘务员过来协助，叫乘务长机上安全员协助解决此事。

二、丢失物品或机上盗窃

 案例分享

案例1：6月21日某航班在执行某条航线时，一名乘客在过站期间下机等候，等该乘客再次登机时，告诉乘务员刚才下机时把手机落在飞机座位上或地上。乘客自己及乘务员均协助查找未找到，机长联系了地面清洁队，也没有找到，乘客需要公司给个说法，帮他解决。

案例2：6月14日某航班在执行某条航线时，一名乘客在飞机快降落时去卫生间，把随身的一个包放在座位下方，当乘客回到座位后发现包的拉链被拉开了且包里的一部手机和一副银镯子不见了，飞机降落滑行时乘客向乘务员反映了此情况，乘务员让乘客先坐好等飞机停靠完毕后再处理,停靠之后机上乘客都已下飞机,乘客又找到乘务员询问,乘务员称此事要转交到机场公安局,公安局当时也记录了此情况,该乘客表示对此非常不满,称当时在客舱里为什么不及时处理?

(一)预防

1. 起飞前:安排乘客行李时,乘务员需提示乘客将装有贵重物品的箱、包放在离自己较近的位置,如果有放置不下的物品,也应放在乘客视线可控范围内(尽量在乘客前方三排以内);若乘客的行李放置在离自己座位较远的行李架内,在下降前,乘务员有必要提醒该乘客再次确认自己的行李是否在位,并提示乘客落地后留意该行李架物品提取情况,防止其他乘客错拿。

2. 平飞后:对于要求调换到客舱通道座位的乘客,特别是男性乘客需加强关注;夜航及长航线乘客休息期间,要做到不间断巡舱,并提醒乘客保管好随身物品;加强巡舱力度,防止麻痹大意;婉言劝说频繁在客舱中站立、走动的乘客回到原位就座;一旦发现可疑乘客,及时将该乘客的座位号及衣着、外貌特征传达给其他组员,并进行全面监控。

3. 落地后:在下客过程中如果发生乘客行李丢失的情况,应第一时间报告乘务长和机长,根据当时情况请示机长是否中止下客(停远机位时,可请示摆渡车暂不开门下客),必要时联系机场公安部门给予协助;过站乘客下机休息时间,应提醒乘客随身保管贵重物品,避免丢失。

(二)处置

1. 物品在机上丢失

首先安抚乘客情绪,然后确定乘客丢失物品的位置,询问遗失物品特征,进行寻物广播,并留下乘客信息;

如飞机落地后乘客才反应物品丢失,应先安抚乘客情绪,确认乘客物品在机上丢失以及丢失物品特征,立刻汇报乘务长(视情况而定是否下客或终止下客),询问乘客丢失物品特征并积极帮助乘客寻找。

2. 物品在候机楼丢失

首先安抚乘客情绪,了解乘客丢失的物品以及特征,帮助乘客回想丢失物品的地点,报告乘务长,寻求地面人员的帮助并告知机场失物招领电话(如果时间许可,可以让乘客下机去取丢失的物品)。

3. 发现遗失物品

如果发现乘客遗失物品,记录遗失物品的位置,第一时间与乘客取得联系,交接给地面工作人员,填写遗失物品交接单。

【建议语言】

女士,您的心情我特别能理解,您先不要着急,您先回想一下最后看到您的包是什么时候？您确定是在飞机上遗失的吗？

请问,您丢失的包颜色,形状,大小,里面有什么物品,我马上帮您寻找一下。

抱歉,女士,包现在没有找到,我已将此事汇报给了乘务长,您是否需要我们为您做一个寻物启事的广播？

女士,请留下您的姓名以及联系方式,如果后续我们找到了您的包,将第一时间和您取得联系。

三、乘客短时间内发生呼吸停止、脉搏消失及意识丧失（CPR 心肺复苏）

案例分享

6月28日23:43,在某航班起飞10分钟后,乘客陈女士抱着她9个月大的儿子至服务间,反映小孩泛起窒息、翻白眼、无意识的情形,请求乘务员对婴儿举行抢救。乘务长和乘务员们迅速为孩子启用了氧气瓶举行机上供氧,同时在乘客中广播寻医并将这一突发情形告知机长,机长连忙通过卫星电话将情形上报公司,并让乘务组随时陈诉孩子的病情转变。航空公司高度重视,为了争取在最短的时间内开展抢救事情,经综合评估,决议该航班连忙就近紧迫备降重庆。乘务员把备降的决议通过广播告知机上乘客后,乘客纷纷表示支持。签派职员将情形告知重庆机场指挥中央和重庆当地空管部门,相关单元表示将全力保障。同时,重庆机场联系部署医疗职员和救护车前往机坪待命。

在广播寻找医生无果后,乘务组于23:45分左右对婴儿举行了心肺苏醒（CPR）抢救,并将抢救情形保持与机长联系。经由乘务组的专业、实时抢救,该名婴儿症状有所缓解。

6月29日破晓00:09分,飞机在重庆江北机场清静下降。陈女士在航空公司专人陪同下,抱着孩子登上了早已期待在重庆机场机坪的救护车,驶往重庆渝北区人民医院。6月29日00:39分,医院反馈婴儿各项体征已正常。

【拓展】

2016年全球约30亿人乘坐商业航空飞机。根据乘客运输量计算,飞行中每14 000～50 000乘客中就有1人以上发生紧急医疗问题,虽然心脏骤停仅占飞行中全部医疗问题的0.3%,但却导致86%的飞行事件死亡。

尽管飞行中心脏骤停（IFCA）有如此高的死亡率,但到目前为止,仍无指南针对IFCA提出具体治疗建议。

2017年6月3～5日,在日内瓦召开的欧洲麻醉会议上公布了一项新指南,对乘客和乘务人员在飞行途中心脏骤停的急救给出推荐。该指南包括以下几个主要推荐：

1. 飞行前的安全公告中应提及急救设备及其位置。

2. 对心脏骤停患者应有有效的心电图,自动除颤器（AED）功能有效。现在许多飞机上有AED。指南推荐所有飞机上都应配备AED设备。

3. 一旦确认患者心脏骤停,对乘务人员来说,尽可能通过飞机广播寻求帮助非常重要。

飞机公告应阐明有疑似心脏骤停患者,并告之急救设备的位置。

4. 两人 CPR 被认为最佳,效果较好,并应尽可能实施。乘务人员应规范进行基本的生命支持培训,理想情况下,应注重于飞机上 CPR 的培训。

5. 患者一旦恢复自主循环应立即转运。

这是第一个在航空商业旅行期间就飞行紧急医疗情况提供治疗推荐的指南。这对推荐适当的行动和操作非常重要,因为飞行环境和设备与在陆地上的医疗急救所能提供的明显不同。

【处置】

当乘客短时间内发生呼吸停止、脉搏消失及意识丧失,需要救助者对患者进行心肺复苏(CPR)操作(如图 10-2 所示)。

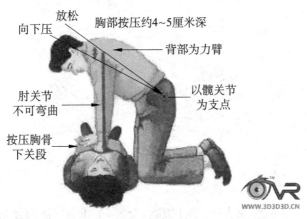

图 10-2　机上急救 CPR 操作(移动端 VR 全景视频)

要按以下顺序(D-R-C-A-B-D)进行心肺复苏:

1. D(danger)确认现场环境安全

救助者应明确救助者和被救助者处在安全情况下,方可展开救助措施。

2. R(response)检查伤病者的反应

迅速判断患者的意识、呼吸和脉搏,方法包括以下几种。

(1) 呼叫

呼叫要表达出你的关切,扣拍或摇晃病人的肩部。

(2) 检查有无呼吸

立即检查有无呼吸,侧脸靠近患者口鼻处,眼镜看患者胸腹部有无起伏,听有无呼吸音,感觉口鼻有无气流。观察 5—10 秒。

(3) 检查有无脉搏

成人:用食指和中指在喉正中旁开两指处下压颈静脉上感觉有无血管搏动。

婴儿:用是食指和中指在上臂内侧中部下压肱动脉处感觉有无血管搏动。

(4) 检查有无外伤

对大出血进行立即止血,如果没有外伤反应则立即进行后续操作。

3. C(circulation)心脏按压

为防止内脏损伤,在进行心脏按压前要松解患者衣领及裤带。

(1) 按压的中心部位:成年人是两乳头连线中点(胸骨中下 1/3 处),婴儿在两乳头连线下方一横指处。

(2) 成年人采用双手掌根重叠法,伸直肘关节利用上身重量和肩膀力量使手臂与地面垂直下压;儿童采用单手掌根法按压;婴儿采用两手的拇指环抱法,或中指与食指两指法按压(如图 10-3 所示)。

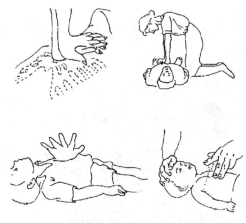

图 10-3 心脏按压

(3) 下压速度

成人:至少 100 次/分钟,婴儿:至少 110 次/分钟,按压后保证胸骨完全回弹。

(4) 下压力度

成年人应使胸骨下陷至少 4~5cm,儿童与婴儿相应减力 2~3cm。

(5) 心肺复苏吹气与心脏按压交替频率

吹气 2 次,按压 30 次。

4. A(airway)开通气道

清理患者口鼻咽腔内分泌物、假牙等异物后,使其仰卧于地面上,头后仰、下颌抬起,使下颌角与耳垂连线与地面垂直(如图 10-4 所示)。

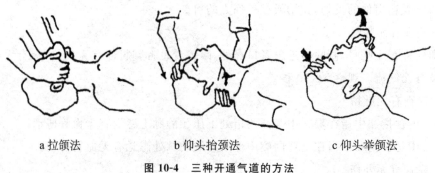

a 拉颌法　　　　b 仰头抬颈法　　　　c 仰头举颌法

图 10-4 三种开通气道的方法

5. B(breathing)人工呼吸

口对口吹气法:在保持呼吸道通畅的基础上以一手捏紧患者鼻孔,吸气后张口包牢患者口部向内吹气(有效吹气时间＞2秒),连续吹两次,如果气吹不进应再次确认气道是否开通,口鼻咽腔内异物是否清理干净。

如没有除颤器,人工呼吸后应重复心脏按压和人工呼吸的循环,以心脏按压:人工呼吸=30:2的比例进行,心脏按压开始送气结束,操作5个周期,每次按压后观察颈动脉搏动和呼吸,判断是否应继续循环。

6. D(defibrillation)尽早除颤

如果有自动体外除颤器(AED)则应中断上述操作进行除颤:

(1) 按照图示安装电池,使除颤器处于待机状态;

(2) 打开开关,AED自动检测进入工作状态,操作者只要按照AED提示进行操作。首先是"按照图示贴上电极连好导线";完成后,AED自动分析心电图并决定是否需要除颤,如果需要除颤,AED将自动给电极充电(发出蜂鸣声);充电完成后,除颤开关按钮灯亮起,AED提示"请按除颤电钮除颤",操作者按下除颤电钮,此时任何人不能接触患者身体;除颤完成后随即进行人工心脏按压,按压无反应可再次进行除颤操作,可做2~3次。

心肺复苏应持续30分钟以上,每次按压结束后观察颈动脉搏动和有无自主呼吸,按压后心脏停搏应继续按压,如无呼吸或呼吸很微弱仍应继续坚持人工呼吸。复苏有效时,可观察到患者有眼球活动,观察瞳孔由大变小,有对光发射。此时可终止心肺复苏操作,暂不移动患者,可视情况提供吸氧和进一步的生命支持。

本章小结

航班出现的特殊情况可能会包含安全、正点、服务多种因素,多去观察发现问题,防患比解决更重要,当问题出现了,请记住安全＞正点＞服务的处置原则。

所有对乘客安全上的要求一定是基于良好的态度和沟通的基础上,如果没有微笑,没有礼貌用语,乘客不仅不会配合乘务员的工作,可能还会投诉。

学会将处理特情的流程转变成和乘客沟通的语言,怎么表达才能获得乘客的理解是我们要多加思考和练习的。

综合练习

1. 对航空业来讲,对安全的基本解释是(   )。
   A. 事故率最低   B. 无事故征候
   C. 无事故   D. 无乘客伤亡

2. 起飞和着陆时发生的空难事故,被称为(   )。
   A. 发生率最高的空难   B. 有生存可能的空难
   C. 难以逃生的空难   D. 发生率最低的空难

3. 危险11分钟是指(   )。
   A. 飞行中有连续11分钟空难事故较集中

B. 空难事故多发生在起飞 3 分钟和落地前 8 分钟

C. 起飞后 11 分钟，由于速度小，极易发生空难事故

D. 落地前 11 分钟

【练习答案】

1. C   2. B   3. B

第十一章
客舱安全应急训练项目任务单

Ⅰ 航前检查

学习目标

- 通过航前检查任务练习,了解每次航班航前检查的重要性,清楚了解航班上的应急设备的位置及各个区域的检查项目,任务假定某航班中的航前安全检查。

任务要点

1. 各个门区位置。
2. 各个号位乘务员分工。
3. 各门区应急设备的位置。
4. 各门区应急设备的检查要求。

号位	SS2	SS3	SS6	SS11
门区	L1门厨房	R1门客舱	L4门客舱	R4门厨房
航前检查	门区检查: ①门区无杂物; ②乘务员座席:座椅状况良好,安全带状况良好; ③乘务员座椅下方储物柜:手电在位,LED灯每3~4秒闪烁一次,测试可用; ④机组救生衣在位,包装完好; ⑤人工释放工具在位; ⑥海伦灭火器在指定位置,铅封完好,压力指针在绿色区域,在有效期内; 座椅与门中间的储物柜: ⑦PBE在指定位置,包装完好,捆扎带完好; 厨房: ⑧烟雾探测器无覆盖物,自动灭火装置压力指针在绿色区域; L1门储物柜:	门区检查: ①门区无夹杂物,门锁指示器在lock位,滑梯预位系统在disarmed位; ②滑梯充气气瓶压力指针在绿色区域; ③舱门助力气瓶压力指针在绿色区域; ④乘务员座席:乘务员座椅状况良好,测试安全带状况良好; ⑤乘务员座椅下方储物柜:手电在位,LED灯每3~4秒闪烁一次,测试可用; ⑥机组救生衣在位,包装完好; ⑦人工释放工具在位 R1门储物柜侧壁板检查: ⑧氧气瓶在指定位置,压力指针在红色区域,阀门处于关闭位,有与之相配的氧气面罩;	门区检查: ①门区无夹杂物,门锁指示器在lock位,滑梯预位系统在disarmed位;滑梯充气气瓶压力指针在绿色区域; ②舱门助力气瓶压力指针在绿色区域; ③乘务员座席:乘务员座椅状况良好,测试安全带状况良好; 座椅下方储物柜检查: ④手电,机组救生衣,人工释放工具,海伦灭火器在位; L4门储物柜检查: PBE,氧气瓶; 客舱检查: 出口座位须知卡在位。	门区检查: ①门区无夹杂物,门锁指示器在lock位,滑梯预位系统在disarmed位; ②滑梯充气气瓶压力指针在绿色区域; ③舱门助力气瓶压力指针在绿色区域; ④乘务员座席:乘务员座椅状况良好,测试安全带状况良好 座椅与门中间的储物柜检查: ⑤手电,机组救生衣,人工释放工具,海伦灭火器在位 ⑥扩音器; 厨房检查: ⑦厨房电源开启,断路器未跳开; 厕所检查: ⑧烟雾探测器无覆盖物,自动灭火装置压力指

续表

号位	SS2	SS3	SS6	SS11
门区	L1门厨房	R1门客舱	L4门客舱	R4门厨房
航前检查	⑨扩音器在指定位置,测试可用; ⑩ELT(应急定位发射机)在位; ⑪急救箱*2在指定位置,铅封完好; 客舱检查: ⑫出口座位须知卡在位	客舱检查: ⑨出口座位须知卡在位。		针在绿色区域; 壁板前方的储物柜检查; 机组救生衣; 客舱检查: 出口座位须知卡在位。
应急灯检查	出口标志灯亮,出口指示灯亮,撤离路径指示灯连续亮			
应急撤离警告系统检查	AIP上显示正常(EVA字条),红灯闪亮			
清舱	①乘务员座椅清舱:乘务员座椅下方与乘务员座椅门中间的储物柜; ②L1门应急设备储物柜清舱; ③厨房清舱:厨房设备已固定,Z字形检查,从上到下,储物柜、备份箱、餐车、垃圾箱里无外来物; ④厕所清舱:厕所无外来人无外来物,镜子后面的储物柜、垃圾箱、马桶无外来物,锁闭; ⑤客舱清舱:客舱无外来人,座椅上、座椅下、座椅口袋、行李架无外来物	①乘务员座椅清舱:乘务员座椅下方; ②R1门应急设备储物柜清舱;R1门侧壁板应急设备储物柜; ③客舱清舱:客舱无外来人,座椅上、座椅下、座椅口袋、行李架无外来物	①乘务员座椅清舱:乘务员座椅下方; ②L4门应急设备储物柜清舱;L4门侧壁板应急设备储物柜; ③厕所清舱:厕所无外来人无外来物,镜子后面的储物柜、垃圾箱、马桶无外来物,锁闭; ④客舱清舱:客舱无外来人,座椅上、座椅下、座椅口袋、行李架无外来物	①乘务员座椅清舱:乘务员座椅下方与乘务员座椅门中间的储物柜; ②R4门应急设备储物柜清舱; ③厕所清舱:厕所无外来人无外来物,镜子后面的储物柜、垃圾箱、马桶无外来物,锁闭; ④客舱清舱:客舱无外来人,座椅上、座椅下、座椅口袋、行李架无外来物

Ⅱ 驾驶舱失能

 学习目标

通过任务练习提升乘务组应对机组失能的应急处置能力,任务假定某航班中一名在驾驶座位上的机组突然昏迷失能,乘务组得到机组电话后,及时开展应急处置。

 任务要点

1. 解开、系上机组安全带。
2. 将失能机组抬出驾驶舱姿势。
3. 广播找医生。
4. 心肺复苏流程。
5. 机组氧气面罩使用方法、注意事项。

任务	乘务员分工	动作步骤	要求	备注
机组成员突然失去反应能力	SS2	呼叫乘务组	任何乘务组成员接到有机组驾驶舱失能的信息,立即报告乘务长	通过打电话、报个人姓名的方式进入驾驶舱
			乘务长获知后立即进入驾驶舱	
		进入驾驶舱	向接替机组询问具体情况	
			轻拍、呼唤失能机组,查看生命体征	
将失能机组抬出驾驶舱		召唤人协助	打电话召唤安全员或其他乘务员进入驾驶舱协助	依照接替机组的要求处置,将失能机组抬出至避开乘客,可平躺的地方
		后移座椅	将失能机组座椅后移	
		抱住上身、抬腿	与前来协助乘务员一起将失能驾驶员抬出驾驶舱避免撞到驾驶台仪表、操作杆等设备	
有医生	SS3	广播找医生	广播时暂时不说明机组失能	
		听从医生指令	提供机上急救箱和应急医疗药箱,并记录事发时间、救护地点、医务人员姓名、救护措施等	协助医生施救
无医生情况下,对失能机组开展救治	SS6	呼唤机组	判断意识	按照CPR程序
		扣拍或摇晃肩部	如果没有反应则应立即开通气道	
		开通气道	方法:使病人仰卧于硬板或地面上,头后仰、下颌抬起,使下颌角与耳垂连线与地面垂直	
		检查呼吸反应	看有无胸腹部起伏运动	
		听呼吸音	听有无呼吸音	
		感觉气流	感觉口鼻部有无气流	
		实施人工呼吸	方法是采用简单有效的口对口吹气方法:在保持呼吸道通畅的基础上以一手捏紧病人鼻孔,吸气后张口包牢病人口部向内吹气(有效的吹气应使病人胸腹部鼓起),以每分钟12~16次的速度连续吹两次,如果气吹不进应再次确认气道是否开通,或口鼻咽腔内有无异物。如发现有异物应清理干净后再行吹气	

续表

任务	乘务员分工	动作步骤	要求	备注
无医生情况下，对失能机组开展救治	SS6	按压胸外心脏	(1)按压的中心部位成年人是胸骨中下1/3交界部。 (2)对成年人采用双手掌根重叠法,伸直肘关节利用上身重量和肩臂力量使手臂与地面垂直下压。 (3)下压的速度:成人100次/分钟 (4)下压力量:成年人应使胸骨下陷4～5cm	按照CPR程序
		重复心肺复苏	直到: (1)病人恢复自主呼吸和循环 (2)医生诊断病人死亡	
判断后不能将失能机组抬出驾驶舱	SS11	双臂交叉放在安全带下	协助将其双臂交叉放在安全带下,拉紧并锁住安全带固定在座椅上,以防止其碰撞控制系统	
		向后拉座椅	将丧失能力的驾驶员座椅向后拉到最大限度并使其后倾,然后把驾驶员双腿后拉	
		戴上氧气面罩	如果需要氧气,用拇指和食指抓紧面罩的氧气释放夹口,戴好面罩后松开夹口	
		打开供氧开关	将机组使用的快速伸缩式氧气调节器选择开关至100%,打开应急供氧开关旋钮,并按顺时针旋转	
完成施救	SS2	向接替机组汇报	按照接替操纵飞机的驾驶员的指示提供帮助	

Ⅲ 爆炸物处置

学习目标

通过任务练习提升乘务组机上发现爆炸物的应急处置能力,演练假定航班飞行中机组收到航班有爆炸物的信息,乘务组根据地面提供的爆炸物特征在客舱内实施清舱,及时发现爆炸物,并根据情况寻找EOD人员、调整乘客座位,并对爆炸物进行合理处置,直到航班着陆。

任务要点

1. 确认爆炸物方法。
2. 广播寻找EOD。
3. 安抚乘客。
4. 可移动和不可移动的爆炸物处置方法。

任务	乘务员分工	动作	要求
疑似有爆炸物	SS2	信息传递	机长接到信息立即通知安全员和乘务长
			由安全员对乘务组进行明确的分工
	SS3	检查	乘客行李
			客舱重点检查洗手间
			发现行李架内是否有无人认领的行李
确认爆炸物	SS6	报告	爆炸物位置、形状、大小尺寸、外包装性质、有无导线、绳索相连接
			最初发现的情况或接到警告的内容,有无人动过、发现的时间
无 EOD 人员	SS11	广播	寻找 EOD 人员
		调整乘客座位	将爆炸物周围的乘客疏散到至少 4 排以外的座位上
			确认所有乘客在座位上坐好,系好安全带,将座椅靠背和小桌板调至垂直位置
			安抚乘客,观察可疑乘客
		准备工作	1. 收集可用的防爆材料
			2. 转移爆炸物周围的物品
			3. 准备好灭火设备
不可移动的爆炸物	SS2/SS3/SS6/SS11	对不可以重新安置的爆炸物地处置	A. 将乘客有序地撤离该区域
			B. 切断该区域的基本电源
			C. 保证该装置尽可能稳固
			D. 方法和注意事项: 1. 在爆炸物上面平铺一层塑料袋 2. 小心地将至少 25cm 厚淋湿的柔软物质覆盖其上 3. 将整个行李架用柔软物质覆盖其上 4. 将整个行李架用柔软物质覆和防爆材料填充好 5. 做好相应标记以指示爆炸物的位置
			E. 准备好灭火瓶和防烟面罩
可移动爆炸物	SS2/SS3/SS6/SS11	对可以重新安置的爆炸物地处置	A. 采取行动前要尽量获得专家的指点和地面指挥员的批准
			B. 检查反增升启动装置,不要截断绷紧的弦或带子
			C. 不要打开可疑的容器
			D. 计划位置和路线安全保卫,并制定移动时的分工配合工作
			E. 方法和注意事项 当爆炸物被安置在 LRBL 位置上时,在爆炸物上方再覆盖一层薄薄的塑料制品,然后小心地用至少 25cm 的用水或其他任何不易燃烧液体淋湿的柔软防物质覆盖爆炸物;并将 LRBL 使用的其他空余地方上至头顶,外至走廊填满柔软防爆物质;如果 LRBL 的位置在飞机尾锥上,可以用柔软防爆物质填充尾锥至爆炸物的前部,防止爆炸冲击波、烟雾、炸弹碎片向外扩散,冲击客舱。当爆炸物放好后,可以使用安全带、领带或其他适合的材料固定 LRBL 的堆放物,使其在剩余的飞行时间内稳固可靠,确保安全(注意不能太用力和捆得太紧)

Ⅳ 卫生防疫包处置

 学习目标

通过任务练习提升乘务组机上在应急情况下使用卫生防疫包的能力,演练假定航班飞行中机组发现发烧并伴有呕吐的乘客,并及时处置。

 任务要点

1. 开启卫生防疫包要求。
2. 卫生防疫包开启后乘务员分工。

任务	乘务员分工	动作步骤	要求
一乘客呕吐并伴有37.5度以上的发热	PS1	一名乘务长做好现场组织协调	对照检查使用说明书,并做好信息联络和现场记录
	SS3	一名乘务员负责呕吐物清理	穿戴好口罩、眼罩、手套、围裙等防护装备,使用工具做好呕吐物清理;使用完毕后的消毒药水和垃圾,封装在防疫包内专用"生物有害垃圾袋"中,并封闭袋口
	SS6	一名乘务员专门配置消毒药水,对药水的使用做好全程监控	如果使用矿泉水瓶配置消毒水,必须撕去瓶体外包装、用笔在外包装上进行明显标注

Ⅴ 释压处置

 学习目标

通过任务练习提升乘务组在航班突发失压情况下的处置能力,演练模拟某航班突然发生爆破性失压,飞机紧急下降,乘务组迅速就座,带好氧气面罩的同时,呼喊指导其他乘客戴上氧气面罩,在飞机下降到安全高度之后,乘务组检查客舱,对伤者、生病乘客开展救治。

 任务要点

1. 氧气面罩使用方法、注意事项。
2. 氧气瓶使用方法、注意事项。
3. 灭火瓶使用方法、注意事项。

任务	乘务员分工	动作步骤	要求
有气流声、压耳、氧气面罩脱落	SS2	戴上氧气面罩	戴上最近的氧气面罩
		迅速就座	迅速坐在就近的座位上,系好安全带
有乘客还未戴上氧气面罩	SS2	指示乘客戴上氧气面罩	指示乘客摘下眼镜
			指示已经戴上氧气面罩的成年人协助坐在他们旁边的儿童
飞机下降到达安全高度	SS4	携带手提式氧气瓶	检查乘客和客舱
		调整座位	根据需要调整乘客座位;离开危险的区域
		检查用氧情况	检查乘客用氧情况
		检查厕所	检查厕所内有无乘客
		检查有无火源	检查机舱内有无火源
有人受伤	SS5	救治受伤乘客	对受伤乘客或机组成员给予急救
恢复正常		收回面罩	让乘客把用过的氧气面罩放入他们的座椅口袋内
	PS1	报告情况	整个释压过程及乘客和客舱情况要及时向机长通报

Ⅵ 突发性颠簸

 学习目标

提升乘务组应对航班严重颠簸情况的应急处置能力,模拟某航班突然遇到晴空颠簸,在客舱工作的多名乘务员抛在空中,其他乘务员及时就近入座,并且在颠簸结束后,检查客舱,对手臂骨折的伤者尽心救治。

 任务要点

1. 颠簸广播。
2. 不同颠簸程度的处置、注意事项。
3. 受伤乘客处置、注意事项。

情景		动作步骤	要求
飞机起飞1小时后遇有颠簸,乘务员正在客舱进行服务	广播员	首先广播通知乘客系好安全带	餐车就地刹车,热饮壶确保放在车内
	所有乘务员	判断颠簸程度	轻度颠簸: 可继续进行服务,但不要提供热饮料,防止烫伤客人
			中度颠簸: 立即停止服务,收起热水壶,将餐车、饮料车推回厨房扣好。乘务组回座位坐好,系好安全带
			严重颠簸: 立即停止服务,原地踩刹餐车,客舱乘务员就近入座系上安全带或原地抓紧附近固定物体,将自己固定

续表

情景	动作步骤		要求
飞机起飞1小时后遇有颠簸,乘务员正在客舱进行服务	所有乘务员	颠簸无法进行客舱服务时,应立即停止服务工作,并广播通知乘客	1. 如果就近有空座,立即入座,并系好安全带
			2. 立即返回乘务员座位,系好安全带
			3. 原地抓紧附近固定物,将自己固定
		颠簸结束后	颠簸完毕后,乘务员检查客舱有无受伤乘客,并把相应情况报告机长
有乘客受伤,乘务员进行处置	Ps1	广播找医生	
	SS3	使患者尽量舒适	如果开放性骨折,禁止随意搬动
	SS6	使用急救箱内的夹板和纱布固定	1. 尽量用夹板把包括骨折部位上下方关节在内的骨头固定
			2. 不要试图去对接骨折的骨头
			3. 上肢骨折要曲肘悬吊

Ⅶ 有准备应急撤离

 学习目标

提升乘务组应对航班有准备应急撤离的应急处置能力,模拟某航班在飞行期间有准备应急撤离。

 任务要点

1. 应急撤离广播词。
2. 紧急撤离特殊乘客安排。
3. 安全姿势。
4. 自身确认。
5. 有准备应急撤离口令。
6. 有准备撤离下开舱门要求。
7. 有准备撤离下开舱门程序。
8. 指挥乘客撤离。
9. 乘务员携带的应急设备。

任务		动作步骤	要求
机长通知，由于机械故障，飞机前起落架无法顺利打开，飞机1小时后准备陆地迫降	1	获取信息	主任乘务长从驾驶舱获取信息，包括紧急情况的性质、采取的着陆方式、可供准备的时间、采取的撤离形式、采取防冲击姿势的信号等
	2	传递信息	主任乘务长召集全体乘务员到指定门区集合，把信息传达到每一位乘务员
	3	广播	1. 机长广播通知乘客迫降的决定
			2. 主任乘务长接替机长广播
	4	调整座位	1. 援助者安排在出口处或需要帮助的乘客旁边就座
			2. 特殊乘客安排在应急出口第二排中间
			3. 同一排座椅不能同时安排两位特殊乘客
			4. 担架乘客安排在客舱最后一排
	5	寻找援助者	1. 援助者的确认，至少找3名援助者，每个人不要交代太多任务，交代任务要分清主次，所负责区域的特殊乘客要调换至出口座位第二排中间并安排援助者协助其撤离，每一排只安排一个特殊乘客
			2. 援助者确认 原则：首选是坐飞机的机组人员，次选是本公司和其他航空公司雇员，然后是军人、警察、消防人员以及身强力壮的男性乘客。乘务员寻找援助时的话语："有没有航空公司雇员？警察和消防人员？您愿意做我们的援助者吗？""Is there any airline staff, fire fighter or policeman? Will you assist us?"
			3. 给援助者交代任务 通用： 第一种情况：乘务员有指挥能力的时候 通用： "当听到撤离信号时，你们3位面向客舱，手肘相交，站成弓字步挡住冲过来的乘客，我来打开舱门。当我指挥撤离的时候，你们（第二人、第三人）两位先下飞机，站在滑梯两侧协助乘客撤离。你（第一人）随后下机指挥乘客远离飞机。听明白了吗？" 第二种情况：乘务员失去指挥能力的时候 "当我失去指挥能力的时候，你（第一人）来接替我开门，舱门是这样打开的，先观察窗外无烟无火无障碍，沿箭头方向转动/拉开操作手柄，门会自动打开/用力将门推至全开（737机型），滑梯充气结束后站在这里（位置要明确）指挥乘客撤离。你们（第二人和第三人）在他开门时像之前那样挡住冲过来的乘客，他指挥撤离时你们两位把我带下飞机放在滑梯一侧，我的安全带是这样解开的，你来试一下。你们明白了吗？
	6	划分区域	1. 以客舱两个出口之间的中线为分隔，中间座位平均划分，就近为第一脱出口
			2. 第二脱出口，双通道机型指挥乘客向前、向后，单通道指挥乘客到对面去

续表

任务		动作步骤	要求
机长通知，由于机械故障，飞机前起落架无法顺利打开，飞机1小时后准备陆地迫降	7	取下尖锐物品	1. 指挥乘客将贵重物品放在外衣口袋,座椅前面口袋清空,大行李放于厕所内,眼镜、假牙和助听器虽为尖锐物品,但冲撞前要取下。
			2. 乘务员对乘客进行单独指导,指出需要取下的尖锐物品,同时需要强调座椅前面的口袋内不能存放任何物品,贵重物品特别放在外衣口袋内,大件物品交给乘务员锁闭到洗手间,撤离时不能携带任何手提行李
	8	表演安全姿势	1. 乘务员在做防冲击姿势时要注意姿势和广播词的配合,指导乘客时要积极肯定乘客的姿势,提示什么时候再做。
			2. 出口座位乘客防冲击姿势为身体前倾,头贴在双膝上,双手紧抓抱大腿,两脚平放用力蹬地,系紧安全带。抱孩子的乘客姿势为单手抱孩子,孩子头朝里,面朝上,一只手用力撑住前方座椅靠背,低下头,双脚用力蹬地
			3. 双脚不能着地的儿童,可采用将双手压在大腿下,手心向上,弯腰低头的方式,在腿上垫枕头或毛毯。备注：每个乘务员至少说出一种特殊乘客安全姿势
	9	最后检查确认	1. 相关电源已经关闭,厨房设备、物品固定,大件行李已被锁闭,洗手间锁闭,门帘取下,通道和出口无障碍物,助听器、眼镜、假牙已经取下,调暗客舱灯光(夜间撤离)
			2. 自身确认 女乘务员：取下头花,摘下耳针、服务牌、笔,脱下尼龙丝袜和高跟鞋,打湿头发。 男乘务员：取下服务牌、笔,摘下领带,解下皮带,取下手表,脱下皮鞋
	10	各区域乘务员确认准备工作完成后,报告主任乘务长	乘务长："全体乘务员做好最后准备。 Cabin crew attention,prepare yourself." 乘务员："××门,客舱确认完毕,自身确认完毕。 ××门,cabin ready,self ready."
	11	主任乘务长确认客舱准备工作完成后报告机长	乘务长最后向机长报告："报告机长,客舱准备完毕 Captain,cabin ready."
	12	落地一刹那,得到防冲击信息时,乘务员高喊口令	1. 机长发出：500英尺乘务员必须坐在执勤位置,系好安全带和肩带
			2. 机长发出：100英尺,准备冲撞! 乘务员高喊："低头弯腰,全身紧迫用力! Bend over,brace!"的口令,直到飞机停稳
飞机迫降成功，机腹着地，机长发出撤离口令	13	指挥乘客撤离飞机	1. 客舱灯光全灭以及应急灯亮起表示飞机完全停稳
			2. 解开安全带。指挥乘客解开安全带的同时也解开自己的安全带。 乘务员："解开安全带,release your seatbelt."
			3. 观察确认出口外"无烟无火无障碍"。 如果出口外"有烟有火有障碍"的话,迅速封门,指挥乘客去其他脱出口。 乘务员："此门不通,到后面/前面/对面去。No exit,go back/forward/across!"
			4. 有烟有火有障碍物的门不开,发现舱门卡阻迅速指挥乘客去其他舱门并尝试二次开门,撤离口令要大声清晰,指挥姿势有力度,清舱时携带手电,特殊乘客协助撤离

Ⅷ 无准备应急撤离

学习目标

提升乘务组应对航班无准备应急撤离的应急处置能力,模拟某航班在飞行期间无准备应急撤离。

任务要点

1. 无准备应急撤离口令。
2. 无准备实施撤离情况。
3. 无准备撤离开舱门要求。
4. 无准备撤离开舱门程序。
5. 指挥乘客撤离。
6. 各区域乘务员携带的应急设备。

任务		动作步骤	要求
飞机起飞过程中发生故障,冲出跑道,发生冲撞	1	冲撞过程中,乘务员发出口令	大声呼喊指挥乘客,迅速反应,指挥乘客低头弯腰捂住口鼻,做好防冲击姿势和口令,喊到不能喊为止。不要动、系好安全带！Remain seated,fasten your seatbelt!（1遍）
			低头弯腰,紧迫用力！Bend over,brace!（喊到飞机停稳——客舱灯光灭,应急灯光亮）
发出应急撤离口令	2	乘务员迅速做出判断	听从机长指挥,开展应急撤离
			如果驾驶舱内发生了异常情况,驾驶员失去指挥能力,乘务长紧急呼叫驾驶舱,30s得不到指令,在下列情况出现时有权实施撤离。(1)机体明显破损;(2)烟雾火灾无法控制;(3)燃油严重泄漏;(4)飞机进水
组织应急撤离	3	开门前观察门外情况	1. 观察确认出口外"无烟无火无障碍"
			2. 如果出口外"有烟有火有障碍",迅速封门,指挥乘客去其他脱出口。
			乘务员:"此门不通,到后面/前面/对面去。No exit,go back/forward/across!"
	4	滑梯充气	1. 乘务员开门后立即拉滑梯顶部红色人工充气手柄,保证滑梯完全充气
			2. 封门:乘务员双手抓住舱门两侧的辅助手柄封门,直到滑梯充气完毕
			3. 如果滑梯未展开,保持封门并指挥乘客去其他脱出口撤离

续表

任务		动作步骤	要求
组织应急撤离	5	指挥乘客撤离并远离飞机	1. 撤离指令:"一个接一个、跳、滑""one by one,jump slide"
			2. 高声提示:请不要提拿个人行李
			3. 对于发生卡阻的舱门尝试二次开门,撤离口令要大声清晰,指挥姿势有力度
	6	乘务员进行清舱检查	1. 所负责区域乘客撤离完毕后,乘务员携带手电筒进行清舱并确认特殊乘客已经撤离
			2. 协助特殊乘客撤离
			3. 按号位职责携带应急设备撤离飞机

Ⅸ 烤箱冒烟/失火处置

学习目标

提升乘务组应对突发火灾/冒烟的应急处置能力,模拟某航班烤箱冒烟/失火,进行灭火/烟处置,掌握海伦灭火器和防烟面罩的使用方法。

任务要点

1. 火灾的分类和对应的灭火器类型。
2. 海伦灭火器的使用方法。
3. 防烟面罩的使用方法。
4. 灭火/烟的处置程序。

情景		动作步骤	要求
烤箱冒烟	1	关闭电源	关闭烤箱电源,关闭电源跳开关
	2	烤箱门	保持烤炉门关闭
	3	报告机长、通知乘务员	向机长报告情况,并保持联系
	4	成立灭火小组	收集灭火瓶、防烟面罩,根据情况转移旅客
	5	处置	如果四周没有冒出火苗,则保持烤箱门关闭(即便烟雾冒出),持续观察,等待氧气耗尽
烤箱失火	1	观察,准备	有明火冒出,穿戴好氧气面罩
	2	打开烤箱门之前	在烤炉门之前,在烤炉周围喷洒灭火剂,之后再小心打开烤炉门,仅够插入灭火瓶喷嘴
	3	灭火处置	插入灭火瓶喷嘴,喷入灭火剂,关闭烤箱门,重复动作直至火被扑灭
	4	后续工作	指派专人监控火场
			填写《客舱记录本》
			填写紧急事件报告单,航后第一时间内话报告乘务长

附录1 B737-800 陆地/水上应急撤离区域划分及乘务员职责

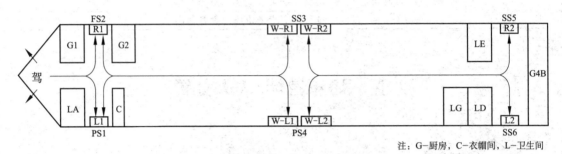

B737-800 陆地应急撤离区域划分

B737-800 陆地应急撤离乘务员职责（6人制）

号位	职责	携带/使用物品	撤离位置
PS1	1. 客舱内总指挥 2. L1门指挥 3. 负责1~17排乘客撤离 4. 广播 5. 检查客舱最后下机	舱单 手电筒 麦克风	L1 或 R2
FS2	1. R1门指挥 2. 负责1~17排乘客撤离 3. 前厨房检查	手电筒 急救箱 应急发射机	R1
SS3	1. 负责 W/R1 和 W/R2 出口 2. 负责18~27排乘客撤离	手电筒	W/R1 或 W/R2
PS4	1. 负责 W/L1 和 W/L2 出口 2. 负责18~27排乘客撤离	手电筒 急救箱	W/L1 或 W/L2
SS5	1. 负责R2门 2. 负责28~最后一排乘客撤离	手电筒 急救箱	R2
SS6/FS6	1. 后厨房检查 2. 确认或打开应急灯 3. 拉开L2门 4. 第一个下飞机，负责地面指挥	手电筒 麦克风	L2

附录1　B737-800 陆地/水上应急撤离区域划分及乘务员职责

B737-800 陆地应急撤离乘务员职责（5人制）

号位	职责	携带/使用物品	撤离位置
PS1	1. 客舱内总指挥 2. L1门指挥 3. 负责1～17排乘客撤离 4. 广播 5. 检查客舱最后下机	舱单 手电筒 麦克风	L1或R2
FS2	1. R1门指挥 2. 负责1～17排乘客撤离 3. 前厨房检查	手电筒 急救箱 应急发射机	R1
SS3	1. 负责R2门 2. 负责28～最后一排乘客撤离	手电筒 急救箱	R2
PS4	1. 找援助者负责W/L1和W/L2出口 2. 负责W/R1和W/R2出口 3. 负责18～27排乘客撤离	手电筒 急救箱	W/L1或W/L2
SS5	1. 后厨房检查 2. 确认或打开应急灯 3. L2门指挥 4. 找援助者先下机，令其负责地面指挥		L2

B737-800 陆地应急撤离乘务员职责（4人制）

号位	职责	携带/使用物品	撤离位置
PS1	1. 客舱内总指挥 2. L1门指挥 3. 负责1～17排乘客撤离 4. 广播 5. 检查客舱最后下机	舱单 手电筒 麦克风	L1或R2
FS2	1. R1门指挥 2. 负责1～22排乘客撤离 3. 前厨房检查	手电筒 急救箱 应急发射机	R1
SS4	1. R2门指挥 2. 找援助者负责W/L1/R1和W/L2/R2出口 3. 负责23～最后一排乘客撤离	手电筒 急救箱	R2
SS5	1. 后厨房检查 2. 确认或打开应急灯 3. L2门指挥 4. 找援助者先下机，令其负责地面指挥	急救箱 手电筒 麦克风	L2

客舱安全管理与应急处置

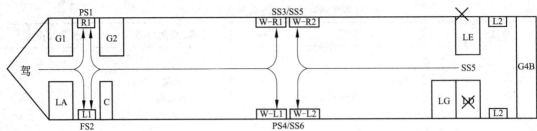

注：G—厨房，C—衣帽间，L—卫生间

B737-800 水上应急撤离区域划分

B737-800 水上应急撤离乘务员职责（6人制）

号位	职责	携带/使用物品	撤离位置
PS1	1. 客舱内总指挥 2. L1门指挥 3. 负责1~20排乘客撤离 4. 广播 5. 检查客舱最后下机 6. 负责救生船与机体的分离	舱单 手电筒 麦克风	R1
FS2	1. R1门指挥 2. 负责1~20排乘客撤离 3. 前厨房检查 4. 负责救生船与机体的分离	手电筒 急救箱 应急发射机	L1
SS3	1. W/R2出口指挥 2. 负责21~最后一排乘客从W/R2撤离 3. 负责救生船与机体的分离	手电筒	W/R2
PS4	1. W/L2出口指挥 2. 负责21~最后一排乘客从W/L2撤离 3. 负责救生船与机体的分离	手电筒 急救箱	W/L2
SS5	1. 解除L2和R2门滑梯杆 2. 封住L2和R2门 3. 指挥乘客从翼上出口撤离	手电筒 急救箱	W/R2
SS6/FS6	1. 后厨房检查 2. 确认或打开应急灯 3. 在客舱指挥乘客到各出口处 4. 先上船，在水上指挥 5. 连结各船	手电筒 麦克风	W/L2

B737-800 水上应急撤离乘务员职责（5人制）

号位	职责	携带/使用物品	撤离位置
PS1	1. 客舱内总指挥 2. L1门指挥 3. 负责1~20排乘客撤离 4. 广播 5. 检查客舱最后下机 6. 负责救生船与机体的分离 7. 到达安全区后，指挥连结各船	舱单 手电筒 麦克风	R1

续表

号位	职责	携带/使用物品	撤离位置
FS2	1. R1 门指挥 2. 负责 1~20 排乘客撤离 3. 前厨房检查 4. 负责救生船与机体的分离	手电筒 急救箱 应急发射机	L1
SS3	1. W/R2 出口指挥 2. 负责 21~最后一排乘客从 W/R2 撤离 3. 负责救生船与机体的分离	手电筒	W/R2
PS4	1. W/L2 出口指挥 2. 负责 21~最后一排乘客从 W/L2 撤离 3. 负责救生船与机体的分离	手电筒 急救箱 麦克风	W/L2
SS5	1. 解除 L2 和 R2 门滑梯杆 2. 封住 L2 和 R2 门 3. 指挥乘客从翼上出口撤离 4. 确认或打开应急灯	手电筒 急救箱	W/R2

B737-800 水上应急撤离乘务员职责（4 人制）

号位	职责	携带/使用物品	撤离位置
PS1	1. 客舱内总指挥 2. L1 门指挥 3. 广播 4. 检查客舱 5. 负责救生船与机体的分离 6. 到达安全区后，指挥连结各船	舱单 手电筒 麦克风	R1
FS2	1. R1 门指挥 2. 负责 1~22 排乘客撤离 3. 前厨房检查 4. 负责救生船与机体的分离	手电筒 急救箱 应急发射机	L1
SS4	1. 解除 L2 和 R2 门滑梯杆 2. W/R2 出口指挥 3. 负责 23~37 排乘客撤离 4. 负责救生船与机体的分离	手电筒 急救箱	W/R2
SS5	1. 确认或打开应急灯 2. W/L2 出口指挥 3. 找援助者负责封住 L2 和 R2 门 4. 负责救生船与机体的分离	急救箱 手电筒 麦克风	W/L2

附录2 B737-800 应急撤离检查单

PS1 乘客舱单 ☀	1/1
1.传达机长命令，布置迫降任务 2.广播通知乘客迫降 ·收取尖锐物品 ·介绍出口 ·介绍安全姿势 3.检查各区域准备情况，报告机长 4.检查客舱，陆地从1.2门，水上从R1门撤出，并负责2号船的使用	

CPT	机长
1.发出准备撤出口令 2.协助指挥撤离 3.检查确认所有乘客撤出 4.陆地从R2门撤出，水上从R1门撤出	

FS2 ☀ ⊕ ▲	R1
1.检查固定厨房，关闭厨房电源 2.确认滑梯杆在预位状态 3.陆地从R1门撤出，水上从L1门撤出，指挥并负责1号船的使用	

SS3 ☀	VR1 翼上出口 VR2
1.负责检查固定客舱、厕所 2.陆地负责VR1、VR2处指挥 3.水上负责WR2处指挥，并负责3号船的使用 4.打开应急出口窗	

SS4 ⊕ ☀	WL1 翼上出口 WL2
1.检查固定客舱、厕所 2.负责WL1 WL2处指挥 3.水上负责WL2处指挥，并负责4号船的使用 4.打开应急出口窗	

SS6 ☀ ▶	L2
1.检查固定厨房，关闭厨房电源 2.打开应急出口灯 3.确认滑梯杆在预位状态 4.陆地第一个下飞机人员负责地面指挥 5.水上撤离负责客舱中部指挥 水上撤离L2、R2门不能使用，解除滑梯杆至正常位置	

SS5 ⊕ ☀	R2
1.检查固定客舱、厕所 2.陆地负责R2、R2门处指挥 3.水上负责封住R2，指挥后边乘客往前走 4.救生船每船可乘46~69人	

手电　　发报机 ▲
药箱 ⊕　麦克风 ▶
★根据情况带食品和水

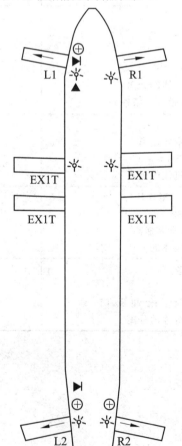

附录3 应急相关广播词

1. 安全演示

现在客舱乘务员将为您介绍机上应急设备的使用方法及紧急出口的位置。

We will now take a moment to explain how to use the emergency equipment and locate the exits.

救生衣在您座椅下面的口袋里(座椅上方),仅供水上迫降时使用,在正常情况下请不要取出。

Your life vest is located (under/above) your seat. It may only be used in case of ditching. please do not remove it unless instructed by one of your flight attendants.

使用时取出,经头部穿好。将带子由后向前扣好、系紧。

To put your vest on, simply slip it over your head, then fasten the buckle and pull the straps tightly around your waist.

当您离开飞机时,拉动救生衣下部的红色充气手柄,但在客舱内不要充气。充气不足时,将救生衣上部的两个充气管拉出,用嘴向里充气。

Upon exiting the aircraft, pull the tabs down firmly to inflate your vest. Please do not inflate your vest while inside the cabin. For further inflation, simply blow into the mouth pieces on either side of your vest.

夜间迫降时,救生衣上的指示灯遇水自动发亮。

For ditching at night, a sea-light will be illuminated automatically.

氧气面罩储藏在您座椅上方。发生紧急情况时,面罩会自动脱落。

Your oxygen make is above your head. It will drop down automatically in case of an emergency.

氧气面罩脱落后,请用力向下拉面罩。将面罩罩在口鼻处,把带子套在头上进行正常呼吸。在帮助别人之前,请自己先戴好。

When it does so, pull the mask firmly towards you to start the flow of oxygen. Place the mask over your nose and mouth and slip the elastic band over your head. Please put your own mask on before helping others.

在您座椅上有两条可以对扣的安全带。当"系好安全带"灯亮时,请系好安全带。解开时,将锁扣打开,拉出连接片。

When the "Fasten Seat Belt Sign" is illuminated, please fasten your seat belt. Simply place the metal tip into the buckle and tighten the strap. To release, just lift up the top of the buckle.

本架飞机共有_____个紧急出口,分别位于客舱的前部、中部和后部。

There are _____ emergency exits on this aircraft. They are located in the front, the middle and the rear of the cabin respectively. Please note your nearest exit.

在紧急情况下,客舱内所有的出口指示灯和通道指示灯会自动亮起,指引您从最近的出口撤离。

In case of emergency, exit indication and track lighting will illuminate to lead you to an exit.

在您座椅前方的口袋里备有《安全须知》,请您尽早阅读。

For additional information, please review the "Safety Instruction Card" in the seat pocket in front of you.

Thank you!

2. 下降前安全检查

女士们、先生们:

我们的飞机已经开始下降。请您系好安全带,调直座椅靠背,收起小桌板及脚踏板,靠窗边的乘客请您协助将遮光板打开。请您关闭手提电脑及电子设备。为了您的安全,在飞机着陆及滑行期间,请不要开启行李架。(稍后,我们将调暗客舱灯光。)

谢谢!

Ladies and Gentlemen,

We are beginning our final descent. Please fasten your seat belt, return your seat back to the upright position and stow your tray table, and return your footrest to its initial position. If you are sitting beside a window, please help us by opening the sunshades. All laptop computers and electronic devices should be turned off at this time. We kindly remind you that during the landing and taxiing please do not open the overhead bin. (We will be dimming the cabin lights for landing).

Thank you!

3. 餐前广播

女士们、先生们:

我们将为您提供餐食(点心餐)及各种饮料,希望您能喜欢。在用餐期间,请您调直座椅靠背,以方便后排的乘客。如需要帮助,我们很乐意随时为您服务。

谢谢!

Ladies and Gentlemen:

In a few moments, the flight attendants will be serving meal (snacks) and beverages. We hope you will enjoy them.

For the convenience of the passenger seated behind you, please return your seat back to the upright position during our meal service. If you need any assistance, please feel comfortable to contact us.

Thank you!

4. 夜间飞行

尊敬的女士们、先生们：

我们将调暗客舱灯光以便您在旅途中得到良好的休息。需要阅读的乘客请打开阅读灯。

我们再次提醒您，在飞行全程中请系好安全带。

谢谢！

Ladies and Gentlemen,

To ensure a good rest for you, we will be dimming the cabin lights. If you wish to read, you may turn on the reading light.

Because your safety is our primary concern, we strongly recommend you keep your seat belt fastened throughout the flight.

Thank you!

5. 找医生

女士们、先生们：

请注意！现在飞机上有一位生病的乘客需要帮助，如果您是医生或护士，请立即与乘务员联系。

谢谢！

Ladies and Gentlemen,

May I have your attention please?

We have a passenger in need of medical attention. If there is a medical doctor or a nurse onboard, would you please press the hostess call button or contact any of our flight attendants.

Thank you!

6. 客舱起火

女士们、先生们：

现在客舱前（中、后）部失火，我们正在组织灭火，请大家不要惊慌，听从乘务员指挥，我们将调整火源附近乘客的座位，其他乘客请不要在客舱内走动。严禁吸烟。

感谢您的协助与配合！

Ladies and Gentlemen,

We have a minor fire in the front (center, rear) cabin and we are quickly containing this situation. Please remain calm and follow the directions from your flight attendants. We will relocate the passengers near the fire. All other passengers remain seated with your seat belts fastened.

Thank you for your cooperation and assistance.

7. 灭火后

女士们、先生们：

我们已经结束了灭火工作，飞机处于良好状态，但飞机仍需要尽快着陆以便进一步检查。预计到达备降机场的时间是_____。感谢您给予我们的协助。

Ladies and Gentlemen,

The fire in the cabin has been completely put out. Now we need to divert to airport for ground staff assistance. The estimated arrival time is _____ am (pm).

We sincerely apologize for this inconvenience.

8. 有准备的水上/陆地迫降

1) 主任乘务长(乘务长)向乘客广播迫降决定：

女士们、先生们：

我是本次航班的(主任)乘务长。如机长所述，我们决定采取水上/陆地紧急迫降。(本架飞机由于_____原因，机长决定于_____分钟后在_____进行水上/陆地紧急迫降。)我们全体机组人员都受过良好的训练，有信心、有能力保证你们的安全。大家不要惊慌，听从乘务员指挥。

Ladies and Gentlemen,

It is necessary to make an emergency ditching/landing (due to _____, our captain has decided to make an emergency ditching/landing at _____ in _____ minutes.). The crew have been well trained to handle this situation. We will do everything necessary to handle this situation. We will do everything necessary to ensure your safety and keep calm, pay close attention to the cabin attendants and follow their directions.

2) 安全检查(依据实际情况作以下广播)

为了撤离的安全，将您的餐盘准备好，以便乘务员收取。

Please pass your food tray and all other service items for picking up.

将高跟鞋、假牙、胸章、领带、项链、圆珠笔(钢笔)及小件物品放在行李架内或交给乘务员。

Please put the high-heeled shoes, denture, necklace, tie, pens, watches and jewelry in the overhead bin or hand them to the flight attendants.

系好安全带，调直座椅靠背，收起小桌板、脚踏板及个人电视。

Fasten your seat belts, bring seat backs to the upright position and stow all tray tables. Stow footrests and in-seat video units. Please put all of your baggage under the seat in front of you or in the overhead bin.

3) 示范救生衣的使用方法

现在客舱乘务员将向您演示救生衣的使用方法，请将救生衣穿上，并跟从乘务员的指示。

Now the flight attendants will explain the use of life vest. Please take your life vest on and follow the instruction of your flight attendants.

救生衣在您座位底下/上方。

Your life vest is located under your seat.

取出，打开包装，经头部穿好。

Pull the tab to open the pouch and remove the life vest. To put the vest on, slip it over your head.

把带子扣好，系紧。

Then fasten the buckles and pull the straps tight around your waist.

当您离开飞机时，拉动救生衣两侧的红色充气手柄，打开充气阀门，充气不足时，将救生衣上部夹层中的两个充气管拉出，向内吹气。

Upon leaving the aircraft, inflate your life vest by pulling down on the two red tabs. But do not inflate it while you are in the cabin. If your life vest needs further inflation, you can pull the mouthpieces from the upper part of the vest and blow into them.

任何需要帮助的乘客请联系乘务员。

Your flight attendants will help any passenger who needs assistance.

4）介绍应急出口位置，脱出区域划分

现在介绍紧急出口位置，请确认两个以上最近的出口。撤离时，前往最近的出口，不要携带任何物品。

Now the flight attendants are pointing to the exits nearest to you. Please identify them and be aware your closest exit may be behind you. When evacuating Leave everything on board!

5）示范防冲击安全姿势

现在我们将向您介绍防冲击的姿势。

Now we will explain the bracing for impact position.

根据实际情况选择一种：

● 两脚分开用力蹬地，手臂交叉抓住前方椅背，收紧下颚，头放在两臂之间。

When instructed to brace for impact, put your legs apart, place your feet flat on the floor. Cross your arms like this. Lean forward as far as possible, and hold the seat back in front of you, rest your face on your arms.

● 收紧下额，双手虎口交叉置于脑后，低下头，俯下身。

When instructed to brace for impact, cross your hands and above your head, then bend over, keep your head down, stay down.

当你听到"抱紧，防撞！"时，采取这种姿势，直到您听见"解开安全带"为止。

When you hear "Brace! Brace!" take this position, and keep this position until you hear "Open your seat belt!"

请大家保持这种姿势，以便乘务员检查。

Now please take this position, so that the flight attendants can assist you.

6）选择援助者

女士们、先生们：

请注意如果您是航空公司的雇员、执法人员、消防人员或军人，请与乘务员联系。我们需要您的帮助。

Ladies and gentlemen,

If there are any airline employees, law enforcement, fire rescue or military personnel on board, please identify yourself to a flight attendant. We need your assistance. We will also be asking some of you to change seats to better help those needing assistance or to be closer to an exit to help evacuate. Please remain seated unless you are asked to move.

7) 发出指令

"乘务员各就各位。"

"All attendants prepare yourselves."

9. 颠簸广播词

女士们、先生们：

我们的飞机正经历较强烈的颠簸，请您坐好，系好安全带，洗手间暂停使用。正在用餐的乘客，请当心餐饮弄脏衣物。同时，我们将暂停客舱服务，请您谅解。谢谢！

Ladies and Gentlemen,

Our aircraft is now experiencing some moderate turbulence, and it will last for some time. Please be seated, fasten your seat belt. Do not use the lavatories. Please watch out while taking meals. Cabin service will be suspended for a moment. Thank you!

附录4 "智学VR"全景视频观看指南

1."智学VR"设备使用说明

当前书本上的很多内容都需要我们自己展开立体化的想象,但由于书本载体的局限性,这些内容在书本上只能以平面的方式呈现。有了VR/AR技术后,这些问题都可以解决,学生可以通过下载、注册官方航空智慧教育移动端APP,进行航空专业VR教学视频观看以及AR教学素材互动;学生在教室只需拿起手机或平板对准相关图片或设备,通过光学追踪就能够自动识别相关知识点,并实时立体展现书中难以理解的知识点的相关信息,这样补足了教科书在这方面的缺陷。

航空VR实训一体机(下图右)是在硬件平台上集VR图形工作站、VR立体眼镜、高清液晶显示屏、输入输出设备、音响等为一体的教学设备。它能把参与者的视觉、听觉和其他感觉封闭起来,并提供一个新的、虚拟的感觉空间,通过位置跟踪器、手控输入设备、声音等使得参与者产生一种身临其境、全身心投入和沉浸其中的感觉,它可真实再现机场与飞机客舱工作环境以及各职业人员的工作任务与岗位职责。学员通过模拟航空服务职业(空乘、地勤)的岗位操作,能快速了解并掌握工作流程以及日常岗位操作要求。VR/AR技术不但可以帮助学生完成自主学习,增加探索和学习的乐趣,而且大大减轻了老师的大量基础教学工作,提高了教学效率和教学效果!

通过教材结合手机移动VR头盔,我们可以利用航空VR实训一体机、信息化教学管理平台等共同构建航空VR实践教学中心,进一步完善校内实训基地的虚实一体化建设,实现多样化功能。通过虚拟航空岗位工作任务和职业环境,我们可以探索航空专业虚实结合实践教学新模式,进一步提高学生的职业意识和操作技能,整体提升学校信息化和教研成果转

化应用水平,为创建区域乃至全国示范性特色品牌,以及区域经济转型升级培养高素质、高技能人才发挥重要作用。

2. 下载"智学 VR"APP

用手机扫描下列二维码,下载"智学 VR"APP,选择苹果 ios 或 Android 版本进行安装。

3. 注册/登录

启动 APP,进入注册/登录界面;已注册用户在界面中输入手机号码以及登录密码即可登入至 APP 首页;未注册用户点击界面上的"账号注册",先进行注册再登录。

4. 选择视频课程

登录 APP 后,点击界面上的"视频课程"按钮,进入视频课程界面。

5. 观看视频

在视频课程界面中,选择"VR/AR 教材",在"VR/AR 教材"界面,选择《客舱安全管理与应急处置》教材,使用手机摄像头对准教材上带有 标识的图片扫一扫,即可观看相对应的 VR 视频。

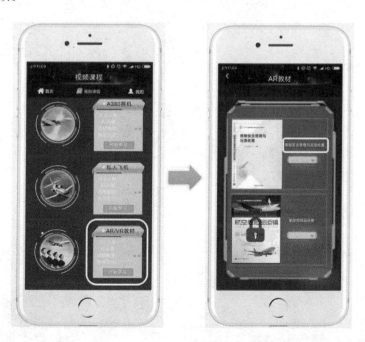

本教材在"智学VR"中全景视频图片可对照下表检索,视频资源将不断补充完善,请随时关注"智学VR"APP资源更新。

图　　号	所　属　章　节	视　频　内　容
图 1-11	第一章　第三节	经济舱餐饮服务
图 2-9	第二章　第三节	飞机起飞前的客舱安全检查
图 3-1	第三章　第三节	醉酒乘客处置
图 4-3	第四章　第一节	正常情况下舱门的操作
图 5-15	第五章　第二节	水上撤离准备
图 5-16	第五章　第二节	陆地撤离
图 6-10	第六章　第二节	卫生间冒烟/失火
图 7-3	第七章　第二节	释压处置
图 10-1	第十章　第一节	飞机颠簸处置
图 10-2	第十章　第三节	机上急救 CPR 处置

参 考 文 献

[1] 中国民用航空总局政策法规司. 国际民用航空条约汇编(中英对照)[M]. 北京:中国民航出版社,2005.

[2] [美]Alan J·Stolzer,Carl D·Halford,John J·Goglia. 民航安全管理体系[M]. 李继承,等,译. 北京:中国民航出版社,2012.

[3] [美]克卢瓦·威廉斯,史蒂夫·沃尔特里普. 机组安全防范使用指南(Aircrew Security:A Practical Guide)[M]. 刘玲莉,王永刚,等,译. 北京:中国民航出版社,2007.

[4] 祁元福,等,编译. 世界航空安全与事故分析[M]. 北京:中国民航出版社,1998.

[5] 刘玉梅. 民航乘务员培训教程[M]. 北京:中国民航出版社,2007.

[6] 梁秀荣. 民航客舱安全管理[M]. 北京:中国民航出版社,2011.

[7] 杨怡. 民航乘务岗位技能实务[M]. 北京:中国标准出版社,2013.

[8] 杨怡. 空乘职业技能与训练[M]. 北京:科学出版社,2014.

[9] 中国民用航空局航空安全办公室,中国民航安全学院. 图说民用航空安全保卫[M]. 北京:中国工人出版社,2014.

[10] 中国民用航空局航空安全办公室,中国民航安全学院. 图说民用航空客舱安全[M]. 北京:中国工人出版社,2014.